广东省普通高校人文社会科学研究重点项目
"金融人才能力培养中的在线学习资源推荐系统研究"
（项目编号：2018WZDXM032）

JINRONG RENCAI NENGLI BIAOZHUN YU
SHIJIAN JIAOXUE GUIFAN YANJIU

金融人才能力标准
与实践教学规范研究

王小燕　蔡敏容　著

人民出版社

目　　录

序　言

　　以大数据、区块链、人工智能、云计算等为代表的新一轮信息技术革命加速了金融行业的数字化、移动化和智能化。金融行业的创新与变革对金融人才的综合素质能力提出了更高的要求,高校金融学类专业人才质量与行业要求不匹配的问题更加凸显。为建立健全教育质量保障体系,提高人才培养质量,教育部于2018年发布了《普通高等学校本科专业类教学质量国家标准》。广东金融学院作为省属公办普通本科院校,是华南地区唯一的金融类高校。"质量为王,标准先行",2017年受教育部委托,团队在近十五年金融专业实践教育教学改革的基础上,开启了对普通本科高校金融学类专业实践教学规范的研究,以期为普通本科高校金融学类专业实践教学建设的标准化、规范化、科学化、体系化贡献一分力量。2018年团队继续承担了广东省普通高校人文社会科学研究重点项目,旨在金融学类专业人才能力标准的基础上,关注能力培养中的在线学习资源推荐,通过数字化教育赋能金融人才,为其他高校的金融专业人才培养改革提供借鉴与示范。

　　本书主要围绕两个主题展开:一是普通本科高校金融学类专业人才能力标准(简称为"金融人才能力标准"),二是普通本科高校金融学类专业实践教学规范(简称为"实践教学规范")。金融人才能力标准和实践教学规范的构建是一项复杂艰巨的系统工程,我们综合考虑了国家高等教育改革和发展需

1

求、评价指标体系构建的基本原理、金融行业变革与发展以及应用型金融本科人才培养的特殊性三个主要因素,遵守客观性、科学性、经验性及可行性原则,应用心理学、哲学、管理学和教育学等多学科理论知识,综合采用了文献研究、网络爬虫、深度访谈、问卷调查、实地调研以及小型研讨会等多种方法和手段开展研究。

金融人才能力标准是本科高校金融学类专业人才需要具备的能力,它规定了高校金融学类专业人才能力培养的目标和方向,受到金融业界、行业协会、用人机构、高等教育教学专家、专任教师、教学管理人员的普遍认可。金融人才能力标准属于推荐性标准,可作为相关主体"共同遵守的准则和实践依据"。该标准可应用于普通本科高校金融学类专业优化人才培养方案、制定实践教学规范,评价学生综合能力和开展基于能力评价的学生个性化学习资源的推荐,也可应用于用人单位对初、中级金融人才的招聘、培训、考核和晋升标准的参照,应用于社会组织和行业协会对金融类人才的职业资格鉴定,是可共享、可重复使用的参照指南。

金融业具有很强的实践性。近年来,各级教育主管部门越来越关注实践教学对提升学生综合实践创新能力的重要作用,实践教学学时、学分比重有所提高,管理机制和制度逐步建立和完善。有效的实践教学规范,是实现能力标准可实行、可考核、可评价的制度保障和实施指南。然而当前多数高校制定的实践教学规范不合理,如未对实践教学进行分类,教学规范不科学、不完整、不具体,导致教师、学生等参与主体无法参照、执行,严重阻碍了高校人才培养质量的提升。本书中"实践教学规范"是指在金融人才能力标准的基础上构建的一整套包括基本内涵、教学方法、基本要素、教学基础文件、资源条件及工作流程规范等方面,涵盖实验教学规范、实习教学规范和毕业论文(设计)教学规范的规范体系,为学生综合实践能力的提升提供了落地实施的行动方案。

在本书即将出版之际,首先我要衷心地感谢教育部高教司高东峰处长的信任,给予我开启对实践教学理论研究的宝贵机会。感谢国家虚拟仿真联盟经管学科专委会主任、中国人民大学张小岗老师的全力支持,为我提供了与国内高水平实验教学专家学习交流的平台和机会。感谢资深的金融实验教学专家、北京工商大学秦艳梅老师对我不断的引导和指导,她将金融实验教学的多年经验无私赋能于我,并不断传递正能量使我有了坚持的动力。感谢中国高校金融教育金课联盟负责人、中央财经大学李建军老师的邀请,加入全国首批金融科技专业虚拟教研室让我有更多机会思考如何通过高质量实践教学赋能金融人才。感谢国家级实验教学示范中心联席会经管学科组秘书长、厦门大学周红刚老师为本书内容调整提出的宝贵建议。感谢人民出版社陆丽云编辑的大力支持与帮助,是您的专业付出才有了本书的出版。感谢参与问卷调查、访谈、提供人才培养方案的华南理工大学王仁曾、上海财经大学谢斐等同行以及企业界朋友的大力支持。最后,衷心感谢广东金融学院雍和明校长对本项研究工作的肯定和大力支持,感谢广东金融学院国家级金融虚拟仿真实验教学中心主任范忠宝副校长的悉心指导和全程参与,感谢阮坚老师参与教学方法的撰写,感谢田小丹老师和郭世英老师参与文献综述工作,感谢陈诗韵、梁梓涛等同学参与部分资料的翻译和绘图工作。在本书的写作过程中,参考和借鉴了大量相关领域专家、学者的理论和著作,在此向他们致以诚挚的感谢!

　　囿于作者知识水平和时间,本书难免存在错误、遗漏或不足之处,恳请读者给予批评指正。所幸本书的研究成果,已在广东金融学院各金融专业中试点应用,并为一些企业、银行机构采纳应用,希望后续能加大成果在其他高校的共享和推广,接受实践的检验,不断修正和优化,为高校实践教学规范化作出更大的贡献。

王小燕

2022 年 5 月

引　言

一、研究背景

1. 金融业发展急需高素质应用型人才

2021 年 12 月,习近平总书记在《深入实施新时代人才强国战略　加快建设世界重要人才中心和创新高地》中强调:"人才是自主创新的关键,顶尖人才具有不可替代性。国家发展靠人才,民族振兴靠人才。"①以信息化、数字化、智能化为特征的新一轮科技革命加快了人工智能、大数据、区块链、云计算等金融科技的发展及应用,加速了金融资本、金融市场、金融机构、货币体系的全球化发展,银行、证券、保险业的混业化经营,提高了金融风险的隐蔽性、复杂性和波动性。以数字经济为背景的新金融对人才道德品质、自控能力、学习能力、创新能力、跨界能力、风险管理能力及国际化能力提出了新的要求。2017 年 7 月,习近平总书记在全国金融工作会议上的讲话中强调:"要大力培养、选拔、使用政治过硬、作风优良、业务精通的金融人才,特别是要注意培养金融高端人才,努力建设一支宏大的德才兼备的高素质金融人才队伍。"②

① 习近平:《深入实施新时代人才强国战略　加快建设世界重要人才中心和创新高地》,《求是》2021 年第 24 期。

② 习近平:《论坚持党对一切工作的领导》,中央文献出版社 2019 年版,第 190 页。

随着金融业的创新变革加速,高校金融学类专业人才就业问题更加凸显,主要体现为高校人才能力未能满足行业的要求,毕业生就业难与用人单位招人难同时存在。提高人才培养质量,实现人才能力供给与要求相匹配,是有效缓解金融人才紧缺问题的最重要、最根本的途径。

2. 高等教育进入高质量发展时代

2021 年我国高等教育毛入学率达到 57.8%,人们对高等教育的需求转变为接受更高质量的高等教育。党的二十大报告指出,高质量发展是全面建设社会主义现代化国家的首要任务。经济社会的高质量发展需要高质量的人才,高质量的人才有赖于高质量的教育。2018 年,习近平总书记在全国教育大会上提出"教育是国之大计、党之大计",深刻揭示了教育为国育人、为党育才的重要使命。培养人才,关键靠教育,建设一支宏大的德才兼备的高素质金融人才队伍,高校要发挥主渠道作用。(阳立高,2019)为了提高高等教育供给质量与供给效率,需要构建高等教育质量保障体系,作为管理的重要方式和工作抓手,从中央到地方,从政府到高校,各层各类的高等教育质量标准应运而生,推动高等教育管理进入了一个制定和施行质量标准的"质量时代"。提高高等教育质量的第一要务就是提高人才培养质量。人才培养质量里面最关键的,又是本科人才培养的质量。2016 年,时任教育部高等教育教学评估中心主任的吴岩就强调"本科不牢,地动山摇"。(吴岩,2016)同年,教育部高等教育教学评估中心发布《中国高等教育教学质量报告》,从社会需求的适应度、培养目标的达成度、办学资源的支撑度、质量保障的有效度和学生和用户的满意度这"五个度"展现中国高等教育的真实面貌。2018 年,教育部发布了《普通高等学校本科专业类教学质量国家标准》(以下简称《国标》),指出金融学类本科专业[1]人才培养的基本目标是热爱祖国、维护社会主义制度,遵纪守法,具备健全的人格、良好的心理素

---

① 金融学类专业主要包括金融学、投资学、保险学、金融工程、金融数学、信用管理、互联网金融、精算学、经济与金融、金融科技等。

质与合作精神;具备创新精神、创新意识和创新创业能力;系统掌握金融专业知识和相关技能;能够满足金融机构、政府部门和企事业单位用人的一般要求,或者具备在国内外教育科研机构继续攻读更高等级学位(或从事学术研究)的资格条件。在培养规格标准中,提出要具备获取知识的能力、实践应用能力、创新创业能力以及包括表达能力、组织协调能力、团队合作能力等其他能力,强调金融学类本科专业应注重培养学生的实验技能、实践能力、调研能力及创业能力等。"金融学类专业教学质量国家标准"是深化金融学类专业教育教学综合改革的指导性标准,是人才培养总体要求和改革方向,高校需要在"金融学类专业教学质量国家标准"的基础上,结合金融业的发展特征和趋势,结合各高校的定位和特色,制定更加具体的质量标准,其中,人才"能力标准"是教学"质量标准"的核心组成部分,能力标准是制定人才培养目标、确定培养规格、提高人才培养质量的逻辑起点,是优化课程设置、优化教学资源配置、制定教学规范和评价教学质量的重要依据和前提。构建高校本科金融学类专业人才能力标准,是落地执行《国标》的有效途径。

3. 高质量实践教学是提升人才实践创新能力的关键环节

实践教学是高校教学工作的重要组成部分,是提高人才培养质量的关键环节,早在1999年,《中华人民共和国高等教育法》《中共中央、国务院关于深化教育改革全面推进素质教育的决定》强调了实践教学改革、创新精神和实践能力培养的重要性。实践教学为学生创造了知识验证、应用和内化的场景,是提升思想政治水平、团队合作能力、解决实际问题能力和创新能力等综合能力的重要途径。近几年来,教育部通过部门协同、部省合作,持续推动转型改革向政策保障、深度转型、示范引领迈进,相关部门持续出台了政策和实施细则,大力推进实践教学改革措施的落地实行,实践教学在人才培养中的地位显著提升。高校普遍加大实践教学投入,提高实验、实训、实习及毕业论文(设计①)等实践教

---

① 在有的制度文件中也称为"毕业设计(论文)",在本书中,除特别说明或引用其他文献资料外,简称为"毕业论文"。

学课时比重,加快实践教学方法改革,完善质量保障机制,实现专业链与产业链、课程内容与职业标准、教学过程与生产过程对接,鼓励吸引行业企业参与教学活动全过程。金融业具有突出的时代性、应用性和实践性,高质量的实践教学是提升金融人才综合素质能力的有效手段和关键环节,在专业教学中尤为重要。

4. 高校实践教学质量缺乏有效的教学规范保障

教育部颁布的《关于全面提高高等教育质量若干意见(教高〔2012〕4号)》指出:"制定加强高校实践育人工作的办法,结合专业特点和人才培养要求,分类制订实践教学标准。"有效的实践教学规范,是实现人才培养能力目标的制度保障和实施指南。近年来,各级教育部门逐渐认识到实践教学对提升学生综合实践创新能力的重要作用,实践教学学时、学分比重有所提高,基本的管理机制和制度逐步建立,然而实践教学规范的制定是一项复杂的系统工程,当前多数高校制定的实践教学规范不合理,例如,未对实践教学进行分类,教学规范不完整、不科学、不具体,导致教师、学生等参与主体无法参照执行,严重阻碍了高校人才培养质量的提升。本科金融学类专业教学质量国家标准是人才培养的基本要求,在满足国家标准之外,需要构建一整套涉及相关概念的界定、教学文件规范、教学方法规范、教学条件规范、教学过程规范、教师规范、学生规范、考核规范在内的全面、科学、具体的实践教学规范。

二、研究意义与目标

1. 研究意义

本书的研究意义主要体现在以下三个方面:

第一,制定基于金融行业要求的金融学类专业人才能力标准,可应用于高校金融学类专业人才培养目标设置及课程体系构建,应用于高校金融学类专业实践教学规范制定,应用于金融学类专业学生综合能力评价,应用于用人单位对初、中级金融学类专业人才的招聘、培训、考核和晋升标准的制定,应用于社会组织和行业协会对金融学类专业人才的职业资格鉴定等方面,是可共享、可重复使用的参照指南。

第二,制定高校本科金融学类专业实践教学规范,有利于规范实践教学行为、优化实践教学资源配置、实现对实践教学在组织、管理、考核与评价等全过程的有效管理和质量监控。实践教学规范是金融人才能力标准落地实施的制度保障,它为高校实践教学建设与改革指明方向,为切实提升金融人才培养质量提供可行路径,为教学管理部门、教师、学生、企业等参与主体提供具体的行动方案。

第三,有利于高校金融学类专业实践教学建设的标准化、规范化、科学化。"质量为王,标准先行",金融学类专业人才能力标准及实践教学规范的制定,能为其他高校的金融类专业人才培养提供借鉴,具有一定的示范引领作用。

2. 研究目标

本书的研究目标主要体现在以下两点:

第一,构建一套客观、可落地、可实施、可评价的金融学类专业人才能力标准,为高校人才培养目标提供科学有效的指引,切实缓解高校金融学类专业人才能力供需矛盾,为金融业持续健康发展提供高素质金融人才。

第二,构建一套适用于普通本科高校的、能全面提升高校实践教学有效性、显著增强高校实践育人能力的金融学类专业实践教学规范,推动高校金融学类专业实践教学建设的标准化、规范化、科学化和体系化,促进高校实践教学的高质量发展。

三、研究内容

本书围绕两个主题展开,一是普通本科高校①金融学类专业人才能力标准(简称"金融人才能力标准"),二是普通本科高校金融学类专业实践教学规范(简称"实践教学规范")。

具体地,我们从四个方面展开研究。

第一是引言,介绍了研究背景、研究意义、研究目标、研究内容及研究方法。

第二是能力标准的构建总则及理论基础,即第一、第二章。一是能力标准构建总则,在这一部分中,我们讨论了标准的内涵及其分类、金融类人才能力标准的界定及其适用范围,并提出了构建金融人才能力标准时应遵循客观性、科学性、经验性及可行性原则;二是通过梳理心理学、哲学、人力资源管理学及教育学等不同领域的能力观,讨论能力观对我们构建能力标准带来的启示,并提取了重点能力要素,这是构建能力框架的重要依据。

第三是金融业对人才的能力要求和能力框架与标准的制定,即第三、第四章。一是总结了金融业的变革发展中对人才能力提出的新要求。二是以银行业为代表,抓取 2017—2021 年 11 家银行官网校园招聘公告的相关文本近4600 条,关注银行需求岗位类别、岗位描述、专业要求、能力需求等方面信息,总结银行业各类岗位对人才的具体要求。三是能力框架与标准,首先是构建了包含"通用能力"和"专业能力"两个一级指标的能力基本框架,并对二者进行界定。其次是构建能力二级指标框架。为了确保能力框架符合高等教育教

---

① 普通高校是指国家教育行政部门批准或备案的以实施普通高等学历教育为主的高等学校,分为研究生层次、本科层次和专科层次,普通高校开展专业教育,学生接受的教育是以专业知识为主。

学规律,符合具有前瞻性、可获得、可实施、可评价的特点,我们对 40 位专家和专任教师发放开放性问卷,收集能力要素,删除无关要素,并对相近的表述进行合并与汇总,结合前文能力标准构建原则、基于能力观的能力要素、金融业对人才的能力要求及金融学类专业教学质量国家标准,通过查阅心理学辞典和中文辞典,对部分表述进行规范化,得出能力二级指标框架。最后,为了确保能力框架的合理性和科学性,我们另外向 20 位专家发放验证性问卷,并采用李克特 7 级量表进行重要性测度,结果显示,每一项能力的平均得分均为 5 分以上,结果较为稳定、可靠。四是结合金融学类专业教学质量国家标准、金融业对人才的能力要求及深度访谈,对每项能力进行界定和说明,构建本科高校金融学类专业人才能力标准。

第四是实践教学部分,即第五章到第十章。具体包括四个方面。一是实践教学的基本理论,首先是总结了马克思的实践观、杜威的经验主义理论、情境学习理论、隐性知识理论以及斯腾伯格的智力理论,为后续的研究提供基本的理论依据。其次是阐述了实践教学的内涵与特点。再次是介绍了实践教学体系的内涵及教学形式,辨析了实验、实训和实习等概念,讨论课堂实践、实验教学、实训教学、实习教学和毕业论文(设计)等实践教学环节的内涵、特点及类型等。最后是介绍了实践教学方法,包括启发式教学法、互动式教学法、任务驱动教学法、探究式教学法、体验式教学法、项目教学法、案例教学法、翻转课堂教学法等实践教学方法。二是介绍了典型的实践教学模式。在教学模式概论的基础上,我们以学徒制、双元制、能力本位教育(CBE)三种典型教学模式为例,分别从各个模式的形成与发展、教学内容、教学方法和教学管理四个方面分析其特点,为实践教学规范的制定提供参考和借鉴。三是探讨了高校金融学类专业实践教学现状。我们采用李克特 5 级量表,对广东金融学院、中央财经大学、河北金融学院等 11 所院校的金融学类专业专任教师、金融专业建设负责人等发出 300 份问卷,回收的有效问卷为 254 份。此外,我们结合教育部等部门发布的"实践教学"相关政策文件以及对高校教学管理人员及专

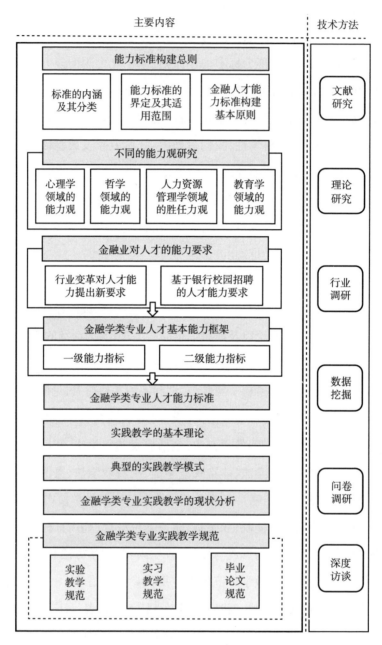

图 0-1　技术路线

任教师的深度访谈,探讨高校金融学类专业实践教学改革取得的成效及存在的问题。四是从基本内涵、教学方法、基本要素、教学基础文件、教学资源条件及教学过程规范等方面,制定了实验教学规范、实习教学规范和毕业论文(设计)教学规范,为学生综合实践能力的提升提供了落地实施的指南,这是本书最核心的部分。

四、研究方法

本书应用心理学、哲学、管理学和教育学等多学科知识与理论,主要采用了文献研究、网络爬虫、深度访谈、问卷调查、实地调研、小型研讨会、比较法和历史法等多种方法开展研究。

第1章　能力标准构建总则

能力是个难以衡量的指标,为了确保能力标准的科学性,本章明晰了标准的内涵及其分类,对能力标准进行界定并明确了其适用范围,提出了构建金融人才能力标准需要坚持客观性原则、科学性原则、经验性原则和可行性原则。

1.1　标准的内涵及其分类

1.1.1　标准的内涵

从词义看,在《汉语大词典》中,对"标准"有两种解释:一是指衡量事物的依据或选择。在《文选·袁宏〈三国名臣序赞〉》中,"器范自然,标准无假",吕延济注为"器量法度出于自然,为人标望准的,无所假借也";在《荀子·儒效》中"(君子)行有防表",唐·杨倞注为"行有防表,谓有标准也"。二是指榜样、规范。在晋·孙绰《丞相王导碑》中,"玄性合乎道旨,冲一体之自然;柔畅协乎春风,温而侔于冬日。信人伦之水镜,道德之标准也";杜甫《赠郑十八贲》诗"示我百篇文,诗家一标准";沈禧《一枝花·题张思恭〈望云思亲卷〉》套曲:"孝心未伸,孝思怎忍,留取个孝行名儿做标准"。(罗竹风,1998)

在英文中,标准为"standard",《牛津高阶英汉双解词典》(2018)将其定义为："(品质的)标准、水平、规格、规范;正常的水平、应达到的标准;行为标准、道德水准;法定衡量标准、法定含量、技术规范、产品规格;仪式上使用的旗帜,(尤指)军旗;经典曲目。"

1934年,盖拉德(John Gaillard,1943)在《工业标准化原理与应用》中指出,"标准是对计量单位或基准、物体、动作、过程、方式、常用方法、能力、职能、方法、配置、状态、义务、权限、责任、行为、态度、概念和构思的某些特征做出定义,做出规定和详细说明,它是为了某一时期内运用,以语言、文件、图样等方式或模型、标样及其他表现方法所做出的统一规定"。

1972年,国际标准化组织(ISO)出版的《标准化的目的与原理》一书中,将标准定义为"标准是经公认的权威当局批准的一个个标准化成果",它可以采用下列形式:第一,文件形式;第二,规定物理单位或物理常数。

1981年,国际标准化组织(ISO)标准化常设研究委员会对标准的定义是"适用于公众的,由有关方面合作起草并一致或基本同意的,以科学、技术和经验的综合成果为基础的技术规范或其他文件,目的在于促进共同取得最佳效益,它由国家、区域或者国际公认的机构批准通过"。

在中国国家标准《标准化工作指南第1部分:标准化和相关活动的通用术语》(GB/T 20000.1-2014)中,对"标准"的描述为:"通过标准化活动,按照规定的程序经协商一致制定,为各种活动或其结果提供规则、指南或特性,供共同使用和重复使用的文件",并给出注解,一是标准宜以科学、技术和经验的综合成果为基础;二是规定的程序是指"制定标准的机构颁布的标准制定程序"。

根据上述对标准的定义,可以总结出标准有以下特性:

(1)标准的本质属性是一种"统一规定",制定标准的主要目的是为各种活动或其结果提供规则、指南或特性。

(2)标准具有协商统一性,是指标准作为统一规定,是有关各方"共同遵守的准则和依据",它是在兼顾各方利益基础上,经协商制定的。

(3)标准具有重复性。标准既是科学、技术的成果,又是实践经验的总结成果。标准的内容和面对的事物是可重复的,只有重复性的事物,才能将以往的经验加以积累。并且这些成果和经验都是在经过分析、比较、综合和验证基础上,加以规范化获得的,也只有这样制定出来的标准才具有科学性。

(4)标准是技术性文件,主要包括标准、技术规范、指南、规程、法规、作业指导书等。

1.1.2　标准的分类

第一,按地域范围及组织主体的不同,标准可分为国际标准、区域标准、国家标准、行业标准、地方标准、企业标准等。

第二,按内容不同,标准可分为术语标准、符号标准、分类标准、实验标准、规范标准、规程标准、指南标准、产品标准、服务标准等。

第三,按法律效力不同,标准可分为强制性标准和推荐性标准。其中,强制性标准是保障人体健康、人身、财产安全的标准和法律及行政法规规定强制执行的国家标准,强制性标准必须要严格执行,做到统一。推荐性标准是指生产、检验、使用等方面,通过经济手段或市场调节而自愿采用的国家标准,企业在使用中可以参照执行。推荐性标准只有在纳入合同时才具有法律效力。

1.2　能力标准的界定及其适用范围

本书中"能力标准"是指本科高校金融学类专业人才需要具备的能力及能力水平,它规定了高校金融学类专业人才能力培养规范标准,受到金融业界、行业协会、高等教育教学专家、专任教师、教学管理人员普遍认可。"能力标准"的制定目标在于促进金融学类专业实践教学建设的标准化、规范化、科学化,从而提高人才培养质量。

"能力标准"属于推荐性标准,可作为相关主体"共同遵守的准则和实践依据"。该标准可应用于普通本科高校金融学类专业(代码 2023)优化人才培养方案、制定实践教学规范、评价学生综合能力和开展基于能力评价的学生个性化学习资源的推荐,应用于用人单位对初、中级金融人才的招聘、培训、考核和晋升标准的参照,也可应用于社会组织和行业协会对金融类人才的职业资格鉴定,是可共享、可重复使用的参照指南。

1.3　金融人才能力标准构建基本原则

金融人才能力标准构建原则需要综合考虑国家高等教育改革和发展需求、构建评价指标体系的基本原理、金融行业和专业的特殊性这三个要素。具体应遵守以下原则。

1.3.1　客观性原则

客观性是构建人才能力标准的首要原则,主要体现在以下三点:

第一,能力标准要符合事物发展规律。高校人才能力标准的构建,要充分考虑我国高等教育教学发展与改革趋势。中共中央办公厅、国务院办公厅印发《关于深化教育体制机制改革的意见》(2017)强调"着重培养适应社会需要的创新型、复合型、应用型人才"。2021 年 12 月,习近平总书记在《深入实施新时代人才强国战略　加快建设世界重要人才中心和创新高地》中强调,做好新时代人才工作,必须"深入实施新时代人才强国战略,全方位培养、引进、用好人才,加快建设世界重要人才中心和创新高地"[1]。

第二,能力标准要具有时代性。金融业的全球化、经营混业化、金融科技化及风险复杂化,改变了行业对人才的能力要求,进而改变了高校金融学类专业人才的能力标准。金融人才培养应以行业需求为导向,要特别重视人才对现实场景的应变能力、对实际问题的分析能力、对跨学科问题的解决能力等高

---

[1]　习近平:《深入实施新时代人才强国战略　加快建设世界重要人才中心和创新高地》,《求是》2021 年第 24 期。

阶能力的培养,为行业提供高质量的人才。

第三,能力标准要具有预见性。由于高校人才培养具有周期性和滞后性,人才能力培养目标的制定,必须建立在对行业发展趋势科学预判的基础上,要重视金融行业未来发展对人才能力的新要求。

1.3.2　科学性原则

科学性原则集中体现在以下三个方面:

第一,科学性原则要求我们厘清教学质量国家标准、行业人才能力需求与高校人才能力标准的关系,这是制定科学的人才能力标准的必要前提,三者之间具有一定的差异和联系。(1)教学质量国家标准、行业人才能力标准与高校人才能力标准三者的制定主体、视角、目标和要求的高低存在差异。具体表现为:首先,教学质量国家标准是教育部基于宏观视角提出的,建设世界重要人才中心和创新高地、实施人才强国战略的重要手段,以提高人才培养质量,巩固本科教学基础地位,促使高等教育适应社会主义现代化建设,促进产业发展和经济增长为目标,从健全全国高校教育质量标准体系出发,对培养目标、培养规格、知识要求、能力要求进行高度概括,从课程体系总体框架、课程设置、教学规范、师资队伍、教学条件、质量保障、培养效果等方面提出了全面但灵活的标准,部分标准只规定了参考值和最低条件。其次,行业人才能力标准是金融机构从中观的行业发展现状及趋势出发,以获取高质量人才,提高组织绩效,促进行业持续发展为目标,是金融机构招聘、考核、晋升、培训和职业资格认证的基础和依据。最后,高校金融类人才能力标准是高等院校从微观视角出发,关注金融学类专业人才培养的总体要求和改革方向,是高校贯彻落实中共中央办公厅、国务院办公厅和教育部相关文件,深化本科专业教育教学综合改革的标准。高校金融类人才能力标准以规范专业发展,促进专业建设,提高人才专业知识水平和综合素质能力,培养适应行业发展要求的全面发展、德才兼备的人才为目标,为高校提高人才培养质量提供引导。见表1-1。(2)教学质量国家标准、行业人才能力需求与高校人才能力标准三者存在紧密的联系。教学质量国家标准是制定高校人才能力标准的重要参照和最低要求;行业人才能力需求是基于行业特征、发展现状及趋势提出的更为具体的要求,它是制定高校人才能力标准的基础;高校人才能力标准是在国家质量标准的指导下,以行业能力要求为基础,结合经济发展、学科发展及高等教育教学规律制定的人才培养标准,高校人才能力标准应不低于行业对人才的能力需求。

本书所界定的"高校金融学类专业人才能力标准"属于基准性标准,各个高校需要在此基础上结合自身的办学定位和办学特色,制定符合自身个性化的能力标准。

表1-1　教学质量国家标准、行业人才能力需求与高校人才能力标准差异

类型	主体	视角	目标	要求
教学质量国家标准	教育部	宏观	建设世界重要人才中心和创新高地,实施人才强国战略,健全全国高校教育质量标准体系,提高人才培养质量,巩固本科教学基础地位,促使高等教育适应社会主义现代化建设,促进产业发展和经济增长	较低
行业人才能力标准	行业协会等组织机构	中观	优化招聘、考核、晋升、培训和职业资格认证机制,获取高质量人才,提高组织绩效,促进行业持续发展	中等
高校人才能力标准	高校	微观	贯彻落实教学质量国家标准,规范专业发展,促进专业建设,提高人才专业知识水平和综合素质能力,培养适应行业发展要求的全面发展、德才兼备的人才	较高

第二,科学性原则要求能力标准的制定过程要符合基本的逻辑规律。层次不明、逻辑混乱的能力标准会使得参与主体无法开展具体的工作。为此,首先,构建能力标准的构建总则;其次,讨论心理学、哲学、人力资源管理学及教育学等领域的能力观,构建能力一级指标框架;再次,以行业需求为导向,构建能力二级指标框架;最后,以2018年教育部高等学校教学指导委员会编制的《普通高等学校本科专业类教学质量国家标准》为最低标准,结合金融业发展

趋势及高等教育教学发展规律,对行业能力要求进行调整、优化和界定,构建高校金融学类专业人才能力标准。

第三,科学性原则要求我们采用科学的研究方法。在本书中,综合采用了文献研究、问卷调研、网络爬虫、深度访谈、专家座谈等多种方法,并对能力标准进行多次修正和验证,以确保能力标准的科学性。

1.3.3 经验性原则

制定标准的目的在于规范参与主体的活动或行为结果。标准应以"科学、技术和经验的综合成果为基础",因此在标准制定过程中,实践经验发挥了重要的作用。一方面,通过行业招聘网站数据获得的能力要求,具有一定的代表性,为了解决抽样误差的问题,我们通过行业发展背景分析及用人单位深度访谈等方式,对行业能力要求进行补充;另一方面,与行业的人才能力要求相比,高校人才培养有其自身的目标、规律和特点,高校人才能力标准的制定,必须遵循高等教育发展趋势以及人才培养的滞后性和周期性。因此,通过开放性问卷、验证性问卷、深度访谈等方式,利用高等教育专家、金融学类专业建设负责人及教师等主体的实践经验,对行业能力要求进行修正和验证,使得标准更为客观全面,表述更为清晰准确,执行更为规范有效。

1.3.4 可行性原则

可行性原则是指能力标准必须可实施、可评价,如果能力标准无法实施、评价,就失去了制定的意义。可行性主要体现在以下两个方面:

第一,要对每项能力制定多个观测点。通过小型会议、专家研讨等方式对能力体系及其观测点进行多次补充和修正,并进行小范围测试,根据测试过程出现的问题和结果反馈进行优化,确保能力标准可实施、可评价。

第二,实践教学规范的制定和执行的可行性。金融行业具有突出的实践性和应用性,实践教学是提高金融学类专业学生综合能力的重要途径。为学生、教师、教学管理部门和用人单位开展实践教学活动和人才能力评价提供了具体的、切实可行的操作方案,是金融学类专业人才能力标准落地实施与评价的基本载体和重要途径。

综上所述,在下文中,依据可实施、可评价的高校金融类人才能力标准将金融学类专业人才能力标准具体化为教学规范,构建了包括实验教学、实习教学、毕业论文在内的高校本科金融学类专业"实践教学规范"。

第 2 章　不同的能力观研究

与能力相关的研究起源于心理学,而后拓展到多个领域,每个领域对能力的内涵、外延及基本观点有不同的阐述,形成了丰富的能力观,如图 2-1 所示。在本章中,探讨心理学、哲学、人力资源管理学及教育学四个领域的能力观,作为下一章建立能力标准体系的理论基础。

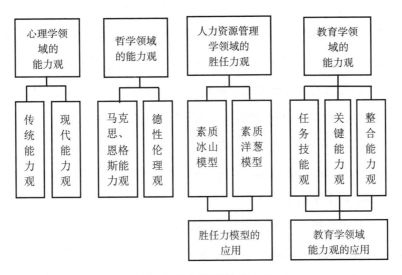

图 2-1　不同领域的能力观

2.1 心理学领域的能力观

心理学领域的能力观为人的智力开发和能力培养提供了心理学依据，主要包括人的能力形成、构成和发展规律。心理学强调能力本质上是个体心理特征，具有很强的个体差异性，能力的影响因素及影响机制复杂多样，只能在完成特定任务或活动过程中得以外显，难以直接度量和观测，因此能力的结构成为研究的焦点。

2.1.1 心理学领域能力的内涵

在心理学研究中，能力一般与"ability"对应，例如在英国心理学家斯皮尔曼（C.E.Spearman,1999）的代表性著作《人的能力：它的性质与度量》中，其表述为"The Ability of Man：Their Nature and Measurement"。心理学领域对能力的界定，大致可分为以下三类：

一是"智力说"，认为能力就是智力。大多数心理学家把智力看成是个体以思维为核心的心理活动。斯皮尔曼指出智力是一种普遍的能力，分为一般智力和特殊智力。桑代克（Thorndike,1926）认为智力包括对抽象概念的运用能力、对社会关系的适应能力和对机械问题与选择问题的适应能力。斯腾伯格（俞晓琳、吴国宏译,1999）将智力定义为"有目的地适应、选择、塑造与人生活有关的现实世界环境的心理活动"。智力主要表现在人的认识过程中，由记忆力、观察力、想象力、思维力、注意力、判断力等多方面构成。（Wecsler, 1943）美国心理学家霍华德·加德纳（Howard Gardner）在1983年出版的《智力的结构》一书中提出多元智力理论（Multiple-Intelligence Theory），指出智力是"在某种社会或文化环境的价值标准下，个体用以解决自己遇到的真正的难题或生产及创造出有效产品所需的能力"。此外，萨罗威和梅耶（Salovey & Mayer,1990）提出"情绪智力"（Emotional Intelligence），指"个体监控自己及

他人的情绪和情感,并识别、利用这些信息指导自己的思想和行为的能力",
"情绪智力"主要包括三个方面的心理过程:准确地识别、评价和表达自己和
他人的情绪;适应性地调节和控制自己和他人的情绪;适应性地利用情绪信
息,以便有计划地、创造地激励行为。

　　二是"潜能说",认为能力即是潜能,是人在特定情境中可能的行为表现。
(H.A.奥图,1988)能力不但指个体现有的实际能力(ability),即在完成任务中
体现出来的实际具备的能力,还指一个人具有的潜能或能力倾向(aptitude),
即经过一定的训练达到更高水平的可能性。

　　三是"个性心理特征说",强调能力是指"顺利完成某一活动所必需的主
观条件,是直接影响活动效率并使该活动顺利完成的个性心理特征"。(黄希
庭,2015)因此,不是所有的主观条件都界定为能力,只有直接影响活动是否
有效率且顺利完成的基本的个性心理特征,才属于能力。顺利完成某项活动
需要以一定的能力为前提,同时能力又表现在所完成的活动中,并在活动中得
以发展。

　　在传统的因素理论的基础上,随着认知科学和神经科学的发展,相关研究
有了逐渐深入的延伸和拓展,下文按照发展历程对典型的能力观进行阐述,其
中,二因素理论、群因素理论、智力层次结构理论、认知领域能力模型及智力三
维结构模型为传统能力观,多元智力理论以及智力的 PASS 模型为现代能
力观。

2.1.2　传统能力观

2.1.2.1　二因素理论

　　因素构成论强调能力的构成要素具有全面性、综合性和复杂性,可按不同
的特点分为若干类因素,主要有二因素理论及群因素理论等,此类研究往往以
能力测验为工具,获取影响能力的因素,以此构建能力结构。

二因素理论(见图2-2)是由英国心理学家和统计学家斯皮尔曼(C.E. Spearman)于1904年提出,他认为能力主要是由两类因素构成的:一类是一般因素,称为G因素(general),G因素是每一种活动都需要的,是个体的基本能力,但每个个体G的量值往往有所不同;另一类是特殊因素,称为S因素(special),S因素是完成某项特殊活动所必备的能力,包括了口头能力、数算能力、机械能力、意志力和想象力,还可能包括智力速度。S因素因人而异,即使是同一个人,也有不同种类的S。

个体要完成任何一种活动,都需要由一般能力因素G和某种特殊能力因素S共同承担,S随个体和活动的不同而不同,可记为S_1、S_2、S_3等;而G是稳定的,是智力结构的基础和关键,是决定个体智力高低的主要因素。活动中包含的G因素越多时,各种任务成绩正相关越强,反之相关性越低。

二因素理论被广泛应用于智力测试,实际上智力测试衡量的就是G因素的水平,如著名的韦氏智力测试(Wechsler Intelligence Scale)、斯坦福-比奈智力测试(Stanford-Binet Intelligence Scale)以及众多的高量程智力测试(High Range I.Q. Tests)等。

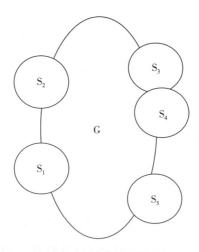

图2-2　二因素理论模式图

2.1.2.2 群因素理论

1938 年,美国心理学家、心理测量学创始人之一瑟斯顿(Thurstone,1938)采用多因素分析方法提出群因素理论,认为任何能力活动都是依靠彼此不相关的许多能力因素共同起作用的,多种平等的基本能力因素的不同组合,构成了每个人独特的能力。瑟斯顿对 283 位大学生进行 56 种测验,并对结果进行了因素分析,最后确定了七种原始的心理能力,语词理解(V)、语词流畅(W)、数字运算(N)、空间关系(S)、联想记忆(M)、知觉速度(P)和一般推理(R)。见表 2-1。

1941 年,瑟斯顿根据这七种基本能力编制出基本心理能力测验(Primary Mental Abilities Test,PMAT),然而结果显示,这些能力之间存在不同程度的相关关系,例如一般推理(R)与语词流畅(W)的相关系数为 0.48;数字运算(N)与语词理解(V)的相关系数为 0.38;语词流畅(W)与语词理解(V)的相关系数为 0.51,这说明在群因素之外可能还存在着一般因素,这与他设想的结果相反。瑟斯顿之后修改了各能力间相互独立的看法,提出了二阶因素的概念,他在一阶因素的基础上再进行因素分析,提取高阶的共同因素。

表 2-1 瑟斯顿七种基本能力因素

基本能力	释义
语词理解(Verbal Comprehension,V)	理解语词含义的能力
语词流畅(Word Fluency,W)	迅速正确地进行词义联想的能力
数字运算(Number Operation,N)	迅速正确地进行计算的能力
空间关系(Space Relation,S)	方位辨别及空间关系判断的能力
联想记忆(Associative Memory,M)	机械记忆能力
知觉速度(Perceptual Speed,P)	借助知觉迅速辨别事物异同的能力
一般推理(General Reasoning,R)	根据经验做出归纳推理的能力

2.1.2.3 智力层次结构理论

1961 年英国心理学家弗农(P.E.Vernon)提出了智力层次结构理论(Hier-archical Structure Theory of Intelligence),他认为能力是按等级层次组织起来的,最高层次是一般因素,相当于斯皮尔曼的 G 因素;第二层是大因素群,包括言语和教育方面的因素(V∶E)及机械和操作方面的因素(K∶M);第三层是小因素群,包括言语、数量、机械信息、空间信息、动手操作等;第四层是特殊因素,即各种各样的特殊能力,相当于斯皮尔曼的 S 因素。见图 2-3。

智力层次结构理论在二因素理论的基础上,增加了大因素群和小因素群,作为一般因素和特殊因素的过渡,缓和了二者之间的对立关系。

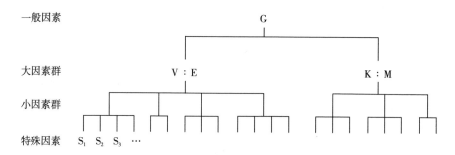

图 2-3 弗农的智力层次结构理论

2.1.2.4 认知领域能力模型

按功能的不同,能力可分为认知能力(Cognitive Abilities)和非认知能力(Non-cognitive Abilities)。其中,认知能力是指个体在认识客观世界活动过程中,接受、加工、储存和运用信息的能力,是个体成功地完成活动最重要的心理条件,主要包括识字能力、记忆能力、计算能力、推理能力等。(Heckman et al.,2006)非认知能力是指对人们的行为活动产生影响,但并不包含在认知能力、专业水平两大范畴内的心理因素,诸如创造力、责任心、职业道德以及行为动机等都属于非认知能力的范畴。非认知能力的测度在学术界尚未达成共识,一般包括专注力、情感能力、社会适应能力、沟通能力、团队合作能力等。(Levin,2013;周金燕,2015;闵维方,2016)

布鲁姆(1956)依据知识学习情境与其测量情境的变化程度,将教育目标从知识维度和认知过程维度两个维度进行分类。

一是知识维度,主要分为事实性知识、概念性知识、程序性知识和元认知知识,知识的主类别及其亚类见表2-2。

表 2-2　知识的主类别及其亚类(洛林·W.安德森等编著,蒋小平等译,2009)

主要类别	类别描述	亚类
事实性知识	学生通晓一门学科或解决其中的问题所必须了解的基本要素	术语知识;具体细节和要素的知识
概念性知识	在一个更大体系内共同产生作用的基本要素之间的关系	分类和类别的知识;原理和通则的知识;理论、模型和结构的知识
程序性知识	做某事的方法,探究的方法,以及使用技能、算法、技术和方法的准则	具体学科的技能和算法的知识;具体学科的技术和方法的知识、确定合适使用适当程序的准则知识
元认知知识	关于一般认知的知识以及关于自我认知的意识和知识	策略性知识;关于认知任务的知识,包括适当的情境性和条件性知识;关于自我的知识

二是认知过程维度,根据安德森(Anderson,2001)的修改与整合,修订版的布鲁姆认知领域教育目标分为知道、理解、应用分析、评价、创造六个层次,见表2-3。其中,知道、理解、应用属于低阶认知能力;分析、评价和创造属于高阶认知能力,是发生在较高认知水平层次上的心智活动或认知能力。(Alexander,1938)高阶认知能力更注重知识的理解与整合、主动的知识建构、知识的迁移与质变,注重将知识转化为能力。

表 2-3　认知过程类别

类别	认知过程	具体类别
知道	在长时记忆中提取相关的知识	识别、回忆、列表、定义
理解	从口头、书面和图像等交流形式的教学信息中建构意义	解释、举例、分类、总结、推断、比较、说明
应用	对所学习的概念、法则、原理的运用	执行、论证、操作、实践、分类、举例说明、解决
分析	将材料分解为它的组成部分,确定部分之间的相互关系,以及各部分与总体结构或总目标之间的关系	区别、组织、实验、归因、对比、比较、辨别
评价	基于准则和标准作出判断	检查、评论、鉴定、辩明、预测
创造	将要素组成内在一致的整体或功能性整体	产生、计划、生产

基于知识和认知过程两个维度的分类表如表 2-4 所示,任何一个强调认知能力培养的教育目标都可以被归类于该表的一个或多个方格之中。

表 2-4　知识和认知过程二维分类表

知识维度	认知过程维度					
	1. 知道	2. 理解	3. 应用	4. 分析	5. 评价	6. 创造
A.事实性知识						
B.概念性知识						
C.程序性知识						
D.元认知知识						

2.1.2.5　智力三维结构模型

吉尔福德(J.P.Guilford,1967)应用心理测量方法和因素分析,从内容、操作和产品三个维度构建了智力三维结构模型(Three Dimensional Structure Model of Intelligence),提出一个完整的智力活动就是通过对内容的操作而获得一个产品。

智力三维结构模型主要包括了以下几点。(梁宁建,2013)

(1)智力活动的内容(contents),是指智力活动的对象或材料,包括视觉的(看到的具体材料)、听觉的(听到的具体材料)、符号的(字母、数字等符号)、语义的(词的意义和观念)和行为的(本人及他人的行为)五种内容。

(2)智力活动的操作(operations),是指由智力活动的内容带来的智力活动的过程,主要包括认知(理解和再认)、记忆(保持)、发散(对问题寻找多种答案)、聚合(对问题找出最合适的答案)、评价(对人的思维品质或事物性质作出某种鉴别)五种操作。

(3)智力活动的产品(products),是指运用智力操作信息后得到的结果,主要有单元(一个单词、数字或概念)、分类(一系列有关的单元)、关系(单元与单元之间的关系)、系统(运用逻辑方法组成的概念)、转换(对安排、组织和意义的修改)和蕴含(从已知信息中观察某些结果)六种产品。见图2-4。

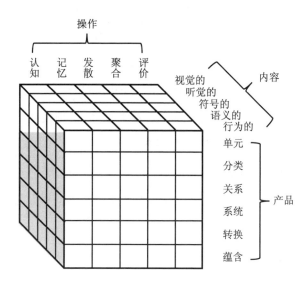

图 2-4 吉尔福德的智力三维结构模型

每一个内容、操作和产品的结合(即模型中的每一个小立方体)都代表一种独立的心理能力,人的智力可以区分为 5×5×6＝150 种,吉尔福德认为这些智力可以用不同的测验来检验。吉尔福德的模型同时考虑了智力信息加工的内容、操作和产品,促进智力测验研究工作的拓展和深化,他还把被忽略的"创造性"与"发散思维"和"聚合思维"联系起来,认为发散思维是创造性的核心,包括流畅性、变通性和独创性三个维度。

2.1.3　现代的能力观

2.1.3.1　多元智力理论

美国心理学家加德纳(H.Gardner,1983,1999)在对脑损伤病人的研究及对智力特殊群体分析的基础上,系统地提出了多元智力理论(Multiple-intelligence Theory,简称"MI理论")。他认为智力的内涵是多元的,由八种相对独立的智力成分构成:

(1)语言智力(Linguistic Intelligence):包括阅读、写文章或小说,以及用于日常会话的能力。语言智力强的人能够在写作和说话时很好地使用单词。这些人通常非常擅长写故事,记忆信息和阅读。

(2)逻辑—数学能力(Logical-mathematical Intelligence):包括数学运算及逻辑思考能力。逻辑—数学能力强的人善于推理,识别模式,逻辑分析问题。这些人倾向于从概念上思考数字、关系和模式。

(3)空间智力(Spatial Intelligence):包括认识环境、辨别方向的能力。空间智力强的人善于将事物可视化。这些人通常擅长方向以及地图、图表、视频和图片。

(4)音乐智力(Musical Intelligence):包括对声音的辨识与韵律表达的能力。音乐智力强的人善于思考模式、节奏和声音。他们对音乐有很强的鉴赏力,通常擅长音乐创作和表演。

(5)运动智力(Bodily Kinesthetic Intelligence):包括支配肢体完成精密作业的能力。运动智力强的人擅长身体运动、执行动作和身体控制。他们往往具有出色的手眼协调性和灵活性。

（6）交际智力（Interpersonal Intelligence）：包括与人交往且能和睦相处的能力。交际智力强的人善于理解和与他人互动。这些人擅长评估周围人的情绪、动机、欲望和意图。

（7）自知智力（Intrapersonal Intelligence）：包括认识自己并选择自己生活方向的能力。自知智力强的人善于意识到自己的情绪状态、感受和动机。他们倾向于享受自我反思和分析，包括做白日梦、探索与他人的关系以及评估自己的个人优势。

（8）自然智力（Naturalist Intelligence）：包括认知、感知自然界事物的各种能力。自然智力强的人更符合自然，并且通常对培育、探索环境和了解其他物种感兴趣。这些人高度意识到他们所处环境的微妙变化。

多元智力理论最重要的教育意义是可以通过个性化和多元化来培养学生。个性化假设每个学生都是不同的个体，所以不能用相同的方法来教育和评价不同的学生。个性化教育即因材施教。现在，技术使更多的人能够根据自己的需要获得各种教学和评估。多元化，即教学内容和技能应该以多种方式教授，激活个体的多元智力。通过提出各种活动和学习方法，鼓励学生能够从各个角度思考、理解这些教学内容。

2.1.3.2　智力的 PASS 模型

智力的 PASS 模型（Plan Attention Simultaneous Successive Processing Model，PASS）是加拿大心理学家戴斯（Das，1994）等在必须"把智力视作认知过程来重构智力概念"的思想指导下，经过多年的理论和试验的研究论证而提出的。该模型建立在苏联神经心理学家鲁利亚认为的大脑在进行信息处理时，建立在三个机能系统共同作用基础上[①]，PASS 是计划、注意、同时性加工

---

① 第一机能系统保持大脑皮层的兴奋，第二机能系统接受外部消息的刺激并将外部信息保存下来，第三机能系统刺激人的需求并导致行为的发生。

和继时性加工这三级认识系统中所包含的四种认知过程的缩写。

戴斯等认为有效的加工是按照特定任务的需求,通过整合知识与计划、注意、同时性加工和继时性加工过程来完成的,其中,(1)计划(Plan),涉及执行功能,包括控制和管理行为、选择和构建策略以及监控行为;(2)注意(Attention),负责保持唤醒和警惕水平,对相关刺激高度关注;(3)同时性加工(Simultaneous Processing),涉及考察项目之间的关系,并将它们整合为一个完整的信息整体;(4)继时性加工(Successive Processing),要求按照一定的序列对独立的项目加以整理,譬如按照所呈现的次序复述一系列单词或重复一连串的动作。

四种认知过程组成了三个认知系统:(1)注意系统,也称注意—唤醒系统,起着激活大脑的作用,能促进大脑调整为合适的工作状态,注意系统是基础;(2)信息加工系统,指的是信息编码并选择合适的加工方式对任务进行处理,包括同时性加工和继时性加工,信息加工系统处于中间层,是智力的操作系统;(3)计划系统,是处理智力的计划性工作系统,发挥包括确定目标、制定策略、控制调节等功能,计划系统处于最高层的认知功能系统。三个系统之间存在相互影响、相互作用、协调合作,确保智力活动的运行,计划过程中需要充分发挥注意系统的作用,进而促进计划的产生,同时信息加工系统受到了计划功能的影响。

PASS 模型体现了脑科学对智力研究的影响,将智力研究的重点从外在的智力活动转变为内在的智力过程,是对智力认识的深化,有效促进了对智力发展和智力培养的研究。

2.2　哲学领域的能力观

2.2.1　哲学领域能力的内涵

在哲学领域,能力是本质力量及内在素质的外在表现和确证,将人的能力视为一种潜在的力量,强调人的能力是全面的、综合的,既包括潜能、智力,也包括意志力、精神力、德力等,能力同时受理性和道德的影响。能力是人的综合素质在现实行动中表现出来的正确驾驭某种活动的实际本领、能量,是实现人的价值的一种有效方式,也是社会发展和人生命中的积极力量。(韩庆祥和雷鸣,2005)

此外,能力具有对象性、实践性和社会性。能力必须通过现实的对象性活动显现出来,具有外在对象性。实践活动的性质和实践的范围将影响能力的大小。社会性是人的本质属性,人的能力只有在人与人之间充分的联系以及丰富的社会关系中才能发展起来,能力的实现和确证不仅是单纯的主体与客体之间的关系,也是主体间的关系,孤立的个体是无法实现和确认自身能力的。

2.2.2　马克思、恩格斯的能力理论

马克思从人的需要、劳动、社会关系等方面来研究人性,认为人的本性就是人的能力。(周前程,2011)马克思将人的能力视为主体本质力量的外化,能力通过主体的对象性活动得以实现和确证。马克思在《资本论》中指出:"为改变一般人的本性,获得一定劳动部门的技能和技巧,成为发达的和专门的劳动力,就要有一定的教育或训练。"[①]个体能力的充分发展和正确发挥是实现人类自由全面发展的核心内容。马克思从现实的个人出发,将人的能力置于社会历史及其发展趋向基础上,揭示了在人对物的依赖性阶段,主体能力呈现出的特殊物化状态,并力图通过物质生产力的极大提升、自由支配时间的增加、私有制和雇佣劳动的积极扬弃,将人的能力从物化状态中解放出来,为实现人的自由全面发展开辟道路。马克思的能力观为当代中国的社会发展提供了科学的分析框架和现代的核心理念。(张瑶、张艳涛,2018)

---

① 《马克思恩格斯全集》第 44 卷,人民出版社 2001 年版,第 200 页。

马克思、恩格斯在 1844—1848 年期间合写的《神圣家族》《德意志意识形态》和《共产党宣言》三部重要著作,都论述了人的能力问题,旨在通过解放和发展人的能力,发挥人的能力的巨大作用,进而最终实现人的解放,把解放和发展人的能力与解放和发展生产力结合起来。(孙福胜,2019)马克思、恩格斯从人的能力的本质定位——"现实的人"、人的能力的物质基础——"物质生活生产"、人的能力的发展目标——"人的解放"、人的能力的实现途径——"发展生产力和教育"等基本内容对人的能力问题进行研究,"任何人的职责、使命、任务就是全面地发展自己的一切能力"①,强调人的能力的实践性、发展性和个性化特征,指出生产力、交往和社会关系是人的能力解放和发展的重要方面,人的能力发展是"以生产力的普遍发展和与此相联系的世界交往为前提的"②,智育、体育和技术教育是人的基本教育内容,要把教育与劳动生产结合起来。

2.2.3　德性伦理学

亚里士多德将潜能说引入伦理学,其德性伦理学以德性(arete,virtue)为中心展开论述。亚里士多德在《尼各马可伦理学》中,将德性定义为品质(hexis,disposition),是一种使人成为善者或优秀的人的品质。实际上除了将德性定义为品质外,他还在《修辞学》中,将德性定义为能力,是指德性能够使人成为卓越的人,还在于德性或德性的实践具有产生或带来更多好的或善的东西的生产性功能,这两种定义是内在统一的,德性既是品质,又是理性能力。(龚群,2016)在《尼各马可伦理学》第二卷开篇中,亚里士多德将德性区分为理智德性和道德德性,并指出虽然道德德性在我们身上的养成不是出于自然,但自然通过"潜能"的形式使我们拥有了接受德性的能力,因而理智德性主要通过教导而发生和发展,道德德性则可以通过习惯养成。亚里士多德的这一

---

① 《马克思恩格斯全集》第 3 卷,人民出版社 1960 年版,第 330 页。
② 《马克思恩格斯选集》第 1 卷,人民出版社 2012 年版,第 166 页。

主张在《形而上学》中得以体现:"一切潜能或如感觉,秉于内涵,或如吹笛得之于实习,或如艺术得之于研究;凡由实习与理知所得的潜能,必先经操练。非理知潜能之内涵于蕴受者,不假操练而自备",其中,内涵即指人所拥有的自然天赋,实习即指在日常生活中的习惯化训导,研究即指理智德性,要通过学习和教导而获得。亚里士多德在此的论述也对应了其道德教育思想的三个要点,即天赋、习惯和理性。亚里士多德以每个人均有自然潜在的赋予其接受德性的能力为前提,强调城邦法律对公民的教化作用以及城邦生活对公民道德德性与理智德性的塑造,从而体现了以发展人的全部潜能为目的的潜能说影响下的教育方法,使公民能够更好地通过意愿与选择决定自己的行为,真正将合德性的行为与有德性的人统一起来,实现至善。(张力方,2018)

2.3　人力资源管理学领域的胜任力①观

从人力资源管理角度看,组织是由众多内容和性质不同的工作组成,在相对稳定的外部环境下,组织及其结构没有太大的变化,人力资源管理关注焦点是基于工作的员工匹配问题。但 20 世纪 90 年代以来,组织外部环境日益复杂多变,这对组织的灵活性、应变性提出更高的要求,工作内容不再是一成不变,人力资源管理开始关注员工的能力。学者们也从基于工作的人力资源管理研究向基于能力的人力资源管理研究转变。(李经兰等,2005)

2.3.1　人力资源管理学领域能力的内涵

哈佛大学心理学教授麦克里兰(McClelland,1973)在《美国心理学家》杂志上发表了《测试胜任力而不是智力》一文,他认为传统的学术性考试无法预测工作业绩和生活中的成功,提出了"胜任力"的概念,开启人力资源管理学

---

① 也有学者将"胜任力"翻译为"能力素质""能力"等,强调获得优秀工作绩效的内隐能力。

领域对胜任力的研究。麦克里兰把能力定义为"区分在特定的工作岗位和组织环境中杰出绩效水平和一般绩效水平的个人特征",并将"成就动机""人际理解""团队领导""影响能力"等能真正影响工作业绩的个人条件和行为特征称为"能力素质"(Competency)。能力素质根据其适用范围,可分为核心能力素质(Core Competency)和专业能力素质(Specific Competency),其中,核心能力素质是针对组织中所有员工的基础且重要的要求,它适用于组织中所有的员工,无论其所在何种部门或是承担何种岗位;不同的岗位群,或是部门类别对员工专业能力素质的要求有所不同,专业能力素质是为完成某类部门职责或是岗位职责,员工应具有的综合素质。

罗宾斯(Robbins,1997)将能力定义为"个体在某一工作中完成各种任务的可能性",将能力区分为体质能力(Physical Ability)和心理能力(Intellectual Ability),前者是指从事体力活动所需要的能力,后者是指从事心理活动所需要的能力。他指出能力与工作相匹配时,员工的工作绩效便会提高。[①] McBer公司咨询顾问、美国学者博亚特兹(Boyatzis,1982)开展了一项"管理能力通用模型"研究,在其著作《胜任的经理人》中指出"胜任力是一个人所拥有的导致在一个工作岗位上取得出色业绩的潜在的特征,它可能是动机、特质、技能、自我形象或社会角色或知识等"。帕里(Parry,1996)认为胜任力是影响个人工作的最相关态度、知识及技能的集合,与工作绩效密切相关。斯潘塞(Spencer,1994)等提出胜任力是指动机、特质、自我概念、态度或价值观、知识或技能等任何可以被可靠测量或计数的并且能显著区分优秀与一般绩效的个体特征。霍恩比和托马斯(Hornby & Thomas,1989)认为胜任力是高绩效的经理或管理者所具备的品质、知识和技能。赫利(Helley,2001)认为胜任力是一种特性,包括知识、技能、能力、特质、态度、动机和行为多个方面,这种特性能够使一个人以富有成效的方式完成工作,而且可以用绩效标准进行测量。

---

① 参见[美]斯蒂芬·罗宾斯:《组织行为学》第7版,中国人民大学出版社1997年版,第74页。

人力资源管理对员工能力的分析主要是针对具体的工作绩效,能力结构研究对象主要包括优秀员工和管理人员。第一,对优秀员工能力的研究。斯旺(Swan,1999)分析优秀的职业人员的能力时,将其划为三大类:人际能力、认知能力和内在能力(Intra Personal Competencies)。人际能力主要包括关系构建、融合他人、影响他人和协商能力;认知能力包括信息收集、抽象思维、分析思维和计划能力;内在能力包括成就导向、毅力、客观和自我控制的能力。第二,对于管理人员能力的研究。凯南格(Kanungo,1992)认为管理能力由三个基本类构成:情感类能力(Affective Competence)、智力类能力(Intellectual Competence)和行为类能力(Action Oriented Competence)。亨特和华莱士(Hunt & Wallace,1998)认为管理能力由六类关键子能力构成,即战略管理能力、领导和团队构建能力、组织和环境意识能力、解决问题和决策能力、政治劝说和影响技能、行政和运作管理能力。

2.3.2　胜任力模型

人力资源管理学领域能力观中应用最广泛的是胜任力模型,胜任力模型主要用于描述为了从事某一职业或胜任某个职位,实现一定绩效目标而必须具备的一系列能力要素的组合。在胜任力模型中,以"素质冰山模型"和"素质洋葱模型"最为经典。

2.3.2.1　素质冰山模型

素质冰山模型由麦克里兰在 1973 年提出,这是国内外学者公认的胜任力模型研究的起源。麦克里兰和咨询公司的员工,运用行为事件访谈法(Behavioral Event Intervies,BEI)帮助美国政府选拔驻外机构外交人员(Foreign Information Service Officers,FISO),挖掘优秀 FISO 的能力素质特征。

麦克里兰把素质划分为六个层次:知识(Knowledge)、技能(Skill)、社会角色(Social-role)、自我概念(Self-Concept)、个性特质(Traits)和动机(Motives)。

一般认为,知识指个体在特定领域具备的事实性或经验性信息;技能指运用结构化的知识解决具体问题的能力;社会角色是个体对社会规范的认知和理解;自我概念,即自我认知,是个体对自己的认识和看法,如对自己的智力、能力的判断;个性特质是个体相对稳定的心理特征,如坚毅、果敢、进取心、顺从等;动机是个人为达到某特定目标而采取行动的一种内驱力。他将人的能力素质形象地描述为漂浮在海面上的冰山,知识和技能属于海平面以上的浅层次的部分,而社会角色、自我概念、个性特质、动机属于潜伏在海平面以下的深层次的部分(见图2-5)。

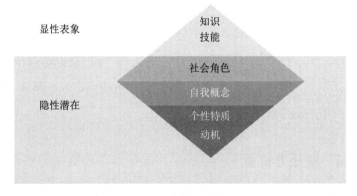

图 2-5　素质冰山模型

麦克里兰指出,真正能够把优秀人员与一般人员区分开的是深层次的部分。他把不能区分优秀者与一般者的知识与技能部分,即"应知、应会"部分,称为基准性能力(Threshold Competencies),也被称为显性能力,强调它是从事某项工作起码应该具备的素质;而把能够区分优秀者与一般者的社会角色、自我概念、个性特质、动机称为鉴别性能力(Differentiation Competencies),也被称为隐性能力,它们是个体驱动力的主要部分。显性能力是个体的外在表现,易于辨别与测量,可通过培训来改变和发展;而隐性能力属于"冰山以下部分",是人内在的、相对隐蔽的、对行为与表现起着关键性作用的特质,难以测量,难以通过培训形成,对个体能力的发挥具有更加本质性的影响,能够预测个体工作的长期潜能。

素质冰山模型对个体的显性能力和隐性能力的双重能力结构进行考量,基于个体的"知识和技能"回答了一个人"能做什么";基于"社会角色定位、自我形象"回答了"想做什么";基于"动机、价值观、态度、品质",回答了"为什么做"。该成果丰富了现代人力资源管理理论,成为企业人力资源管理实践的重要基础。

2.3.2.2　素质洋葱模型

美国学者博亚特兹(Boyatzis,1982)在麦克里兰素质理论研究基础上,提出"素质洋葱模型",如图 2-6 所示,模型展示出素质构成的核心要素,素质洋葱模型中各素质要素由内至外依次是个性、动机、态度、价值观、自我形象、社会角色、知识、技能等。个性是个体通过对待现实事物的态度及具体的行为方式所表现出来的具有经常性和稳定性的人格特质,它是个性心理特征和个性倾向性的统一体;动机是引起、维持和推动个体从事某种活动的内部驱动力,它引导个人行为方式朝着有利于目标实现的方向前进,防止行为偏离;态度是指某个人对某一客体所持的评价与心理倾向,它既是一种内在的心理结构,又是一种行为倾向,是个体的自我形象、价值观以及社会角色综合作用外化的结果;价值观是个人对客观事物及对自己行为结果的意义、作用、效果和重要性的总体评价,它使人的行为带有稳定的倾向性;自我形象是个人对自身能力和自我价值的认识,是个人期望建立的社会形象,自我形象作为动机的反映,可以预测短期内的个人行为方式;社会角色是与人们的某种社会地位、身份相一致的权利、义务与行为规范模式,是人们对具有特定身份的人的行为期望,它建立在个人动机、个性和自我形象的基础上,表现为个人一贯的行为方式和风格;知识是个人在某一特定领域所拥有的事实型与经验型信息,是人们从事某项工作所具备的基本素质;技能是个人结构化地运用知识完成具体工作的生理或心智能力,技能能否产生绩效受动机、个性和价值观等要素的影响。

素质洋葱模型分为三层:其中,个性和动机属于内核层;态度、价值观、自我形象和社会角色属于中间层;知识和技能属于表层。这些要素由内至外逐

图 2-6　素质洋葱模型（Boyatzis,1982）

渐可被观察、被衡量,表层的属于表象素质,易于培养和评价;内核层和中间层的属于潜在素质,不容易改变和衡量评价。三个层次的素质相互联系,构成一个动态的复杂统一体,共同作用于人们潜能的发挥。表象素质是潜在素质的外化,潜在素质是表象素质的基础;潜在素质的数量、质量和性质都对表象素质的获得和发挥起着巨大的作用。

　　素质洋葱模型的本质内容与素质冰山模型一致,但是其对胜任力的表述更突出其层次性。素质洋葱模型可以为组织明确某一个职位的素质要求,为人员选拔、人员测评、培训与开发、绩效考核提供理论支持。

2.3.3　胜任力模型的应用及拓展

　　在素质冰山模型和素质洋葱模型之后,出现了大量基于不同研究目标、研究对象、研究方法的胜任力模型。美国风险管理协会开发的风险经理核心胜任力模型将风险经理胜任力分为三类。第一类是核心胜任技能(Core Competency Skills),包括人际技能、个人技能、职业技能与知识;第二类是概念技能(Conceptual Skills),包括计划、组织、决策、道德判断、组织架构及战略思考;第三类是工作技能(Technical Skills),包括风险管理流程、风险分析、风险控制、风险金融等。三类技能之间存在一定的交叉与重叠。

2005 年,美国劳工部就业培训局(Employment and Training Administration, ETA) 提出了一个通用能力模型,其最突出的特点是将胜任力与人的职业生涯规划紧密结合,在通用胜任力的基础上,兼顾了行业特征及职业属性。ETA 的通用能力框架是一个 9 层的金字塔结构,体系庞大,内容丰富。该金字塔模型由上至下共九层,将胜任力划分为基础胜任力(Foundational Competencies)、行业胜任力(Industry Related)、职位胜任力(Occupation Related)三类,其中:基础胜任力是所有行业都需要的基本能力,位于模型中第 1—3 层,主要包括了个人效能能力(Personal Effectiveness Competencies)、学术能力(Foundation Academic Competencies)和职场能力(Workplace Competencies);行业胜任力指与特定行业属性相关的能力,位于模型第 4—5 层,包括产业技能(Industry-Wide Technical Competencies)及跨产业技能(Industry-Sector Technical Competencies);职位胜任力指与特定职位属性相关的能力,位于模型中第 6—9 层,包括职位要求的知识能力(Occupation-Specific Knowledge Areas)、职位要求的技能(Occupation-Specific Technical Competencies)、职位要求的特定能力(Occupation-Specific Requirement)及管理能力(Management Competencies)。见图 2-7。

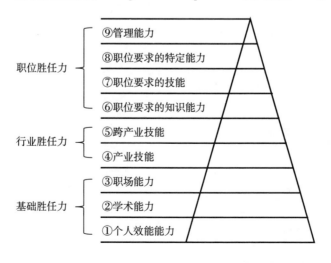

图 2-7　ETA 的通用能力框架

此外,表 2-5 列示了国内外部分学者关于某一具体职业或岗位胜任力的对象方法或手段,及胜任力模型要素的研究。虽然不同领域胜任能力有所不同,侧重点也不同,但是基本上都是以一般能力和特殊能力为基础,同时强调胜任力需要训练及实践才能获得。

表 2-5 部分学者的某一具体职业或岗位胜任力模型

学者	对象	方法或手段	胜任力模型要素
Spencer, L. M., Spencer, S. M., 1983	216 名企业家	跨文化比较研究	6 个类别,20 个项目:成就(主动性、坚持性、信息搜寻、捕捉机遇、关注质量、关注效率、守信);个人成熟(自信、自学、具有专长);思维与问题解决(系统计划、问题解决);指导与控制(果断、监控);影响(说服、运用影响策略);体贴他人(诚实、关注员工福利、关系建立、发展员工)
Herbert, 1999	大不列颠和爱尔兰总经理	7 年实证跟踪研究,40 个要素按重要性进行评价	11 个要素:战略前瞻、分析判断、计划组织、管理员工、服务、坚持性与果断、人际敏感性、口头沟通、毅力和适应能力、精力与主动性、成就动机
Lewis, 2002	酒店经理	BEI 行为事件访谈、360 度访谈法	18 个要素:成就导向、客户服务导向、组织关怀、专业技能、信息搜寻、洞察力、领导力、分析思维、创新、自我控制、诚实、自信、自学、沟通交流、团队合作、人际关系建立、乐观、热情
Bueno, Tubbs, 2004	跨国企业管理者	实证经验验证	6 个要素:沟通技巧、学习动力、开放性、灵活性、敏感性和尊重他人
时勘等, 2002	通信管理干部	深度访谈	5 个要素:影响力、社会责任感、调研能力、成就动机、领导驾驭能力
姚翔等, 2004	IT 行业开发部 322 名项目经理和成员	问卷调查	5 个因素:个性魅力、应变能力、大局观、人际关系处理能力、品格
魏钧等, 2005	国内商业银行客户经理	团体焦点访谈法、关键行为事件法、多元统计分析	6 个要素把握信息、拓展演示、参谋顾问、协调沟通、关系管理、自我激励
刘学方等, 2006	国内 200 家继承家族企业的中高层管理人	问卷调查、探索性和验证性因子分析	8 个因子:组织承诺、诚信正直、决策判断、学习沟通、自知开拓、关系管理、科学管理、专业战略

续表

学者	对象	方法或手段	胜任力模型要素
廖志豪, 2012	创新型科技人才	BEI 行为事件访谈法、传记分析法、问卷调查与分析	42 个要素:知识结构、思维方式、综合能力、个性品格等
李瑞等, 2017	高层次创新型人才	问卷调查、访谈	47 个要素:创新知识、创新技能、影响力、创新能力、创新动力、管理能力等
曹晓丽等, 2020	创新型科技人才	文献研究分析、总结归纳	4 个方面:创新知识、创新技能、创新意识、创新成果,25 个要素,其中创新意识包括了创新动机、创新意志力、创新洞察力和创新思维 4 个要素

资料来源:笔者根据国内外相关文献整理获得。

2.4　教育学领域的能力观

2.4.1　教育学领域能力的内涵

教育学领域强调能力可以通过教学活动得以提升,能力常与职业教育、大学教育等联系在一起。教育学领域关于能力的研究主要有两类:第一类是关于职业教育领域的"职业能力"研究。职业教育的目标是培养技术技能型人才,而非研究型人才。在职业教育领域,能力有其特定的内涵,职业能力这一概念最早由德国的罗特(Roth,1971)提出。第二类是以大学生为对象的"大学生能力"研究。[①] 例如在由西班牙的第斯托大学(University of Deusto)和荷兰的格罗宁根大学(University of Groningen)作为牵头学校制订的欧洲教育结构调整计划(Tuning Educational Structures in Europe)中,基于社会和学科对学生成为公民和适应就业的要求,能力被界定为知识、理解力、态度、技能及才能的结合。

---

① 多数的研究以"大学生"整体为研究对象,未区分"职业教育"和"普通教育"。

2.4.2　基于行为主义的任务技能观

任务技能观的理论基础是泰勒的科学管理理论,泰勒(Taylor,1911)通过对工作任务动作分解,研究确定工人完成不同岗位工作需要的能力。[①] 美国学者伯恩斯(Burns,1972)在《能力本位的教育:介绍》一书中对能力本位教育描述为,"能力本位教育是建立在对某一岗位所需能力甄别与陈述的基础上的","通常是以特定的行为化目标来陈述甄别出来的操作性技能"。

任务技能观认为能力等同于岗位的技能,将能力与特定工作岗位相对应,把完成工作岗位任务所需要的能力细化为具体的任务技能,岗位针对性强。这种通过任务分解的方式能提高工作效率,但却没有考虑不同任务活动之间各种技能的关联性,没有考虑工作任务对人的心理特征要求,也没有用人的发展观看问题,造成能力培养的片面性和短视性,制约了对学生能力的培养。

2.4.3　基于整体主义的关键能力观

"关键能力"(Key Competencies)这一概念最早是由德国社会教育学家、德国劳动力市场与职业研究所所长梅滕斯(Mertens)于 1974 年提出的,在《关键能力——现代社会教育的使命》一书中,他将关键能力定义为"是那些与一定的专业技能不直接相关的知识、技能和能力,是在各种场合和职责下足以作出判断选择的能力,胜任人生生涯中不可预见各种变化的能力,是一种可迁移的、跨职业的、从事任何职业都必须具备的基本能力"(吕景泉,2007)。

简单地讲,关键能力是适用于各种职业、伴随人的终身发展的可持续能力。关键能力常被称为"核心能力"(Core Competencies),它具有以下主要特征:一是普遍性,是指关键能力在整个职业生活中是普遍存在的,不易过时或

---

① 参见［美］F.W.泰勒《科学管理原理》,胡隆昶等译,中国社会科学出版社 1984 年版,第166 页。

被淘汰;二是迁移性,是指关键能力很容易从一种工作迁移到另一种工作中;三是工具性,是指关键能力有一定的基础性和实用价值;四是整体性,是指所有的能力是一个相互联系、相互制约、共同协作的整体,准确而有效完成目前的问题和任务。其中,整体性是关键能力的最显著特征,基于整体主义导向的关键能力观,不受具体的工作岗位和任务的影响,不对单一岗位作具体的任务技能分析,强调职业或岗位所共有的具有普适性、一般性的素质和能力。

关键能力的构成是学者关注的重点。梅滕斯认为关键能力主要包括四类,即基本能力(Basis Qualifikationen)、水平能力(Horizontal Qualifikationen)、可迁移知识能力(Vintage Faktoren)和职业拓展性要素(Breiten Elements)。德国学者雷茨和斯特(Reetz,Ernst)认为关键能力主要包括三类,即方法能力、社会能力和个性能力。凯泽等(Kaiser et al.)认为关键能力主要包括五个方面,即明确主题能力、独立和参与能力、团体或社会能力、系统或方法能力和反省能力。见表 2-6。

表 2-6　关键能力的构成和内涵

学者	构成	内涵
梅滕斯	基本能力	指高于具体的专业能力、特殊的专业能力,具有特定的迁移和转化能力,包括逻辑性、计划性和连贯性思维能力等
	水平能力	指获取和运用信息扩展知识水平和信息水平迁移的能力
	可迁移知识能力	指不同领域或职业共同具有的能力,包括环境保护意识、劳动安全意识、合作精神等能力
	职业拓展性要素	指当工作发生变化或随年龄变化时,劳动者过去工作的能力,如外语、计算机等
雷茨和斯特	方法能力	指掌握动手和自学能力,处理和解决问题能力,以顺应未来变化
	社会能力	指面对社会的能力,与人交往、合作的能力
	个性能力	指个人基本心理特征,如道德观、价值观、创新精神等

续表

学者	构成	内涵
凯泽	明确主题能力	指在执行一项特殊任务或学习任务时,能够迅速明确工作任务或者学习主题
	独立和参与能力	指有助于促进自我学习和负责的工作,作出决定和承担责任的能力
	团体或社会能力	指在团体中工作、合作和在社会中行动的能力
	系统或方法能力	指在新的工作中有经验,能有效地组织和工作,理解工作流程
	反省能力	指对自己工作不断反省,以提高工作质量和不断调整工作程序

关键能力在不同的国家叫法不同,如在美国称为"基本能力""通用能力""软技能";在英国称为"核心技能"(Core Skills);在澳大利亚称为"核心胜任力"(Key Competencies)或"通用技能"(Generic Skills)等。(Curtis,2004)在关键能力实践方面,不同的国家对关键能力内容的描述有所差异(见表2-7)。

表2-7 部分机构的关键能力构成

国家	关键能力的构成	机构
中国	认知能力、合作能力、创新能力、职业能力,其中,前三项属于核心能力	中共中央办公厅、国务院办公厅
美国	职场能力、学术能力、个人效能:一是分配时间、制定目标、突出重点目标的能力,以及分配经费、准备预算的能力;二是确定所需数据、设法获得数据、处理和保存数据的能力;三是作为小组成员参与活动、与他人交流的能力;四是了解社会和组织技术系统运行原则并操纵的能力;五是选择技术、在工作中应用技术的能力	劳工部就业培训局
英国	包括交流能力、数字应用能力、信息技术能力、解决问题能力、学习和业绩自我提高能力、与他人合作能力	资格与课程局
德国	责任心、独立能力、执行能力、团体能力、交流能力、合作能力、求知欲望、自学能力、系统思考能力、解决问题能力、注意力、分析能力、判断能力、抽象能力、正确性、环境意识、安全意识、收集信息能力	行业协会

国家	关键能力的构成	机构
澳大利亚	收集、分析和组织信息的能力；表达意见和信息的能力；计划和组织活动的能力；与他人合作和在团队中合作共事的能力；应用数学知识技巧的能力；问题解决的能力；利用技术的能力；文化理解的能力	梅耶委员会

关键能力观反映的是个体适用于各种职业的一般综合素质，强调能力的普适性和可迁移性，代表个体在不同岗位之间的转换能力。但它忽视了能力的情景性，在实际应用中缺乏对人才专业性的要求。

2.4.4　基于建构主义的整合能力观

能力不能等同于具体的行为，能力也不是个体的内在素质（Personal Qualities）。（石伟平，2001）仅仅将职业能力看成是脱离具体工作的个人特性，或者看成是脱离工作主体的人的工作要求都是片面的。只有将一个人的一般个性特征和职业情景相联系，才能反映出职业实践对能力的整体性要求。职业能力不仅表现在人与工作的静态匹配适应方面，而且表现在人变革工作并与工作的动态匹配适应方面。

美国能力本位教育与培训的倡导者盖力和波尔（Larrie Gale & Gaston Pol）于 1975 年在《能力本位的教育：小型能力测验的超越》（Competency-Based Education：Beyond Minimum Competency Testing）一书中提出了整合职业能力观，他们认为"能力是与职位和工作角色联系在一起的，是胜任一定工作角色所需的知识、技能、判断力、态度和价值观的整合"。（Nickse,1981）英国的继续教育处于 1984 年在《走向能力本位体制》中对能力的界定也体现了整合性："能力是胜任社会工作角色的要求所必须拥有的充分的技能、合适的态度和经验"。（Harris,1995）托尔（Torr,2008）认为职业能力涉及认知（cognitive）、技术（technical）、法律与道德（legal & ethical）、组织（organizational）以及人际与内省（inter & intra-personal）五个领域，并指出个体整合与这五个领域相关的知识、技能和行为的本领越大,其职业能力也越强;反之,无法整合其中任何一个领域的知识、技能和行为的个体,将被视作不具备职业能力。

任务技能观、关键能力观和整合能力观三种职业能力观的产生社会背景、理论基础和特点总结见表 2-8。

表 2-8　三种职业能力观基本信息

能力观	产生社会背景	理论基础	特点
任务技能观	以电力的广泛应用为标志的第二次工业革命	行为主义心理学	针对性、操作性特别强的岗位能力,即特定岗位的任务技能
关键能力观	以原子能的利用、电子计算机的发明和空间技术的发展为特点的第三次科技革命	整体主义一元论	关注个体完成任务所需要的、重要的一般个性特征;强调整体性素质结构功能大于各分能力素质之和
整合能力观	计算机与信息技术高速发展,信息社会来临,社会生产方式以其高度的自动化、信息化、智能化和网络化	建构主义理论	强调与具体工作情境相联系的复杂的素质结构,由知识、技能、态度、经验等组成

澳大利亚职业教育专家单德伯格(Sandber)认为,上述三种能力观虽有较大差异,但在本质上都属于典型的特质观,都将能力看作是个体的一种特质,而忽视了实践经验在能力形成中的作用。单德伯格提出了能力形成的情境观,指出人们在完成各类任务时,总是有意识地运用各种以往的经验,并在以往经验和新情境的结合中寻找解决问题的办法。(吴晓义,2006)

2.4.5　教育学领域能力观的应用

2.4.5.1　经济合作与发展组织的"21 世纪核心技能"

2012 年,经济合作与发展组织(OECD)发布《为 21 世纪培育教师,提高学校领导力:来自世界的经验》的研究报告,指出 21 世纪学生必须掌握四方面的十大核心技能,见图2-8,其中,掌握复杂思维方式和工作方式最为重要。滕珺(2016)指出不同学者、不同机构对"21世纪核心技能"的研究都强调了真实情景和非常规复杂思维的重要性。未来社会的不确定性和复杂性使得解决社会问题、创造社会价值都更为复杂,整合多学科的知识和多方面能力,拥有非常规的人际互动能力和可迁移技能,是确保人们有效合作并解决问题的关键。

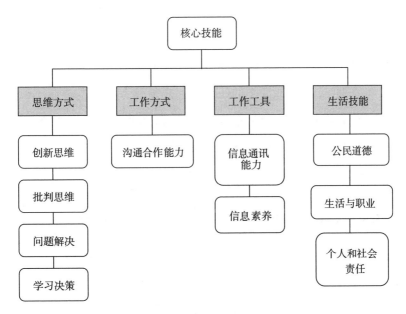

图2-8　21世纪学生必须掌握四方面的十大核心技能

资料来源:《为21世纪培育教师,提高学校领导力:来自世界的经验》,OECD,2012。

2.4.5.2　美国国家科学院的"21世纪技能"

美国国家科学院/美国国家委员会(National Research Council,2011)将"21世纪技能"分为三部分:认知技能、自我技能和人际技能,并且三类技能相互之间有一定的重叠。其中,认知技能包括认知过程及策略、知识、创造力;自我技能包括智识开放、职业道德/责任心及积极自我评价;人际技能包括团队协作及领导力。

2.4.5.3 英国商业与技术教育委员会的通用能力

英国商业与技术教育委员会(Business & Technology Education Council,简称"BTEC")是英国国家教育体系中最具影响力的职业资格认证和颁证机构,其颁发的证书是英国最具影响力的国家职业资格证书。BTEC 拥有一套完整的以专业核心技能为基础的职业教育证书课程体系以及校企结合的教学质量监控体系,其教学模式强调以学生为中心,教学内容由一系列培养学生通用能力的模块化课程组成。BTEC 强调突出通用技能培养的课程目标,通用能力不针对具体的职业,是从事工作的任何人都必须具备的基本技能。BTEC 是以"人格本位"充实和完善"能力本位"为课程观,在此基础上形成全新的包括七个维度的能力标准,具体包括 18 项评估指标,见表 2-9。

表 2-9 BTEC 通用能力及评估指标

通用能力(Common Skills)	评估指标
1. 管理和发展自我 (Managing and Developing Self)	1. 安排自己的角色和责任
	2. 安排时间来达到目标
	3. 发展个人和事业
	4. 运用已获得的技能应对新的变化情况和环境
2. 与他人合作和联系 (Working with and Relating to Others)	5. 尊重他人的价值、信念和意见
	6. 与个人和集体有效联系和互动
	7. 作为团队成员能有效率地工作
3. 交流 (Communication)	8. 接受并对丰富的信息做出反应
	9. 以各种视觉形式提供信息
	10. 善于书面交流
	11. 参与口头与非语言交流

续表

通用能力（Common Skills）	评估指标
4. 处理任务和解决问题 （Managing Tasks and Solving Problems）	12. 使用信息来源
	13. 能同时完成常规和非常规的任务
	14. 明确和解决常规和非常规的问题
5. 数字运用 （Applying Numeracy）	15. 运用数字的能力和技术
6. 运用技术 （Applying Technology）	16. 运用大量技术设备和系统
7. 设计运用和创造力 （Applying Design and Creativity）	17. 在产品、服务和工作条件的创新方面运用多种能力和技术，实现新的构想
	18. 运用多种思维方式

2.4.5.4　美国 21 世纪技能合作组织的《21 世纪技能框架》

2002 年美国在联邦教育部的主持下成立了"21 世纪技能合作组织"（Partnership for 21st Century Skills's，简称"P21"），该组织将 21 世纪应具备的基本技能进行整合，制订了《21 世纪技能框架》，并于 2007 年公布了更新版本，见图 2-9。21 世纪技能主要包括"学习与创新技能""信息、媒体与技术技能"以及"职业与生活技能"三个方面，共 3 个一级指标，11 个二级指标，25 个三级指标。（王巍萍、南潮，2017）

该框架的优势在于具有一定的完整性和可操作性。它从标准与评价、课程与教学、专业发展和学习环境四个方面分 29 条论述了 21 世纪学习得以顺利开展的一个完整的学习支持系统。

2.4.5.5　欧洲教育结构调整计划

2000 年，为了加快欧洲高等教育改革，提高欧洲高校学位课程透明、可比性和相容性，缓解欧洲高等教育结构的趋同及人员的流动和就业问题，来自

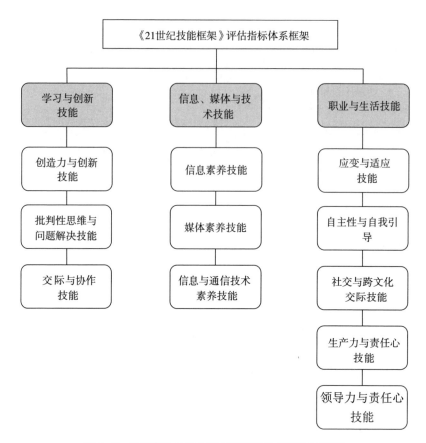

图 2-9　美国《21 世纪技能框架》评估指标体系框架

32 个欧洲国家 39 所大学的 135 名知名专家参与了欧洲教育结构调整计划（Tuning Educational Structures in Europe），该计划由西班牙的第斯托大学（University of Deusto）和荷兰的格罗宁根大学（University of Groningen）作为牵头学校进行。该研究基于能力本位原则，建立了一套可测量的、体现以学生为中心的、适用于欧洲各国大学人才培养的能力指标体系。主要内容包括下面四个方面。

第一，能力包括三个层次的属性。一是知晓和理解，是指一个学科领域的理论知识，以及知晓和理解的能力；二是知道如何做，是指如何将知识应用于实际；三是知道如何生存，指价值观，是在社会中与人相处的方法等因素的整合。欧洲教育结构调整计划将能力定义为代表各种属性的组合,这些属性描述一个人能做到的水平或达到的程度。这些属性与知识、知识的应用、态度、技能和责任有关。

第二,大学生应具备的能力可分为两类:一类是一般能力,也被称为"基本能力",它与所学专业无关,展现的是学生的基本素质和综合能力,如学习能力、决策能力、设计和实施方案等,一般能力往往具有迁移性、宏观性、整合性、普遍性、适用面广、稳定性等特点。另一类是学科特定能力,它是基于特定学科领域的专业知识的能力,是学生学习某一学科必须达到的能力,依所学学科专业知识不同而有所差异。一般能力是学科特定能力的基础,学科特定能力基于一般能力之上,具有共性、多样性、动态性特点。(许德仰,2005)二者的有机结合,构成了大学生完整的能力指标体系。

第三,一般能力的构成。一般能力可分三类:工具能力(Instrumental Competency)、人际关系能力(Social Competency)和系统能力(Systematic Competency),总共包括 30 项反映大学生基本素质的一般能力,详细见表 2-10。

表 2-10　一般能力的构成(许德仰、许明,2005)

能力类型	一般能力	备注
工具能力	分析和综合能力;安排和计划能力;一般基础知识;专业基础知识;用母语进行口头和书面交流的能力;熟知第二语言;基础计算技能;信息处理技能(通过各种资源回忆和分析信息的能力);问题解决能力;决策能力	工具能力,是体现在认知能力、应对环境的方法、技术技能与语言技能这四个方面的具有工具功能的能力,共 10 项。其中:认知能力方面,指理解和运用各种思想的各项能力;应对环境的方法方面,包括安排时间、掌握学习技巧、决策与解决问题的各项能力;技术技能方面,包括运用科技装置、计算与信息处理的各项能力;语言技能方面,涉及口头和书面的交流与第二语言的掌握
人际关系能力	批评和自我批评的能力;团队精神;人际交往的技能;在跨学科的团队中工作的能力;与其他学科领域专家交流的能力;重视多样性和多元文化;在国际背景中工作的能力;道德责任感	人际关系能力,是体现在个人才能与社会技能这两个方面的能力,共 8 项。其中:个人才能方面,指表达自己的思想与进行反思的各项能力;社会技能方面,指面向社会的互动与合作的各项能力

续表

能力类型	一般能力	备注
系统能力	实际应用知识的能力;研究技能;学习能力;适应新环境的能力;产生新想法的能力(创造力);领导能力;理解其他国家的文化和传统;自主工作能力;设计和实施方案;首创精神和企业家精神;关注质量;渴望成功	系统能力,是一个人理解力、感受力和知识的综合表现,是体现在改进整个系统运作与设计新系统这两个方面的能力,共12项。系统能力需要以工具能力和人际关系能力的获得为前提

第四,重要能力排序。雇主和大学毕业生的观点比较一致,他们认为最重要的 9 项能力依次是:分析和综合能力、学习能力、问题解决能力、实际应用知识的能力、适应新环境的能力、关注质量、信息处理技能、自主工作能力、团队精神。学者却认为最重要的 6 项能力依次是:一般基础知识、分析和综合能力、学习能力、产生新想法的能力(创造力)、实际应用知识的能力、批评和自我批评的能力。另外,有 13 项能力是稳定一致的,不受国家影响。它们是:团队精神、决策能力、人际交往的技能、与其他学科领域专家交流的能力、问题解决能力、学习能力、分析和综合能力、用母语进行口头和书面交流的能力、信息处理技能、在国际背景中工作的能力、安排和计划能力、基础计算技能、理解其他国家的文化和传统。

2.4.5.6 德国应用科技大学

德国高等院校主要分为综合性大学(Universität,简称"Uni")和应用技术类大学(Fachhochschule,简称"FH")两类。其中,综合性大学承担的任务是通过科研、教学和人才培养推动科学发展,专业设置偏学术型,课程较为宏观、全面,着重培养学生的理论学习能力、逻辑思维能力、写作能力等科学研究能力,为学生从事基础研究和继续深造打造良好的科研素质。

德国自 1970 年开始建立一种定位于应用型人才培养的高等专业学校，1998 年之后开始使用应用科技大学（University of Applied Sciences）以区别于普通大学。2020 年冬季学期，德国在校大学生人数达到 289.73 万人，其中大约 35.5% 就读于应用科学大学。实践型和应用型人才培养是德国应用科技大学人才培养最突出的特征，也是其核心优势。应用科学大学人才培养目标主要在于为企业提供符合其发展需求的，能快速上岗解决实际问题的应用型人才。从课程内容看，实践类课程占了极大的比例，德国应用科技大学任课教师大多拥有丰富的工作经验，对学科和课程有深刻的理解，同时，学校注重聘请企业技术骨干和中高层管理人员成为外部讲师，以确保教学内容与企业实践的紧密结合。学校开设项目管理、演讲与主持、时间管理、团队管理等必修课程，旨在通过实践提升学生的综合实践能力，除此之外，应用技术大学也非常重视与技术成果转化相关的应用型科研，大学语言中心负责开设专业外语课程，并开展学术论文写作、求职写作指导、跨文化交际等语言运用能力培训，培养学生外语能力和语言运用能力，为促进区域经济社会发展提供具有较强应用型科研能力的人才。

2.4.5.7 相关政府部门提出的大学生能力

《中华人民共和国高等教育法》指出本科教育应当使学生比较系统地掌握本学科、专业必需的基础理论、基本知识、掌握本专业必要的基本技能、方法和相关知识，具有从事专业实际工作和研究工作的初步能力。应用型本科教育所要培养的"职业能力"，应包括以下三个方面：职业基础能力、专业能力、职业综合能力。《国家中长期教育改革和发展规划纲要（2010—2020年）》明确提出要提高高等教育质量，重点扩大应用型、复合型、技能型人才培养规模。

2014 年教育部发布《教育部关于全面深化课程改革，落实立德树人根本任务的意见》，明确提出"研究制订学生发展核心素养体系和学业质量标准"

和"明确学生应具备的适应终身发展和社会发展需要的必备品格和关键能力"。2014 年,教育部在其一号文件中明确指出:"通过试点推动、示范引领,引导和推动部分地方高校本科向应用技术类型高校转型发展,建成一批地方本科转型示范学校。"2017 年 12 月 19 日,国务院办公厅出台《关于深化产教融合的若干意见》(国办发〔2017〕95 号)。该意见首次将产教融合从职业教育延伸到以职业教育、高等教育为重点的整个教育体系,将产教融合上升为国家教育改革和人才资源开发整体制度安排。

2017 年,中共中央办公厅、国务院办公厅印发《关于深化教育体制机制改革的意见》,强调要注重培养支撑终生发展适应时代要求的关键能力,包括认知能力、合作能力、创新能力和职业能力。见图 2-10。其中,"认知能力、合作能力、创新能力"属于核心能力,即任何行业都需要的能力;"职业能力"属于职业能力素养,特指某一行业要求具备的能力。"认知能力"包括独立思考、逻辑推理、信息加工、学会学习、表达交流、文字写作素养、终身学习的意识和能力;"合作能力"包括自我管理能力、与他人合作的能力、集体生活能力、处理个人与社会之间关系的能力、遵守与履行道德准则和行为规范的能力等;"创新能力"包括好奇心、想象力、创新思维、创新人格、创新方法和创新产出。

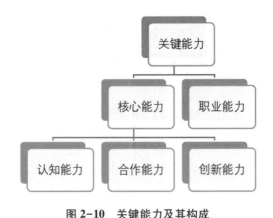

图 2-10　关键能力及其构成

2.5 小结与启示

表 2-11 不同领域的能力观启示与主要能力提取

领域	启示	主要能力提取
心理学	能力的构成具有全面性、综合性、复杂性和层次性;心理学中能力被定义为广义的"智力",包括了情绪智力;除了直接影响活动效率和效果的因素外,能力还包括间接影响活动效率和效果的人格因素;除了认知能力外,能力还应包括创造力、责任心、职业道德及行为动机等非认知能力;能力可以划分为一般能力及特殊能力;能力要素并非相互独立,存在共同因素;智力应该包括创造性、发散思维和聚合思维	认知能力(知觉、记忆、注意、思维和想象等信息加工能力,强调分析、综合、评价和创造等高阶能力);非认知能力(情绪控制、道德、价值观、责任感、意志力、自我控制、人际关系、实践经验等认知能力外的能力);关键能力与情境能力
哲学	人的能力是主体本质力量的外化,具有对象性;能力是全面的、综合的,包括潜能、智力,还包括意志力、精神力量、德力的影响;人的能力只有在人与人之间的联系和社会关系中才能发展;人的能力的发挥是为了实现人类自由全面发展;要把解放发展人的能力与解放和发展生产力结合起来;德性既是品质,也是理性能力;德性包括理智德性和道德德性	
人力资源管理学	能力素质是指真正影响工作绩效的个人条件和行为特征,包括社会角色、自我概念、个性特质、动机等内隐能力;同一级别不同类型的能力可能存在交叉重叠;能力具有层次性;该领域的相关研究中,相对一致的能力构成因素有:个性品格、价值观、自我概念、社会责任感、思维、人际关系、成就动机等	
教育学	能力是知识、理解、态度、技能和才能的结合;分析、综合、评价和创造属于高阶思维能力;关键能力是具有普遍性和工具性的、可迁移的、跨职业的综合性能力;除了关键能力外,还应考虑能力的情境性,关注实际应用场景中的知识、技能、判断力、态度及价值观的整合,此外,还要关注实践经验的重要作用;该领域的相关研究中,相对一致的能力构成因素有:认知、人际、内省、合作、交流、创造力、批判性思维	

第3章 金融业对人才的能力要求

随着数字经济时代的到来,数字金融的发展已经成为趋势。金融业的发展改变了用人单位对人才的筛选标准。高等院校是专业人才供给的主体,2021年12月,习近平总书记指出:"中国是一个大国,对人才数量、质量、结构的需求是全方位的,满足这样庞大的人才需求必须主要依靠自己培养,提高人才供给自主可控能力。我国拥有世界上规模最大的高等教育体系,有各项事业发展的广阔舞台,完全能够源源不断培养造就大批优秀人才,完全能够培养出大师。"[1]高等教育在规模不断增长的同时,也面临着深层次的矛盾,其中最突出的问题是高等院校人才供给与行业需求在数量、质量和结构上不匹配,有效劳动力供给[2]不足。教育必须面向未来,引领未来,行业的快速发展加之人才培养本身的周期性,要求高等院校要对行业现状及发展趋势作出客观、准确的判断,用主动、先行的人才培养改革思路提升人才质量,促进人才培养供给侧和产业需求侧结构要素全方位和双向对接,提升高校服务地方经济社会发展的功能。从根本上讲,金融人才供需质量矛盾来源于高校人才能力标准偏离行业对人才的能力要求,能力标准难以落地实施。

---

[1] 习近平:《深入实施新时代人才强国战略 加快建设世界重要人才中心和创新高地》,《求是》2021年第24期。

[2] 有效劳动力供给,包括微观层面的劳动力供给主体的能力素质能满足需求主体的需求,实现人职匹配的高质量就业,也包括宏观层面的保障劳动力资源有效利用和优化配置的劳动力市场制度。

本章主要包括三个方面的内容:首次,从行业视角讨论了金融业的变革发展对人才能力提出的新要求;其次,从用人单位视角讨论了校园招聘中金融机构对人才的能力要求;最后,综合考虑金融行业变革发展和用人单位两者对人才能力的要求,归纳、总结金融行业对人才的能力要求。

本章中,通过三个途径获取高校金融学类专业人才能力供给与需求的信息:第一,从相关的政策文献、行业报告及人才报告等公开资料获取基本信息。第二,从人才需求方出发,对6家金融机构管理人员进行深度访谈。了解金融业变革中对人才能力提出的新要求。第三,为更详细地获取金融业对高校金融人才能力的具体要求,以银行业为代表①,抓取 2017—2021 年 11 家银行官网校园招聘公告等相关文本近 4600 条,经数据清洗后,获得 1857 条有效数据。银行校园招聘的本科人才大致可分为信息科技类、专业业务类、综合管理类和储备培训生(包括综合管理类培训生和信息科学类培训生)四大类。最后从需求岗位类别、岗位描述、专业要求、能力需求等方面,总结银行各类岗位对人才的具体要求。

3.1 金融业的变革发展对人才能力提出新要求

3.1.1 发展全球化要求人才具有良好的道德品质、自控能力及国际化能力

金融全球化集中体现为资本与金融市场、金融机构及业务、货币体系以及金融监管四个方面的全球化。

一是资本与金融市场全球化。近年来,中国放宽银行、证券、保险行业外资股比限制的重大措施逐步落地,先后推出"沪港通""深港通""沪伦通"及"债券

---

① 一方面,银行是金融机构的主体;另一方面,随着金融业混业化经营的发展,银行业务也向保险、证券、信托等领域拓展。

通"，互联互通机制深化了境内金融市场与全球金融市场的合作。我国于 2019 年 9 月调整对外国银行分行营运资金的监管要求，放宽外国银行分行持有一定比例生息资产的要求，对资本充足率持续符合有关规定的外国银行在中国境内的分行，豁免其营运资金加准备金等项之和中的人民币份额与其人民币风险资产的比例限制，增强外国银行分行资产运用的自主性和灵活性，并已于 2020 年在全国范围内取消基金管理公司及证券公司外资股比限制①。

二是金融机构及业务全球化。2018 年 4 月，习近平总书记在博鳌亚洲论坛上强调，要加快保险行业开放进程。2019 年 9 月，修改后的《中华人民共和国外资保险公司管理条例》取消了申请设立外资保险公司的外国保险公司应当经营保险业务 30 年以上，且在中国境内已经设立代表机构 2 年以上的条件，允许外国保险集团公司在中国境内投资设立外资保险公司，允许境外金融机构入股外资保险公司。修改后的《中华人民共和国外资银行管理条例》取消了拟设外商独资银行的唯一或者控股股东、拟设中外合资银行的外方唯一或者主要股东、拟设分行的外国银行在提出设立申请前 1 年年末总资产的条件，取消拟设中外合资银行的中方唯一或者主要股东应当为金融机构的条件；规定外国银行可以在中国境内同时设立外商独资银行和外国银行分行，或者同时设立中外合资银行和外国银行分行；放宽对外资银行业务的限制，允许其从事代理发行、代理兑付、承销政府债券以及代理收付款项业务，将外国银行分行可以吸收中国境内公民定期存款的数额下限由每笔不少于 100 万元人民币改为每笔不少于 50 万元人民币，并取消对外资银行开办人民币业务的审批。金融国际化及科学技术的发展，区块链、物联网等金融科技将在跨境资金结算、跨境业务开展、跨境业务合作等方面更多地使用，降低中资商业银行国际化业务开展过程中的成本，提升境内外业务联动的效率。

三是货币体系全球化。人民币国际化进程持续加速，启动人民币合格境

---

① 《证监会明确取消证券公司、基金管理公司外资股比限制时点》，中华人民共和国中央人民政府网，2019 年 10 月 11 日。

外机构投资者(RQFII)和人民币合格境内机构投资者(RQDII)机制,完善人民币跨境清算和结算基础设施,平稳发展离岸人民币市场。

四是金融监管全球化。经济全球化发展带来金融全球化,这推动了资本跨越国家边界实现自由流动,促进优质资本对世界经济的带动作用的同时,也扩大了国际金融安全问题对世界经济的威胁,金融监管是保障金融安全的重要手段。金融安全是国家安全的重要组成部分,要深化对国际国内金融形势的认识,要运用现代科技手段和支付结算机制,适时动态监管线上线下、国际国内的资金流向流量,使所有资金流动都置于金融监管机构的监督视野之内;要平衡稳增长和防风险的关系,精准有效处置重点领域风险,坚决打好防范化解包括金融风险在内的重大风险攻坚战,推动我国金融业健康发展。

金融全球化扩大了资本与金融市场的空间范围,增加了金融机构及业务的种类,加快了货币体系国际化,增加了金融监管的难度,对人才能力提出了新要求。

一方面,金融全球化要求人才具备良好的道德品质和自控能力。金融全球化使得人才暴露于更加开放、复杂多变的环境,人才道德品质和自控能力的重要作用更加凸显。金融人才要弘扬塑形铸魂的新时代科学家精神,要具备良好的职业道德、诚实守信,具有风险意识、保密意识、奉献精神和爱国主义精神,践行社会主义核心价值观,具有较强的自我监控、自我激励和自我教育的能力。

另一方面,金融全球化要求人才具备良好的国际化能力。要加大人才对外开放力度,强调人才自主培养,绝不意味着自我隔绝,要结合新形势加强人才国际交流。一方面,人才的国际化通过"引进来"和"走出去",促进了知识溢出及技术扩散,带来了机制建设、业务模式、产品创新等可供参考和借鉴的经验;另一方面,当前"国际化"更多的是一个人才质量的概念,而非仅仅是空间概念。金融业对人才的国际思维和视野、国际业务水平、国际金融风险识别与控制、跨文化沟通能力与合作能力等综合素质提出了更高的要求。

3.1.2 经营混业化要求人才具备较强的学习能力、创新能力及复合能力

金融体制改革的深化、信息技术的发展和金融产品的创新使得金融机构的边界越来越模糊,混业经营成为常态。在访谈中多家银行强调,近年来,利率市场化使得金融机构负债成本上升,盈利能力下降,促使银行积极拓展中间业务收入,加速了传统的银行向证券、保险、信托等行业渗透,为消费者提供更多元、更优质、更个性化的服务。混业经营对人才能力提出了新挑战。

第一,混业经营要求人才具有更强的学习能力。混业化经营涉及多个行业、多个主体、多类业务、多种产品、多种合作模式及渠道的交叉融合,加之金融产品、业务及技术的快速发展,要求人才具备较强的获取新知识、接受新知识及应用新知识的能力,能够独立制订科学的学习计划,通过正确的学习方法和思维方式,快速实现知识迁移与灵活运用。

第二,混业经营要求人才具有较强的创新能力。在混业经营中,金融机构在货币市场和资本市场持续不断地进行产品设计与开发、业务创新、技术创新和制度创新,这要求人才具有强烈的好奇心、求知欲和批判精神,具有发散思维和聚合思维,具有艰苦奋斗,坚忍不拔的意志力。

第三,混业经营要求人才具有较强的复合能力。复合能力指应用金融、管理、法律、会计、计算机、数学、工程等多学科交叉知识与工具方法解决金融问题的能力。近年来,金融机构在人才招聘中放松了大部分岗位的专业限制,大多数岗位同时面向多个专业和学科,且优先考虑有双专业、双学位或跨专业学习经历、实习经验或职业认证的人才。

3.1.3 金融科技化要求人才具备较强的专业技术应用能力、数字创新能力、学习能力及复合能力

以互联网、新能源及工业 4.0 为代表的科技革命带来了经济社会巨大变

革和发展,科技全面赋能传统产业的创新与转型。以移动化、网络化、智能化为特征的数字化浪潮席卷全球。作为新兴产业,金融科技正以最快的速度发展。(Lee,Yong,2017)金融科技是推动金融业转型升级,提高组织运作效率、优化客户体验、控制金融风险、强化监管约束的新利器。

《中国金融科技和数字普惠金融发展报告(2019)》指出,2019 年中国金融科技已进入"稳增长、稳杠杆"的双稳结构。以大数据、区块链、云计算、物联网及人工智能等技术为引领的新技术变革影响着金融业的发展,大数据金融是可以对海量金融信息进行搜集、清洗、储存、分析以及可视化,进行精准营销,风险控制,优化服务流程,实现扁平化管理等的一种创新金融模式。区块链技术作为一种分布式记账技术,使得信息更加透明,交易更有效率,交易对象更加广泛,同时使得交易成本更加低廉。人工智能金融基于机器学习和算法技术对股票价格进行预测,评估消费者的风险偏好以及支付意愿,在智能投顾、保险理赔、信用评分和识别检测等领域已有广泛的应用。

从细分行业看,一是金融科技促进银行业务模式、服务流程以及信用管理的改革与创新,通过直销银行、社区银行、移动银行、乡村金融服务终端等形式拓展金融服务业务和范围。通过大数据客户画像、大数据征信、智能投顾、智能信贷、小微信用模型等方法提供更便捷的个性化服务。2021 年 6 月,央行发表《2021 年第一季度支付体系运行总体情况》指出,移动支付业务量保持增长态势,第一季度,银行共处理电子支付①业务 610. 18 亿笔,金额 710. 08 万亿元。其中,网上支付业务、移动支付业务、电话支付业务的笔数及金额分别增长 27. 43% 和 13. 54% 、44. 94% 和 43. 30% 以及 26. 74% 和 11. 67% 。② 二是金融科技大力推动了证券期货网上交易站点、行情站点建设、数据治理工作及

---

① 银行处理的电子支付业务量是指客户通过网上银行、电话银行、手机银行、ATM、POS 和其他电子渠道,从结算类账户发起的账务变动类业务笔数和金额。其中,网上支付是指客户使用计算机等电子设备通过银行结算账户发起的业务笔数和金额。移动支付是指客户使用手机等移动设备通过银行结算账户发起的业务笔数和金额。

② 《2021 年第一季度支付体系运行总体情况》,中国人民银行网,2021 年 6 月 2 日。

深证通金融数据交换平台、期货互联网开户云平台等服务平台建设。三是金融科技在保险行业特定应用场景如车联网、无人驾驶、基因诊疗、可穿戴设备等的应用。金融科技促使保险业的销售模式、客户服务模式、理赔给付模式转型与创新，在线服务由在线查询扩展到在线理赔、在线保全和在线续保等服务，服务渠道从传统的网站扩展到互联网及智能移动终端。此外，通过地理信息技术、生物技术和物联网、APP 客户端、远程查勘定损系统、遥感和无人机技术、基因检测技术以及基于数据共享技术的行业车险平台等，实现了信息共享、移动展业、智能调度及非现场查勘定损，大幅提高了保险服务效率和质量。

据统计，截至 2021 年 4 月，央行及持牌金融机构共成立科技子公司 45 家。2020 年，中国银行、中国建设银行、邮储银行、光大银行、民生银行、浙商银行及深圳农村商业银行等多家银行启动金融科技人才招聘。其中中国银行总行、信息科技运营中心、软件中心、中银金融科技等机构，在春季招聘中涉及 1000 余个信息科技类岗位，实习生招聘岗位超过 500 个。中国建设银行 2020 年春季校园招聘中，"科技类专项人才"需求超过 3000 人，邮储银行官网也陆续发布三则招聘信息，招聘对象包括社会人员、春季校园招聘和暑假社会实习招聘①。

2020 年 4 月，《中共中央、国务院关于构建更加完善的要素市场化配置体制机制的意见》明确将数据纳入生产要素范畴。2022 年 1 月，中国人民银行印发的《金融科技发展规划（2022—2025 年）》中指出，要以深化金融供给侧结构性改革为目标，以加快金融机构数字化转型、强化金融科技审慎监管为主线，将数字元素注入金融服务全流程，将数字思维贯穿业务运营全链条，注重金融创新的科技驱动和数据赋能，推动我国金融科技从"立柱架梁"全面迈入"积厚成势"新阶段。

金融科技成为推动金融转型升级的新引擎，也使服务数字金融成为数字

---

① 《多家银行启动金融科技人才招聘》，《中国城乡金融报》2020 年 4 月 28 日。

经济的核心产业。在 2021 年国家统计局发布的《数字经济及其核心产业统计分类（2021）》中，明确了将数字金融分为银行金融服务、数字资本市场服务、互联网保险和其他数字金融四类，涉及货币金融服务、资本市场服务、保险业以及其他金融行业。数字金融发展需要数字金融人才支撑，因此数字金融人才是数字化转型成功与否的关键要素。数字金融人才要求具备数字化思维、跨界思维、掌握数字化技术以及运用金融科技解决实际问题、数字技术重塑金融发展与创新的能力。

一方面，从行业需求看，金融科技的快速发展使得金融机构对人才的筛选标准和能力需求发生了根本性的转变。金融科技人才不光要有丰富的经济、金融相关专业知识，还要具备数据分析、编程语言等复合型的知识结构。（冯晓霞，2018）杨森（Onne Janssen，2010）指出，金融科技的变化要求人才具有研发新型金融工具的创新能力、应变决策能力及实践能力等。此外，金融科技人才需要具有独立客观公正原则、职业谨慎、信息保密等方面的素质，提供金融安全保障。（李伟，2017）互联网、大数据、人工智能等技术与传统金融深度融合的新金融背景下，人才既要具备扎实的经济学、金融学、数学、统计学基础，又要掌握法学、管理学、计算机科学、智能科学等跨学科复合能力。

另一方面，从人才培养看，人才供给远不能满足快速增长的人才需求。2017 年上海立信会计金融学院首设金融科技本科专业以来，教育部批准开设此专业的高校数量快速增长，然而，人才培养具有一定的滞后性和周期性，大数据开发工程师、大数据分析师、大数据算法工程师、Hadoop 工程师、ETL 工程师、Spark/Flink 工程师、区块链底层架构师、隐私保护、共识机制研发等工程师十分紧缺。

3.1.4 风险复杂化要求人才具备较强的风险管理能力、应变能力及国际化能力

在金融全球化、资产证券化、混业化及金融科技化背景下，金融机构面临

的信用风险、操作风险、市场风险、流动性风险、合规风险、声誉风险和系统性风险,更具隐蔽性、复杂性和波动性,大幅增加了监管难度。一是在全球化及对外开放的环境下,一国或地区不当的金融政策、管制缺失或投机行为,往往导致资本流动、货币错配、关联信贷等活动通过直接或间接的多种途径,对其他国家或地区带来系统性冲击,风险传导机制和路径更具不确定性和隐蔽性。在开放的条件下,汇率波动直接影响境内人民币投资收益率,加大了国际游资带来的市场波动性,对央行货币政策和外汇储备提出了更高的要求。金融机构面对新的经营环境,容易产生过度风险承担,增加了金融机构流动性风险、倒闭风险和合规风险,此外,一国金融政策的效力会被相应的跨境资本流动所冲抵,加大了中国金融政策制定和实施的难度。(中国人民大学课题组,2020)二是随着金融改革的深化,中国金融资产结构发生了重大变化,证券化资产比重持续提升,金融体系的功能由以融资为主过渡到融资与财富管理并重,金融体系风险结构的改变对金融监管提出更高的要求。三是混业经营在带来金融创新的同时,也带来了更大的金融风险。混业经营中不同的机构的产品业务、经营模式、运行机制存在差异,使得信贷机构、评级机构、交易对手、监管机构等相关主体无法对多种风险及其作用机制进行及时、准确的判断,对次级按揭贷款、信用违约掉期(CDS)等创新工具的监管往往超出了金融机构的能力范围,从而使得金融机构杠杆率过高,可能导致金融风险集中爆发,而资本纽带及担保关系使得业务涉及面很广,交叉影响及连锁反应将引发风险串联,最终导致金融风险扩大化。四是金融科技手段的应用一方面可以实现精准刻画风险特征,实时采集风险信息,自动拦截异常交易,创新风险评价体系,增强金融风险的预警预判和应急处置能力,有效提高监管水平和效率;但另一方面,金融科技在带来便捷的同时,风险发现、判别、控制难度大幅加大。此外,新技术的应用高度依赖于数据的可靠性,风险评估会存在一定偏差,业务风险、技术风险、网络风险的叠加效应和外溢效应范围更广、影响更大。

在深度访谈中,用人单位指出,金融业全球化、混业化经营和科技创新发展,加之当前国内外政治经济环境日趋复杂,金融风险及数据安全、隐私安全等问题更加隐蔽、复杂,金融风险具有更强的波动性和传导性,因而对风险管理人才提出了更高的要求,银行、投行、券商、保险等金融机构正在建立有效的风险管理机制,急需大量的高级风险管理人才,金融风险管理人才需求增长,供给不足,人才严重匮乏。当前我国尤其缺少两种类型的风险管理人才:一是熟悉金融业务,掌握金融风险管理知识,具有较强金融风险意识和风险规避管理技能,精通金融风险控制实务的高素质应用型人才;二是理论功底扎实,具有较强宏观经济金融形势分析能力及风险预判能力,在应对金融风险时能提出有价值的对策建议的高层次研究型人才。① 目前国内外金融环境错综复杂,金融机构要随时做好应对金融风险的准备,提前做好风险预判。

2020 年 6 月 19 日,在第十二届陆家嘴论坛上,央行科技司司长李伟指出,大数据、区块链等技术的应用、金融市场交易报告库数据交换管理平台建设等风险控制和监管,都要求从业人员具备相关的技术和能力。2020 年 6 月 29 日,国务院发展研究中心金融研究所原所长、研究员张承惠在第四届金融科技与金融安全国际云峰会上,强调要设立首席科技官席位与调整监管机构的人才结构,提升监管官员技能,提升监管机构的数据信息处理能力。

3.2 基于银行校园招聘的人才能力要求

为了更详细地获取金融业对高校金融人才能力的具体要求,以银行业为代表②,抓取 2017—2021 年 11 家银行官网校园招聘公告等相关文本,经数据清洗后,获得 1857 条有效数据,从银行需求岗位类别、岗位描述、专业要求、能力需求等方面,总结银行各类岗位对人才的具体要求。

---

① 邱兆祥:《大力培育金融风险管理人才(大家手笔)》,《人民日报》2018 年 10 月 10 日。
② 一方面,银行是金融机构的主体;另一方面,随着金融业混业化经营的发展,银行业务也向证券、信托等领域拓展。

3.2.1　数据来源及分布

选取了覆盖中央银行、政策性银行、国有商业银行及股份制银行等类型的 11 家银行,爬取其官方网站 2017—2021 年招聘信息,获取包括总行、总行直属机构、境内分支机构及集团公司在内的校园招聘需求,具体的银行及数据分布如表 3-1 所示。

表 3-1　2017—2021 年 11 家银行校园招聘有效数据分布①

编号	机构	有效数据数
1	中国人民银行	60
2	中国工商银行	327
3	中国建设银行	216
4	中国农业银行	143
5	中国银行	214
6	广发银行	127
7	华夏银行	20
8	中国光大银行	185
9	中国民生银行	233
10	交通银行	312
11	中国农业发展银行	20

3.2.2　主要的人才计划及岗位类别

不同银行的性质、规模、发展战略及历史等因素决定了其组织结构、职位

---

①　只统计最低学历为本科的应届生招聘信息,大多数信息来自银行的秋季校园招聘及春季校园招聘公告。其中 2021 年数据仅来自中国工商银行、中国建设银行、中国农业银行以及中国银行四大银行。

和岗位①设置存在差异,其组织形式也不尽一致,商业银行是金融机构的主体,其组织形式包括单元制、分行制和持股公司制,其中,分行制银行是当代商业银行的主要形式。银行在按常规的总分行制岗位招聘的同时,往往以人才计划或招聘专项的方式为特定时期寻求合适的人才。从总体上看,银行校园招聘的本科人才大致可分为信息科学技术、开发、数据分析及系统运维类、专业业务类、综合管理类及储备培训生四大类,见表3-2及表3-5。

表3-2　2017—2021 年 11 家银行校园招聘主要人才计划或类别②

机构	主要人才计划或岗位类别
中国人民银行	纪检监察、内部审计、风险管理;金融业务认证、金融研究分析、需求分析;金融大数据分析、软件设计与开发、项目管理、系统集成、网络与信息安全、国密算法、安全测试等;市场营销;计算机及网络系统、办公及业务系统信息化等;人力资源;行政工作
中国工商银行	星辰管培生计划、科技菁英计划、专业英才计划、客户经理岗、客服经理岗
中国建设银行	管理培训生、科技类专项人才、营销服务岗、柜面服务岗
中国农业银行	信息科技岗、综合业务岗、业务管理岗、客户经理岗、通用岗
中国银行	信息科技岗、管理培训生(信科类及综合类)、营业网点业务岗、审计与数据分析类、软件开发类
广东发展银行	总行储备生、管理培训生、营销与服务类
华夏银行	管理培训生、运营支持岗、市场营销岗、客户经理、客户经理助理、综合柜员岗
中国光大银行	管理培训生、信息科技岗、客户经理岗、综合柜员岗
中国民生银行	市场营销类、运营支持类、管理培训生

① 职位由组织结构决定,按照对应的组织节点进行设置,职位包括职务、职权和责任,职位可按业务性质、工作难度、教育水平或技术水平进行分类;岗位是指一个人从事的具体工作,由组织的目标和任务决定,按照对应的流程节点进行设置,可分类为管理岗、专业技术岗、工勤技能岗等。

② 只统计最低学历为本科的应届生招聘信息,信息主要来自银行的秋季校园招聘及春季校园招聘公告。

续表

机构	主要人才计划或岗位类别
交通银行	销售管理储备生、产品开发工程师、金融科技人才
中国农业发展银行	信贷及通用岗、财务会计岗、信息技术岗

资料来源:2017—2021 年各银行官方网站。

数据显示,银行需求规模最大的是储备培训生、信息科技类与营销服务类。

第一,储备培训生是银行最重要的人才储备,其需求较大。按培养去向的不同,可分为综合类管理培训生和科学技术类培训生。综合类管理培训生主要从事客户管理、风险管理、法律管理、财务管理等工作,此类培训生可在总行、分行、支行多岗位历练,银行为其制定个性化培养方案,结合工作需要及个人专长确定工作岗位,综合类管培生一般在培养期内按照银行基础认知、专业技能、管理能力提升等三个阶段进行轮岗实践。表现突出者有机会成为管理干部人选。科学技术类培训生一般按照业务部门轮岗、境内分行与科技中心双向交流等两个阶段进行培养。

第二,信息科技类人才的需求快速增长。信息科技类管理培训生的培养目标是成为业务部门与信息科技的交叉复合型人才,其中,具有较强技术能力的人才流向软件开发与测试类、区块链开发类、数据库开发类、移动应用开发类、平台系统开发类、运行维护、网络建设、开发运维、风险识别评估及信息安全管理方向发展;具有较强复合能力人才的向数据科学、审计业务、智能化改造等方向发展。特别是近年来,金融科技快速发展,央行与商业银行纷纷成立金融科技子公司。截至 2021 年 3 月,央行成立金融科技子公司 5 家,商业银行成立金融科技子公司 17 家,见表 3-3、表 3-4。证券业金融科技子公司 2 家,保险业金融科技子公司 27 家。银行越来越重视金融人才的专业知识结构、应用水平及计算机与信息技术背景,青睐具有扎实的金融理论知识,熟悉大数据分析、云计算、人工智能、区块链等金融科技、数据统计、系统信息化、平台系统开发、产品设计与研发、技术运维、风险管理等领域,具有用户思维、互联网思维及跨界思维的复合型人才。

第三,客户经理和客服经理岗位等营销服务类岗位需求仍然较大。随着金融产品和业务创新,开拓客户资源,建立客户群业务关系,挖掘客户价值等工作具有更大的挑战性,优质的客户经理人才能为客户提供高质量、个性化的存款、贷款、理财等全方位的业务咨询、推广与服务,是银行提高市场份额的重要支撑。此外,负责柜面业务处理、厅堂服务、识别推介营销、智能业务核验等综合服务等工作的客服经理岗,也是需求较大的岗位。

表 3-3　央行金融科技子公司

公司全称	成立时间	注册资本（人民币）	注册地	主要股东	开业状态
深圳金融科技有限公司	2018-06-15	200 万元	广东	央行数研所（100%）	已开业
长三角金融科技有限公司	2019-03-01	6820 万元	江苏	深圳金科（67.01%）	已开业
成方金融科技有限公司	2020-07-30	20.08 亿元	北京	中金电子化（34.86%）	已开业
中汇金融科技（深圳）有限公司	2020-10-29	1 亿元	广东	中汇信息（100%）	已开业
北京国家金融科技认证中心有限公司	2021-03-12	1 亿元	北京	中国金融电子公司（100%）	已开业

表 3-4　商业银行金融科技子公司

序号	银行	子公司名称	注册资本（人民币）	成立日期	注册地
1	兴业银行	兴业数字金融服务（上海）股份有限公司	3.5 亿元	2015.11	上海
2	平安集团	上海壹账通金融科技有限公司	12 亿元	2015.12	上海

序号	银行	子公司名称	注册资本（人民币）	成立日期	注册地
3	招商银行	招银云创信息技术有限公司	1.5亿元	2016.02	深圳
4	深圳农商行	前海金信(深圳)科技有限责任公司	1050万元	2016.05	深圳
5	光大银行	光大科技有限公司	2亿元	2016.12	北京
6	建设银行	建信金融科技有限公司	16亿元	2018.04	上海
7	民生银行	民生科技有限责任公司	2亿元	2018.05	北京
8	华夏银行	龙盈智达(北京)科技有限公司	2100万元	2018.05	深圳
9	工商银行	工银科技有限公司	6亿元	2019.03	雄安新区
10	北京银行	北银金融科技有限公司	5000万元	2019.05	北京
11	中国银行	中银金融科技有限公司	6亿元	2019.06	上海
12	浙商银行	易企银(杭州)科技有限公司	2000万元	2020.02	杭州
13	农业银行	农银金融科技有限公司	6亿元	2020.07	北京
14	交通银行	交银金融科技有限公司	6亿元	2020.08	上海
15	厦门国际银行	集友科技创新(深圳)有限公司	1000万元	2020.09	深圳
16	廊坊银行	廊坊易达科技有限公司	200万元	2020.11	河北
17	广西壮族自治区农村信用社联合社	广西桂盛金融信息科技服务有限公司	12亿元	2020.12	广西

资料来源:笔者根据各银行官网整理获得。截至2021年3月。

3.2.3 各类岗位的主要工作内容

全面了解银行各个岗位的主要工作内容,是明确人才专业建设及培养目标的重要基础,是高校人才培养有效对接行业发展需求的前提条件。2017—2021年11家银行校园招聘岗位需求类别及主要工作内容梳理如表3-5所示。

表 3-5　2017—2021 年 11 家银行校园招聘岗位需求类别及主要工作内容

岗位类别		主要工作内容
1. 信息科学技术类、开发类、数据分析与审计类及系统运维类	1-1 信息科学技术类	安装和维护硬件系统,云计算、大数据、人工智能和区块链等金融科技应用,信息系统管理等
	1-2 开发类	软件、区块链、数据库、移动应用、平台系统等开发和测试类岗位。银行在招聘时可能会对岗位进行细化。例如,中国农业银行研发中心将开发岗分为软件研发岗和测试开发岗①。中国银行将开发岗分为 JAVA 开发岗、前端开发岗和机器学习岗等②
	1-3 数据分析与审计类	数据分析岗主要从事对公司已有信息系统的智能化改造;数据标注、数据清洗等数据科学相关工作;大数据分析挖掘和智能化应用工作,为银行增强数据能力、挖掘数据价值提供专业化支持 审计类岗位主要包括审计岗和审计数据分析岗。审计岗主要从事参与开展公司、个人、财务、运营、金融市场、反洗钱等银行主要业务领域的审计工作;审计数据分析岗主要从事编写审计相关程序、开展数据分析,协助系统开发和管理、参与IT 审计等工作
	1-4 系统运维类	网络与邮件系统管理岗,负责公司总部网络、邮件系统的建设与维护,相关技术文档的建立与完善,负责相关系统的技术支持和应急处置 基础设施系统管理岗,参与公司基础设施的建设和优化,包含但不限于私有云、服务器和各类操作系统。跟踪和分析服务器故障、操作系统漏洞、私有云 bug 等各类基础设施问题,监控并识别基础设施相关信息,根据内、外部的检查结果,落实预防及纠正措施,定期评估基础设施控制措施的有效性及执行情况,以控制并降低公司信息系统风险 实施信息备份策略,保证公司信息资产的完整性与可用性

---

① 研发岗主要负责银行核心业务、互联网金融、金融市场、精准营销、业务运营、信贷管理、风险监控、信息安全等应用领域的研发与工程实施;测试开发岗主要负责测试平台及测试工具的研发,自动化、接口测试及信息安全测试等。

② JAVA 开发岗主要负责应用系统建设,包括系统规划、需求分析、技术实现、实施管理;个性化需求响应;组织和协调系统测试、上线培训、项目验收等工作。前端开发岗主要负责 Web 端产品架构分析、设计及原型实现;美工图转变为高效,兼容性好的 H5 页面;产品需求分析并制定技术实施方案;制定设计及实现规范,设计、实现及部署工作;H5 技术构架和关键技术的攻关。机器学习岗主要负责运用机器学习算法分析金融市场行为;推动算法的改进;采用机器学习方法进行因子挖掘和组合等。

续表

岗位类别		主要工作内容
2. 专业业务类	2-1 综合柜员	负责对公、对私账户现金收付、转账结算业务 负责储蓄账户的开销户及续存续取业务 负责各类代理业务 负责个人结算、账户冻结、挂失、解挂等业务 负责各项查询业务,发放收账通知、付款通知及对账单 负责登记、保管相关登记簿、业务印章
	2-2 市场营销岗	从事客户管理,为客户提供存款、贷款、理财等全方位的业务咨询与服务 分析客户与市场需求,设计产品与服务方案,制定并开展营销活动
	2-3 投资顾问岗	从事基于A股市场导向的宏观经济政策、市场趋势研判、长周期投资策略、资产配置等研究,季度、年度投资策略等投顾报告相关工作 基于市场导向的基金、期权或其他金融衍生品研究 参与全国巡回路演,编写季度年度宏观策略报告 进行行业分析,公司价值发现以及其他投资顾问研究类相关工作等 从事分支行对公、对私客户营销和市场拓展等工作
	2-4 运营支持岗	从事分支行金融市场、国际业务、投资银行、互联网金融、房地产金融、私人银行、资产管理、项目评估、信息技术、产品创新、风险管理、法律合规等工作
	2-5 审核岗	从事证券公司柜台业务集中审核及客户在线业务办理集中审核工作
	2-6 单证业务	从事国际结算及贸易融资类相关工作
	2-7 托管运营	主要负责为基金、养老金、保险、券商和QFII(合格境外机构投资者境内投资)等托管客户,提供资产保管、账户管理、证券交易交割、资金清算、资产账户处理与估值、投资监督、风险绩效评价、信息披露与报告等托管服务,以及系统数据的异地备份与恢复
3. 综合管理类	3-1 战略规划综合岗	协助撰写公司的各类重要会议文件、主题报告、宣传稿、参阅资料等文件 根据股东单位、监管单位等要求,基于前中后台相关部门提供的素材,汇总编写综合性的汇报、请示等文件 持续完善公司战略参考知识库,收集、汇编各类内外部重大信息、前瞻信息,为公司战略规划、管理决策及业务发展等提供信息支持 协助部门处理其他战略综合性的事务

续表

岗位类别		主要工作内容
3. 综合管理类	3-2 风险管理类	负责对信用风险、市场风险、流动性风险、操作风险等金融风险进行风险识别、计量、检测、控制及报告 根据法律法规、监管要求、规则、自律性组织制定的有关准则以及适用于银行自身业务活动的行为准则，拟定合规风险和法律事务方面的规范性文件，并监督执行 优化完善内控及风险管理框架，建立制度管理机制
	3-3 人力资源部	负责人力资源规划管理；招聘、调配管理；绩效管理、薪酬福利管理；教育培训管理；劳动关系管理；档案信息管理
	3-4 客户经理岗位	从事营业网点柜面服务等工作，开拓客户资源，建立客户群业务关系，挖掘客户价值，推广银行各项业务，拓展市场份额
	3-5 客服经理岗位	主要在网点负责柜面业务处理、厅堂服务、识别推介营销、智能业务核验等工作
	3-6 资金计划与财务管理类	主要负责资产负债管理、资本管理、资金管理、流动性与利率风险管理、利率管理。包括经营预算制定，财务资源策划，总量与结构等年度经营计划、资本充足率管理、资产负债运行状况监控及分析，本行资本规划和年度资本计划拟定、流动性风险的识别、计量、监测、控制和报告，流动性风险压力测试和相关分析，银行账户利率风险计量体系构建和开发等
	3-7 行政支持类	包括负责会议、接待、文秘、后勤等综合行政管理工作
4. 储备培训生	4-1 综合管理类培训生	从省分行本部及辖内部分地区"业务支持类岗位"及"综合营销类岗位"的招录人员中择拔进入综合管理培训生计划，由省分行统一制定专项人才培养方案，实施针对性培养。综合管理类培训生主要从事客户管理、风险管理、法律管理、财务管理等工作，一般按照银行基础认知锻炼、专业技能锻造、管理能力提升等阶段进行轮岗实践
	4-2 科学技术类培训生	培养业务部门与信息科技的交叉复合型人才，根据培养情况安排在管理机构从事系统研发、运行维护、网络建设等工作。其中技术能力强的向开发运维方向发展，复合能力强的向业务分析方向发展。信息科学类培训生一般按照业务部门轮岗、境内分行与科技中心交流等阶段进行培养

3.2.4　各类岗位人才能力素质需求

以下按前文的人才分类，归纳各类岗位对人才的专业及能力素质要求（见表3-6、3-7、3-8、3-9），为人才能力培养提供基础和依据。

表3-6 信息科学技术类、开发类、数据分析与审计类及系统运维类岗位的专业要求及能力素质需求

岗位	专业要求	能力素质需求
1-1 信息科学技术类	以电子信息科学、计算机、软件工程、通信工程、数理统计专业为主，理工科学位优先	遵纪守法，诚实守信，具有良好的职业道德，风险合规意识及抗压能力
		良好的自主学习、团队合作、沟通协调及发现问题、解决问题的能力
		较强的跨界思维、系统思维、逻辑思维和创新能力
		良好的计算机网络、操作系统、软件工程、信息安全、中间件数据结构与算法等知识的综合应用能力
		良好的大数据分析、人工智能、区块链技术等金融科技应用能力
		较强的安装和维护硬件系统及信息管理系统的能力
1-2 开发设计类	软件开发类以计算机、软件工程、电子工程、自动化、网络与安全、数学专业为主；设计类以交互设计、视觉设计、工业设计专业为主	遵纪守法，诚实守信，具有良好的职业道德，保守内部信息和商业机密
		具有用户思维和互联网思维，为客户提供个性化金融产品开发与设计的能力
		良好的学习能力、逻辑思维能力、团队合作和沟通协调能力和创新精神
		较强的编程能力，精通 JAVA、JSP、SERVERLET
		较强的 Oracle、SQL Server 相关技术及工具应用能力
		熟悉 MVVM、MVC 等前端框架和 H5 页面开发或 hybrid mobile 相关开发，有实际开发经验优先
		掌握 Linux/Windows 操作和基本网络设置
		熟悉经典算法、模型、数据结构等知识及应用场景，能有效解决实际问题
		熟悉统计建模、多元回归、时间序列分析等，精通 Stata、SPSS、Eviews、Matlab、Python 等工具
		良好的中英文文字表达与写作能力，大学英语四级①及以上②水平

---

① 部分银行将 TOEIC 听读公开考试 630 分以上、TOEFLiBT70 分以上、IELTS5.5 分以上视同通过大学英语四级考试。

② 不同的总行、分行、支行，对英语能力的要求不尽相同，大部分需要通过大学英语四级或同等考试水平。

岗位	专业要求	能力素质需求
1-3 数据分析与审计类	审计、统计、经济、会计等相关专业	遵纪守法,诚实守信,具有良好的职业道德和社会责任感,具有保密意识
		自主学习能力、沟通能力、逻辑思维能力、解决实际问题的能力和团队合作精神
		良好的审计、统计、经济、会计等相关复合知识应用能力
		熟悉数据挖掘算法,了解分类、聚类、频繁模式挖掘的过程
		良好的大数据分析、人工智能、区块链技术等金融科技应用能力
		扎实的主流机器学习、深度学习模型知识及较强的应用能力
		提出科学问题、运用研究方法、设计课题方案,撰写研究报告和学术论文的科学研究能力
		良好的英文听说读写能力,大学英语四级及以上水平
1-4 系统运维类	以电子信息科学、计算机、软件、通信工程、数理统计类、设计等专业为主,具有经济管理、法律背景优先	遵纪守法,诚实守信,具有良好的职业道德和安全意识,保守内部机密
		较强学习能力、逻辑思维、表达沟通能力、危机处理与应变能力、解决问题的能力和开拓创新能力
		良好的大数据分析、人工智能、区块链技术等金融科技应用能力
		熟悉主流操作系统和硬件平台,私有云建设和维护,通信系统、机房、网络系统、邮件等系统运行维护
		熟练掌握计算机语言编程,具备较强的数据分析能力,获得 ACM 程序设计大赛、数学建模竞赛奖项考虑
		提出科学问题、运用科学研究方法、设计课题方案,撰写学术文章的科学研究能力
		较好的英文听说读写能力,大学英语四级及以上水平
		有 IT 科研或项目开发相关经验,知名企业实习经历优先

表 3-7　专业业务类岗位专业要求及能力素质需求

岗位	专业要求	能力素质需求
2-1 综合柜员	以经济管理、金融、统计、会计、心理学、法学为主,具有计算机、数学、物理、工程等理工科跨界背景者优先	诚实守信,遵纪守法,品行端正,无违规违纪行为及不良行为记录,具有较强风险意识和合规意识
		良好的职业素养和形象气质,具有较强的服务意识
		较强的学习能力、逻辑思维能力、分析判断能力、沟通协调能力、突发事件处理能力及团队合作能力
		扎实的经济、管理、数理统计、会计学、法律、信息技术等复合知识和较强的跨界能力及创新能力
		熟悉银行柜面业务及操作流程,具备较强的柜面操作能力
		取得相关资格证书者优先考虑
		良好的中英文口头及书面表达能力,大学英语四级及以上水平
2-2 市场营销岗	多数机构专业不限,经济、统计、会计、管理、法律类、IT 类等相关专业优先	遵纪守法,诚实守信,具有良好的职业道德、风险合规和法律意识,熟悉相关政策、制度及行业发展前沿
		较强的学习能力、逻辑思维及表达沟通能力、良好的沟通协调、应变能力及开拓创新能力
		扎实的经济、管理、法律等复合知识和较强的跨界能力
		市场调研、分析及报告撰写等科学研究能力
		良好的中英文口头与书面表达能力,大学英语六级及以上水平
2-3 投资顾问岗	金融、经济、财会、理工科等相关专业,具有跨界知识背景和实习经验优先	诚实守信,遵纪守法,具有良好的职业道德,风险防范意识、保密意识和责任感,具有一定的抗压能力
		较强的自主学习能力、团队合作能力、沟通协调能力及应变能力
		熟悉 A 股市场、证券经纪业务、国内外经济、政策相关领域,具有 A 股或海外投资实习经验者优先
		熟练使用 EXCEL 等工具,熟悉 WIND、彭博等数据库,有较强的数理分析与建模能力
		具有信息检索、提出科学问题、运用科学研究方法、设计课题方案、撰写研究报告和学术论文等科学研究能力
		良好的英文听说读写能力,大学英语六级及以上水平
2-4 运营支持岗	经济、管理、金融等专业,市场营销类专业,有法律、IT、计算机、信息管理等背景优先	遵纪守法,诚实守信,具有良好的职业道德和社会责任感、具有风险合规和法律意识
		较强的自主学习能力、逻辑思维能力、沟通协调能力、团队合作精神及危机管理能力
		较强的数据分析、建模能力及科研能力
		扎实的经济、管理、金融、法律、计算机等复合知识及跨界能力,具有商户拓展及管理实习经验者优先
		良好的中英文写作能力,大学英语六级及以上水平

岗位	专业要求	能力素质需求
2-5 审核 岗	金融、经济、财务、统计、法律等相关专业,有相关信用卡单据审核经验,银行实践经验或知识技能突出者优先	遵纪守法,诚实守信,廉洁自律,工作细心严谨,认真责任,具有防范风险的意识和保密意识
		熟练掌握与运用《票据法》、《支付结算办法》等业务政策法规的学习要点
		较强的学习能力、逻辑思维能力、沟通交流能力、团队合作能力、创新精神及解决问题的能力
		较强的数据分析与建模能力
		扎实的金融、财务、统计、法律、计算机等复合知识及良好的跨界能力
		良好的中英文写作能力,大学英语六级及以上水平
2-6 单证 业务	国际经济与贸易、金融、财会等相关专业	遵纪守法,诚实守信,廉洁自律,具有良好的个人修养和职业操守,具有风险合规意识
		良好的学习能力、逻辑思维能力、沟通能力、团队合作精神、统筹协调和解决问题的能力
		熟练的计算机应用技巧,较强的数据分析能力和文字表达能力
		熟悉外汇政策及国际业务产品、国际贸易融资业务流程,具有国际视野,有国际结算实习或留学经验者优先
		熟悉 UCP600 及 ISBP 等国际统一惯例,CDCS 证书持有者优先
		良好的中英文写作能力,大学英语六级及以上水平
2-7 托管 运营	经济与贸易、金融、财会等相关专业	良好的职业道德,强烈的风险防范意识、合规意识、保密意识和责任心
		良好的口头与文字表达能力、逻辑思维能力、沟通交流能力、团队合作能力
		熟悉会计核算、资产估值,能对新产品提出核算估值解决方案
		良好的资产保管、处理、证券交易交割、清算、投资监督、风险绩效评价、信息披露与报告等业务处理能力
		良好的英文听说读写能力,大学英语六级及以上水平

表 3-8　综合管理类岗专业要求及位能力素质需求

岗位	专业要求	能力素质需求
3-1 战略规划综合岗	历史、文学、哲学、经济、管理、法律等相关专业,具有理科、工科背景优先	良好的职业道德,强烈的风险防范意识、合规意识、保密意识和责任感
		优秀的基本素质,尤其是自主学习能力、宏观思维能力、逻辑思维能力、沟通能力及突发事件处理能力
		突出的写作能力,优秀的文史哲素养,精通历史或哲学,有相应的理论功底和专业修为
		熟悉国内外政治经济形势及前沿理论,具备扎实的金融、法律、计算机等复合知识及良好的跨界能力
		具有提出科学问题、运用科学研究方法、撰写研究报告和学术论文等科学研究能力
		良好的英文听说读写能力,大学英语六级及以上水平
3-2 风险管理类	金融、经济、财会、统计、计算机、工科或法律等相关专业	严于律己,廉洁奉公,具有良好的职业道德,强烈的风险防范意识、合规意识和责任感,具有一定的抗压能力
		熟悉国内外经济、金融相关法律法规、监管要求、规则、准则及各项业务制度,熟悉风险管理流程及制度并严格执行的能力
		良好的知识迁移和自主学习能力、逻辑思维能力、沟通能力、创新能力及解决实际问题的能力
		具有提出科学问题、运用科学研究方法、设计课题方案、撰写研究报告和学术论文等科学研究能力
		扎实的金融、经济、统计、计算机、法律等基础知识应用能力和跨界能力
		准确计量信用风险、市场风险、流动性风险、操作风险等风险的能力
		准确识别、监测、报告、评估、分析金融科技带来的战略风险、操作风险、网络风险和合规风险的能力
		应用风险回避、损失控制、风险转移和风险保留等基本金融风险控制方法,及时控制早期风险,触发补救措施的能力
		良好的中英文写作能力,大学英语六级及以上水平
		有法律实习经验、FRM 持证人优先
3-3 人力资源部	金融、经济、工商管理、法律等相关专业	诚实守信,严于律己,具有良好的职业道德,强烈的风险防范意识、合规意识、保密意识
		良好的学习能力、逻辑思维能力、沟通能力、协调能力、团队合作能力及解决实际问题的能力
		熟悉国内外人力资源管理、劳动关系管理相关理论与实务
		良好的人力资源规划、招聘与配置、培训与开发、绩效管理、薪酬福利管理、劳动关系管理等知识应用能力
		具备经济、管理、法律等复合知识及跨界能力
		良好的中英文写作能力,大学英语六级及以上水平

续表

岗位	专业要求	能力素质需求
3-4 客户经理岗位	经济、统计、会计、管理、法律类、IT类等相关专业优先	良好的职业道德、风险合规意识、社会责任感和服务意识
		良好的学习能力、团队合作能力、沟通协调能力、逻辑思维、开拓创新能力
		良好的应变能力和冲突处理能力
		扎实的金融和客户管理知识及良好的应用能力
		良好的中英文口头与书面表达能力,大学英语四级及以上水平
3-5 客服经理岗位	多数机构专业不限,具有复合知识背景优先	良好的职业道德和社会责任感,具有良好的服务意识和情绪管理能力
		良好的沟通协调能力、自主学习能力、团队合作能力及应变能力
		熟练应用金融、经济、统计、管理、计算机类等跨领域的复合性知识、技能与经验解决现实问题
		良好的中英文口头与书面表达能力,大学英语四级及以上水平
3-6 资金计划与财务管理类	金融、经济、财会等相关专业,具有计算机、工科、法律背景者优先	诚实守信、遵纪守法、具有良好职业道德及强烈的责任感,具有风险防范意识
		具有较强的学习能力、思维能力、数据分析能力、团队合作能力及解决问题的能力
		较强的经济、金融、会计、计算机、法律等跨界知识应用能力
		良好的中英文文字功底和语言表达能力,大学英语六级及以上水平
3-7 行政支持类	金融、经济、行政管理类相关专业,有法律、文学、商务礼仪知识背景优先	诚实守信、遵纪守法、具有良好的职业道德和责任感,具有保密意识和风险意识
		亲切得体,具有较强的学习能力、沟通表达能力、统筹协调能力、团队合作能力及突发事件处理能力
		熟悉会议、接待、文秘、后勤等领域综合行政管理能力
		良好的中英文行政公文、事务文书、财经文书、日常文书、科技文书、新闻文书等金融科技、商业计划书、创业报告等写作能力,大学英语六级及以上水平

表 3-9　储备培训生岗位专业要求及能力素质需求

岗位	专业要求	能力素质需求
4-1 综合管理类培训生	哲学、经济、管理、法律、计算机、信息管理等相关专业,具有理科、工科背景优先	良好的职业道德,强烈的风险防范意识、合规意识、保密意识和责任感
		良好的自主学习能力、宏观思维能力、逻辑思维能力、沟通协调能力、合作能力、应变能力、解决实际问题的能力和创新精神
		具有国际视野,具备扎实的市场开拓、营销推广技能和金融理论知识,熟悉国内外相关法律法规,具有良好的跨界能力
		具有提出科学问题、运用科学研究方法、设计课题方案、撰写研究报告和学术论文等科学研究能力
		良好的信息处理能力、数据处理能力
		良好的英语听说读写水平,大学英语四级及以上水平
4-2 科学技术类培训生	哲学、经济、管理、法律、计算机、信息管理等相关专业,具有理科、工科背景优先	良好的职业道德和社会责任感,强烈的风险防范意识、合规意识、信息安全及保密意识
		良好的自主学习能力、逻辑思维能力、系统思维能力、沟通协调能力、合作能力、解决突发问题的能力、解决实际问题的能力和创新精神
		具有国际视野,具备信息科学、经济管理等知识,熟悉国内外相关法律法规,具有良好的跨界能力
		较强的数据分析及建模能力
		具有提出科学问题、运用科学研究方法、设计课题方案、撰写研究报告等科学研究能力
		良好的英语听说读写能力,大学英语四级及以上水平

3.2.5　各类岗位人才能力素质需求小结

从前文可以看出,尽管不同岗位对能力要求侧重点及水平高低存在一定的差异,但各类岗位对人才能力素质要求具有较大的共同性,这些能力是胜任岗位工作的基本要求,也是高校人才培养的基本能力目标(见表 3-10)。

表 3-10　岗位类别与能力要素

岗位类别		自我约束	自主学习	逻辑思维	沟通协调	团队合作	风险防范	职业道德	应变能力	建模与数据处理	英语应用能力	文字表达	解决实际问题	复合能力	创新能力	科学研究	国际视野
信息科学技术类、数据分析与审计类、开发类及系统运维类	信息科学技术类	√	√	√	√	√	√	√		√					√		
	开发类	√	√	√	√	√	√	√		√	√		√		√		
	数据分析与审计类	√	√	√	√	√	√	√		√		√	√	√		√	
	系统运维类	√	√	√	√	√	√	√	√	√		√	√	√	√	√	
专业业务类	综合柜员	√	√	√	√	√	√	√	√			√		√	√		
	市场营销类	√	√	√	√	√	√	√			√	√		√	√		
	投资顾问类	√	√	√	√	√	√	√	√	√	√	√		√		√	√
	运营支持类	√	√	√	√	√	√	√				√	√	√	√	√	
	审核类	√	√	√	√	√	√	√		√	√	√	√	√			√
	单证业务类	√	√	√	√	√	√	√	√	√	√	√	√	√	√	√	√
	托管运营类	√	√	√	√	√	√	√			√	√	√	√	√	√	√
	战略规划类	√	√	√	√	√	√	√	√	√	√	√		√			√
	风险管理类	√	√	√	√	√	√	√		√	√	√	√	√	√		
	人力资源类	√	√	√	√	√	√	√		√		√	√	√			
	客户经理类	√	√	√	√	√	√	√	√	√	√	√	√	√	√		
	客服经理类	√	√	√	√	√	√	√		√		√	√	√			
	资金计划与财务管理类	√	√	√	√	√	√	√		√	√	√	√	√	√		
综合管理类	行政支持类	√	√	√	√	√	√	√			√	√	√	√			
	综合管理类	√	√	√	√	√	√	√	√	√	√	√	√	√	√	√	√
管理培训生	科学技术类	√	√	√	√	√	√	√	√	√		√	√	√	√	√	√

3.3　金融业对人才的能力要求

如前所述,可以总结以下两点:一是金融业变革发展对人才提出更高的能力要求,主要包括:道德品质、自控能力、国际化能力、学习能力、创新能力、复合能力、金融科技应用能力、风险管理能力和应变能力;二是基于校园招聘的人才能力要求主要包括:自我约束能力、自主学习能力、逻辑思维能力、沟通协调能力、团队合作能力、风险防范能力、职业道德、应变能力、建模与数据处理能力、英语应用能力、文字表达能力、解决实际问题能力、复合能力、创新能力、科学研究能力、国际视野等。

将以上能力要求中类似的表述进行合并,例如将"自我约束"和"职业道德"并入"道德品质",将"国际视野"并入"国际化能力",将"风险防范能力"并入"风险管理能力",最终获得金融业对人才的 16 种能力要求:道德品质、自控能力、国际化能力、复合能力、学习能力、创新能力、逻辑思维能力、沟通协调能力、解决实际问题能力、科学研究能力、建模与数据处理能力、应变能力、风险管理能力、信息金融科技应用能力、文字表达能力、英语应用能力。

第4章　金融学类专业人才能力框架与能力标准

在讨论了能力标准构建总则、能力观及金融业对人才能力要求的基础上，本章阐述了建立能力框架的思路和依据，构建了包括二级指标的能力框架，并对各项能力进行界定。此外，以能力框架为基础，构建了金融学类专业人才能力标准，为制定人才培养目标及能力评价体系提供参考。

4.1　能力框架的构建

4.1.1　能力一级指标

4.1.1.1　通用能力

"关键能力观"在职业教育领域应用非常广泛，本书参照其基本的观点，来界定能力一级指标"通用能力"。

关键能力是与专业技能不直接相关的知识、技能和能力，是一种可迁移的、跨职业的能力，是从事任何职业都必须具备的基本能力。如果从业者具备了这种能力，并内化为自身的基本素质，那么，当职业发展变化或劳动组织发生变化时,就能从容地在变化中重新获取未来的职业技能和知识。(吕景泉,2007)虽然不同的国家对关键能力内容的描述有所差异,但都强调它是适用于各种职业、伴随人的终身职业发展的可持续能力,强调其"跨职业"的特性,强调对"跨职业"能力的培养。关键能力的培养属于职业教育的范畴,关键能力常与"社会分工""岗位""知识""技术""技能""经验"等词汇联系在一起。

职业教育直接与行业和岗位需求对接,其目标在于培养技术技能型人才,促进科技成果转化、科技更新迭代及技术技能的传承和改进,实现促进产业发展的社会功能。而普通本科教育人才培养目标强调将科学原理、学科前沿转化为工程设计、规划决策或产品服务创新,促进理论应用和学科发展,促进产业变革和创新发展。

本书研究对象为"普通本科高校"学生,与职业教育建立于职业体系、社会分工和岗位职能不同,普通本科高校教育建立于学科及专业分类,为了区别普通本科教育和职业教育人才能力培养的差异,用"跨学科、跨专业"的"通用能力",替代"跨职业"的"关键能力"。与"关键能力"相比,"通用能力"更强调全面性、综合性、创新性、复合性和可持续性。

参照职业教育领域的"关键能力"的界定,本书将普通本科高校教育领域中与金融学科、金融学类专业不直接相关的,具有可迁移性、普适性、工具性的,伴随人终身发展的共通的能力,称为"通用能力",并将"通用能力"作为能力的第一个一级指标。尤其是当今世界处于高速发展和变革的时期,以云计算、大数据、区块链、人工智能等新一代科学技术的发展加速了产业革命,有些产业可能在一夜之间消失或产生。面对智能时代不断变化的社会要求和岗位更新、职业转换不断加快的需要,让学生具有通用能力比历史上任何时候都显得更为重要。(袁广林,2021)培养学生伴随其终生发展的、适应未来的通用能力,是"以不变应万变"的最有效的手段。

4.1.1.2　专业能力

梳理相关文献,发现存在对"职业能力"和"专业能力"的界定不清晰的问题,部分研究认为二者之间存在相互包含或并列的关系,甚至有时混为一谈。事实上,"职业能力"是与"关键能力"相对应的概念,基于建构主义的整合能力观强调"要将一般个性特征和职业情景相联系"。"情景性"强调除了跨职业的"关键能力"外,能力需要在具体的职业、岗位中体现出来。从广义上看,凡是影响职业选择、工作绩效、职业转换的能力,都可以纳入职业能力的范畴,职业能力是基于职业分类和社会分工的需要,是职业、岗位要求从业者必备的基本能力,各个层次、各个类型的人才都需要具备职业能力。

与跨学科、跨专业的"通用能力"相对应的是基于专业或专业类别的"专业能力"。普通本科教育的专业设置严格遵循《普通高校本科专业目录》,分学科门类、专业类、专业三个层级,其中专业位于学科体系与社会职业的交叉点,体现了学科与职业的紧密结合,其人才能力培养既强调某一特定学科或某类专业的理论基础,也强调解决特定行业领域实际问题的实践能力。与职业教育中强调的专业能力相比,普通本科教育对人才专业能力的要求范围更广,更为宏观和全面。

随着经济全球化、金融业混业经营的发展,金融人才用人单位改变了以往更看重人才专业性的标准,更青睐"跨专业、跨学科"的复合型、创新型人才。教育部《普通高等学校本科教育教学审核评估实施方案(2021—2025 年)》(教督〔2021〕1 号)指出,学校要通过主辅修、微专业和双学士学位培养等举措促进复合型人才培养。本书所指的"专业能力",并非个体在某单一特定专业领域的能力,而是个体在特定学科下某一专业类别的能力。

本书将"专业能力"界定为:普通本科高校金融学类专业人才综合应用金融学学科、金融学类专业相关理论知识,创造性地解决科学问题及实践问题,促进理论应用和行业发展的能力。本书将"专业能力"作为能力的第二个一级指标。

4.1.2 能力二级指标

4.1.2.1 开放性问卷调查与结果

对 20 位金融学类专业教育教学专家和 20 位金融学类专业专任教师及专业建设负责人发放开放性问卷,"您认为普通本科高校金融学类专业学生应该具备哪些素质能力?",在回收问卷的答案中,将相近的表述合并,例如将"职业道德""职业精神""诚实守信""遵纪守法""责任感""合规意识"等合并为"职业道德",将"抗压能力""情绪管理能力""心理素质"等合并为"自我调控能力",将"创新能力""创业能力""创新精神"合并为"创新创业能力",把"风险管理""风险意识""风险评估""风险识别""风险控制"等合并为"风险管理能力",将"实践经验""实战经验""实习经验"合并为"实践能力",将"大数据""区块链""人工智能"等合并为"金融科技应用能力",将"数据库应用能力"并入"计算机应用能力"中等等。对频次过半的能力及其频次进行整理,并按频次内高到低进行排序,见表4-1。

表4-1　开放性问卷素质能力及频次

排名	素质能力	频次	排名	素质能力	频次
1	职业道德	37	9	风险管理能力	31
2	学习能力	35	10	科学研究能力	31
3	创新创业能力	34	11	自我调控能力	30
4	团队合作能力	34	12	数据分析能力	30
5	表达能力	33	13	计算机应用能力	29
6	解决问题能力	32	14	金融科技应用能力	28
7	逻辑思维能力	32	15	写作能力	28
8	英语应用能力	31	16	复合能力	28

续表

排名	素质能力	频次	排名	素质能力	频次
17	金融产品设计能力	26	21	国际化能力	24
18	编程能力	25	22	职业资格证	21
19	建模能力	25	23	实践能力	21
20	批判性思维能力	25	24	开发与测试能力	20

4.1.2.2　验证性问卷调查与结果

将行业能力需求、金融学类专业教学质量国家标准能力要求、专家及教师开放性问卷获取的能力以及国内外学者能力观四个方面的能力要素进行整合总结,见表4-2。

表 4-2　能力要素汇总

来源	能力要素
行业能力需求	道德品质、自控能力、国际化能力、复合能力、学习能力、创新能力、逻辑思维能力、沟通协调能力、解决实际问题能力、科学研究能力、建模与数据处理能力、应变能力、风险管理能力、金融科技应用能力、文字表达能力、英语应用能力
金融学类专业教学质量国家标准能力要求	人才要具备获取知识的能力、实践应用能力、创新创业能力以及包括表达能力、组织协调能力、团队合作能力等其他能力的要求,强调金融学类本科专业应注重培养学生的实验技能、实践能力、调研能力及创业能力等
专家及教师开放性问卷获取的能力	职业道德、学习能力、创新创业能力、团队合作能力、表达能力、解决问题能力、逻辑思维能力、英语应用能力、风险管理能力、科学研究能力、自我调控能力、数据分析能力、计算机应用能力、金融科技应用能力、写作能力、复合能力、金融产品设计能力、编程能力、建模能力、批判性思维能力、国际化能力、职业资格证、实践能力、开发与测试能力
国内外学者能力观	认知能力(知觉、记忆、注意、思维和想象等信息加工能力,强调分析、综合、评价和创造等高阶能力);非认知能力(情绪控制、道德、价值观、责任感、意志力、自我控制、人际关系、实践经验等认知能力外的能力);关键能力与情境能力

将这些能力进行整合和规范化后,设计李克特七级量表由 20 位专家①对能力重要性程度进行评分,1 表示非常不重要,7 表示非常重要,以 5 分为界,选取平均得分大于 5 的能力,共有 17 个能力,作为二级指标,结果见表4-3。

表 4-3　能力及平均得分

素质能力	平均等分
道德品质	6.75
自我调控能力	6.42
自主学习能力	6.63
逻辑思维能力	6.43
文字表达能力	6.12
分析解决问题能力	6.35
沟通合作能力	6.42
应变能力	6.10
创新创业能力	6.36
科学研究能力	6.21
英语应用能力	6.26
专业理论知识应用能力	6.51
专业工具应用能力	6.62
专业实践能力	6.08
跨界能力	6.47
风险管理能力	6.25
国际化能力	5.16

4.1.3　能力框架的确定

根据能力一级指标和能力二级指标的筛选,建立金融学类专业人才能力框架体系见表4-4。

---

① 为了保证结果客观性,将开放性问卷及验证性问卷被调查专家分为两批不重复的专家。

表 4-4　金融学类专业人才能力框架

一级	二级	说明
1. 通用能力	1.1 道德品质①	道德品质也称品格、品行、品德或德性,是人们在道德行为中所表现出来的较为稳定的特征和倾向。道德品质是一个人最重要、最基本的能力。"立德树人"是教育的根本任务,职业道德、责任心、社会主义核心价值观、爱国精神、奉献精神等都属于道德品质的范畴
	1.2 自我调控能力	自我调控能力是自我意识在行为上的表现,是指个体自主调节、控制情绪与行为,并使行为与个人价值和社会期望相匹配的能力,包括自我监控、自我激励、自我教育。其中,自我监控就是个体为了达到预定的目标,不断地对活动进行积极、自觉地计划、监察、检查、评价、反馈和调节的过程,强调主体对自己的思维、情感和行为的监察、评价、控制和调节;自我激励是指个体可以脱离外界奖励和惩罚的刺激,能为设定的目标自我努力工作的一种心理特征;自我教育,是指主体在自觉基础上,通过批评和自我批评,提高认识,改造思想,接受教育,自我教育具有主体能动性、自控性、内向性、社会性和终身性等特点
	1.3 自主学习能力	自主学习能力指个体为了实现个人学习目标,自觉主动地确定学习目标,制订学习计划、选择学习环境、选择正确的学习方法、利用学习资源、监控学习过程、进行时间管理、评价学习结果的过程。自主学习能力是积极、主动、持续地更新知识、提升技能,支持自我终生发展的能力
	1.4 逻辑思维能力	逻辑思维能力是指正确、合理思考的能力,即对事物进行观察、比较、分析、综合、抽象、概括、判断、推理的能力,是采用科学的逻辑方法,准确而有条理地表达自己思维过程的能力
	1.5 文字表达能力	文字表达能力是指规范、清晰准确地用文字阐明观点、意见或抒发思想及情感的能力
	1.6 分析解决问题能力	分析解决问题能力指独立发现、提出、分析问题,在已有知识和经验的基础上,将问题进行分析并转化为研究任务,应用系统思维、扩散思维、聚合思维等思维方式,通过逻辑推理、归纳和演绎、类比等方法,提出可能的解决方案,选择最佳解决方案,并付诸行动的能力

---

①　在许多研究中,"道德品质""自我调控"等人格特征,往往作为"个性""素质""特质"等,划分为属于"能力"之外的范围,事实上,能力应包括间接影响活动效率和效果的因素,道德品质属于能力的一部分。"道德"与"道德品质"存在区别,主要在于二者指向性不同,道德与社会存在相对应,指向社会发展,道德是通过个体的道德品质来体现,是道德品质的集中体现;道德品质与个体发展相对应,指向个体发展,个体的道德品质反映了社会道德的状况,是道德的具体体现。因此,我们用"道德品质"来反映个人的道德状况和水平。

一级	二级	说明
	1.7 沟通合作能力	沟通能力指运用倾听、表达等基本沟通方法与沟通技巧,有效地与他人进行事实、情感、价值取向和意见观点等信息交流,以达成特定目标的能力;合作能力指在相互协作的群体中能够相互信任、相互尊重、相互配合,协调合作开展学习与工作的能力
	1.8 应变能力	应变能力是指面对纠纷、意外事件、突发情况、身处危机时,应对的创意和策略,保持沉着冷静、忍耐、理性、审时度势、随机应变的能力
	1.9 创新创业能力	创新能力指个体或群体在社会语境下产生新颖性和有用性统一的感知能力,它是能力、过程和环境互动的结果。创业能力是指拥有发现或创造一个新的领域,致力于理解创造新事物的能力
	1.10 科学研究能力	科学研究能力指将现实现象和问题提炼为学术问题,提出猜想与假设、独立编制研究计划与实验设计,开展文献查阅,进行实验与数据收集,应用恰当的研究方法和研究工具进行分析、论证与评估,完成规范的论文、报告的能力
	1.11 英语应用能力	是指英语听说读写能力
2.专业能力	2.1 专业理论知识应用能力	包括金融学、金融工程、保险学、投资学、金融数学、金融计量、保险精算、风险度量、数据结构与算法、系统设计与架构设计等专业基本理论和应用基础
	2.2 专业工具应用能力	包括计算机应用能力、金融科技应用能力、金融软件应用能力
	2.3 专业实践能力	包括职业资格认证、工程实践、开发与测试项目等实践能力与经验
	2.4 跨界能力	跨界能力指综合应用金融、管理、计算机、数学、工程等多学科交叉知识与工具方法解决金融问题、进行金融产品服务创新的能力。跨界能力培养目标在于促进复合型人才培养,促进学生德智体美劳全面发展
	2.5 风险管理能力	具有金融风险意识和敏感性,识别各类主要金融风险,应用专业风险度量工具方法对风险进行计量、分析、报告、评估、控制的能力
	2.6 国际化能力	是指与国际视野、国际化思维、国际金融法规、国际市场准则、跨文化交流等相关的能力

4.2 能力标准制定

根据以上建立的能力框架,形成普通本科高校金融学类专业人才能力标准,见表4-5。

表 4-5　本科高校金融学类专业人才能力标准

一级	二级	能力标准
1.通用能力	1.1 道德品质	1.1.1 自觉遵守《中国人民银行法》《商业银行法》《合同法》《担保法》《票据法》《证券法》《保险法》《证券投资基金法》《反洗钱法》《银行业监督管理法》、金融犯罪与惩处等相关法律、法规
		1.1.2 熟悉社会主义道德建设的主要内容,坚持为人民服务的原则,发扬爱国主义精神和集体主义精神,具有正确的世界观,人生观和价值观
		1.1.3 具备良好的职业道德及社会责任感,严于律己,廉洁奉公,诚实守信,保守内部信息和商业机密
	1.2 自我调控能力	1.2.1 具备良好的自我监督能力,能对活动进行积极、自觉的计划,对自己的思维、情感和行为进行监察、评价、反馈和调节,以实现既定目标
		1.2.2 具备良好的自我激励能力,可以脱离外界奖励和惩罚的刺激,理性面对挫折压力,激励自己勇于挑战,克服困难,实现既定目标
		1.2.3 具备良好的自我教育能力,通过批评和自我批评,自觉提高认识,改造思想,接受教育,总结经验,吸取教训
	1.3 自主学习能力	1.3.1 能自主制订学习目标及学习计划
		1.3.2 能快速获取新信息、新事物、新知识、新技能,能进行有效的知识迁移
		1.3.3 能利用中英文专业文献资料、信息网络资源等媒介开展自主学习
		1.3.4 能选择良好的学习环境,能自我监督学习过程,选择正确的学习方法
		1.3.5 能进行有效的时间管理,客观评价学习效果
		1.3.6 具有终身学习的意识
		1.3.7 能在沟通与合作中敏锐地领悟,获取并有效利用专业实践知识

一级	二级	能力标准
1. 通用能力	1.4 逻辑思维能力	1.4.1 能应用科学的逻辑方法,对事物进行观察、比较、分析、综合、抽象、概括、判断、推理的能力
		1.4.2 能准确而有条理地表达自己思维过程的能力
	1.5 文字表达能力	1.5.1 能用规范、准确的文字清晰表达和总结观点
		1.5.2 熟练掌握行政公文、事务文书、财经文书、日常文书、科技文书、新闻文书等应用文写作
	1.6 分析解决问题能力	1.6.1 能独立发现、提出、分析问题
		1.6.2 在已有知识和经验的基础上,将问题进行分析并转化为研究任务
		1.6.3 能对问题的性质、产生的原因及可能的结果进行有效分析与判断
		1.6.4 能应用系统思维、扩散思维、聚合思维等思维方式,通过逻辑推理、归纳和演绎、类比等方法,提出可能的解决方案、路径和方法
		1.6.5 能选择最佳解决方案并快速行动
	1.7 沟通合作能力	1.7.1 尊重他人的价值观、信念和意见,具有合作精神和大局意识,能包容、信任他人,进行有效的团队合作
		1.7.2 具有良好的倾听能力,能自主地接收信息并作出积极回应
		1.7.3 能用中英文清晰、准确、有条理地进行表达与交流
	1.8 应变能力	1.8.1 面对意外事件、突发情况,身处危机时,能保持沉着冷静、忍耐和理性
		1.8.2 能审时度势,随机应变,快速启动紧急预案,及时止损

续表

一级	二级	能力标准
1.通用能力	1.9 创新创业能力	1.9.1 具有强烈求知欲、好奇心，丰富的想象力，具有专业的感性，善于思考和发现
		1.9.2 具有一定的创新精神和创业意识
		1.9.3 具有聚合思维能力和发散思维能力
		1.9.4 具有批判性思维，不盲从，勇于突破常规
		1.9.5 能学以致用，创造性地解决现实问题
		1.9.6 能独立进行金融科技产品与服务开发设计
		1.9.7 能撰写商业计划书，撰写创业报告，进行商业路演、创业实战等
		1.9.8 能够进行发明创造获得软著或专利
		1.9.9 参加学科竞赛并获得奖项
	1.10 科学研究能力	1.10.1 具有良好的科学精神，能严格遵守学术规范，重视学术诚信及知识产权，实事求是，不怕艰苦
		1.10.2 能应用互联网、学术期刊网、专业数据库（如 Wind、Bloomberg、Factset、Capital IQ、CEIC 等）进行文献检索、数据收集
		1.10.3 能根据金融科技行业发展形势、政策及社会热点问题或金融机构实际问题提出有价值的科学问题
		1.10.4 能对科学问题提出假设并设计出解决方案
		1.10.5 熟练运用基本实验技术设计并完成实验方案
		1.10.6 熟练掌握市场调研与预测的方法和技巧并开展市场调研与预测
		1.10.7 能客观分析数据结果得出科学结论
		1.10.8 能理论联系实际，阐述结论的科学意义
		1.10.9 具有良好的调研报告、案例分析报告、实证论文、产品设计等写作能力
	1.11 英语应用能力	1.11.1 具有良好的英语听说读写能力，能查阅英文文献资料，能进行书面与口头交流

一级	二级	能力标准
2. 专业能力	2.1 专业理论知识应用能力	2.1.1 具备良好的金融学、金融工程、保险学、投资学、金融数学、金融计量、保险精算、风险度量等专业基本理论知识应用能力
		2.1.2 具备良好数据结构与算法、系统设计与架构设计等专业基本理论知识的应用能力
	2.2 专业工具应用能力	2.2.1 熟悉计算机应用操作系统、数据结构、网络通信、分布式系统、文件存储知识应用能力
		2.2.2 熟练计算机网络应用，TCP/IP 五层网络模型，熟悉 HTTP、FTP/SNMP 或 SMTP 等网络协议
		2.2.3 熟练运用基础办公软件进行信息处理
		2.2.4 能初步应用数学方法对金融风险进行建模
		2.2.5 熟悉人工智能、大数据技术、安全技术、移动互联网技术、区块链技术、云计算技术
		2.2.6 熟练运用数据分析与处理工具（如 EXCEL、SPSS、Eviews、Stata、可视化工具）
		2.2.7 掌握数据编程应用工具及开源软件工具（如 C/C++、Go、Python、R 等）
		2.2.8 熟悉数据库应用技术
		2.2.9 熟练运用投资决策、财富管理、保险精算等金融学类专业模拟软件
	2.3 专业实践能力	2.3.1 获得基金从业资格证、期货从业资格证、银行从业资格证、初级经济师、ACCA 等证书
		2.3.2 具有与专业相关的实习、实训、实验及社会实践经验
		2.3.3 获得金融类专业相关竞赛奖项
		2.3.4 能独立完成毕业论文写作

续表

一级	二级	能力标准
2.专业能力	2.4 跨界能力	2.4.1 具有创新思维、平台思维、用户思维、跨界思维、迭代思维、风险思维、法治思维等多维度思维模式
		2.4.2 掌握STEM(科学、技术、工程和数学)学科的基本思维与技能
		2.4.3 具有金融学类、经济学类、统计学类、管理学类、计算机类等跨领域的复合性知识、技能与经验,并能够融会贯通、灵活运用
	2.5 风险管理能力	2.5.1 具有良好的职业道德和金融风险防范安全意识
		2.5.2 熟悉风险管理流程及制度并严格执行
		2.5.3 能应用基本法、标准法等方法对信用风险、市场风险、流动性风险、操作风险等进行计量
		2.5.4 能进行有效识别、分析与预测证券、保险、银行等金融行业常见风险
		2.5.5 能设定适当的风险偏好、容忍度与阈值
		2.5.6 能根据风险的大小和性质,准确设定并适时升级监控报告的频率
		2.5.7 能准确识别、监测、评估、分析报告金融科技带来的战略风险、操作风险、网络风险和合规风险等
		2.5.8 能全面识别、缓解金融科技迁移、扩展过程和系统启动、交付引起的风险
		2.5.9 能熟练应用风险转移和风险保留等基本金融风险控制方法,及时控制早期风险,并采取有效补救措施
		2.5.10 掌握一般风险评估报告的撰写技能
	2.6 国际化能力	2.6.1 熟悉国际金融法、国际金融组织制度、国际银行制度、国际货币制度、国际货币制度、国际贷款制度、国际证券制度、国际结算与贸易融资制度、国际融资租赁制度、国际融资担保制度、国际信托制度、金融创新的国际监管制度、WTO金融服务贸易制度、巴塞尔协议Ⅲ等国际金融法律、法规
		2.6.2 具有一定的国际化视野和开放意识
		2.6.3 能进行有效的跨文化沟通

97

第 5 章　实践教学的基本理论

实践教学理论是实践教学活动的根基与起点,它指引着实践教学的开展是判断教学活动客观性和有效性的重要依据。当前实践教学的相关研究,大多是对现状及问题的描述和总结,缺乏科学的理论基础和系统的理论支撑。实践教学理论研究的匮乏已成为影响实践教学有效性的重要原因之一。开展系统、深入的关于实践教学的理论依据研究,有利于我们认识和掌握实践教学活动规律,是规范实践教学、优化实践教学模式、推进实践教学改革、提高实践教学质量的基础和前提。

5.1　实践教学的理论基础

下面,主要阐述马克思的哲学实践观、杜威的经验主义理论、情境学习理论、隐性知识理论和斯腾伯格的智力理论,为我们理解实践教学的重要性,科学规范地开展实践教学提供一定的理论基础。

5.1.1　马克思的哲学实践观

5.1.1.1　实践的内涵

"实践"一词属于马克思主义哲学范畴,实践是人类特有的对象性活动,是人类能动地改造客观世界的物质活动。实践观首要和基本的观点是主观见之于客观,认为实践是联系主观世界与客观世界的桥梁。构成实践的要素有三个:第一,实践主体,是指处于一定历史条件和社会关系中,从事实践活动和认识活动,运用实践工具、作用实践客体的具有一定主体能力的人。实践主体有个体主体、群体主体和人类主体三种基本形态。第二,实践客体,是指主体在实践活动中所指向的对象,主要包括自然界和人类社会。第三,实践手段,是指各种形式的工具、程序和方法。

5.1.1.2 实践的特征

从本质看,实践具有客观物质性、主观能动性和社会历史性三个主要特征。

首先,实践具有客观物质性。一方面,实践主体、实践客体以及实践手段这些要素都是客观的、物质性的,因此由三者有机结合的实践必然具有客观物质性;另一方面,实践活动的过程及其结果也受到客观事物及其规律制约。

其次,实践具有主观能动性。实践主体对实践客体有能动作用,实践是人类有意识、有目的地创造世界、改造世界的活动,通过实践在改造自然的过程中可以创造出自然界原来没有的、新的物质生活资料,以及在改造社会的过程中创造新的社会结构与社会关系。

最后,实践具有社会历史性。实践的社会性是指人类所有实践活动的进行都不是个人孤立的活动,必须要依赖一定的社会关系,离开他人和社会的纯粹个人实践活动是根本不存在的。实践的历史性是指随着时代的发展,人类实践在内容、规模、水平、形式等方面也在不断地变化与发展,同时,实践活动也受到一定历史条件的制约,是一定历史条件的产物。

5.1.1.3 实践的意义

实践是检验真理的唯一标准,人们的认识是否具有科学性和真理性,需要通过不断的实践活动来检验。通过实践活动,人们可以检验自己的主观目的、愿望、意图和计划等是否符合客观实际,检验自己对事物的认识是否正确。

人作为实践的主体,在实践过程中,在检验真理的同时,也能提高能动地认识世界、改造世界的能力。实践发挥的创造作用贯穿于主体客体化与客体主体化过程。首先,主体客体化,是指人通过实践使自己的本质力量转化为对象物,即主体通过对象性活动向客体的渗透和转化,它是人的体力和智力的物化表现,如学生运用自己所掌握知识,根据客户需求研发了一种新的金融产品,学生就是主体,新的金融产品是客体,利用知识创造产品的实践过程就是主体客体化。其次,客体主体化,是指客体从客观对象的存在形式转化为主体生命结构的一部分,客体失去对象化的形式而成为主体的一部分,实践将人的认识和客观对象联系起来,如学生做实验获得了很多新的认识与想法,其中,实验是客体,学生是主体,学生通过做实验过程中获得新的认知与创新过程就是客体主体化。

5.1.1.4　马克思的实践观对实践教学的价值

马克思的实践观对开展实践教学具有重要的启示,主要表现为下面三点:

第一,实践教学对学生实践能力培养非常重要。实践是检验真理的唯一标准,理论知识无法通过自身而得到证实或证伪,只有实践才能检验某种理论,这无疑表现出实践优于理论之处。以理论指导实践,以实践丰富理论,通过实践教学充分发挥学生作为主体的能动性,学生既可以对所学的理论知识进行检验,也可以提高自身解决实际问题的综合能力。

第二,实践教学形式具有多样性。实践的基本形式主要有生产劳动实践、改造社会关系实践和科学实验三类,不同的实践类型具有不同的社会功能,因此,为保证实践教学的有效性,应开展形式多样的实践教学活动,同时,还应注重它们之间的协同性。

第三,要充分发挥实践教学主体的主观能动性。在构建实践教学模式时,应充分发挥实践教学活动主体的主观能动性。教师和学生都能成为实践教学的主体,坚持教师主导性和学生主体性相统一,学生在实践教学中展现出自觉性、自主性、能动性与创新性。(沈步珍,2021)

5.1.2 杜威的经验主义理论

5.1.2.1 提出的背景

美国实用主义哲学家和教育家约翰·杜威(John Dewey,2009)非常敏锐地意识到 19 世纪后期至 20 世纪初期的美国社会正在经历一个彻底的、根本的变化,工业化进程的加速发展、新涌现的移民潮和城市化对教育提出的新要求,学校必然需要随社会生活的变化做出变革。他指出"美国教育存在学校脱离社会,职业训练被认为是不文雅的,各学科之间的课程彼此缺乏联系,教育目的与方法分裂,结果使学习变成一种枯燥、机械的事情,影响思考能力成长的弊病"。针对此现象,他提出了"教育即生活、教育即生长、学校即社会"的实用主义教育思想体系。

5.1.2.2 经验主义理论的基本内容

杜威(2008)系统地构建出了"从做中学"的教育范式。他主张"活动、思维和知识是结为一体的"。在其《明日之学校》一书中,他明确提出"从做中学"的主张,反对以赫尔巴特为代表的传统教育倡导的"静听"的教学方式,主张学生通过解决问题来学习,认为传统教学片面强调了"以教师、课堂、书本为中心",严重脱离社会生活,从而压制了学生的个性、主动精神与能力的发展,从别人口中听来的知识非真正获得的知识。杜威所强调的"做"就是指实践,是在教学活动中学生通过自身的实践掌握知识的不可缺少的重要环节。

"从做中学"是杜威从哲学认识论做出的推论,也是从教学实践中得出的结论,他强调"从做中学"也就是"从经验中学""从活动中学"。经验主义强调人首先是实践者,行先于知,经验的获得是人与环境事物之间相互作用的过程,经验必须要通过做事、完成活动的途径来获得。在杜威看来,"从做中学"的提出有三方面的依据:一是"从做中学"是自然发展进程的开始,二是个体天然欲望的表现,三是个体真正兴趣所在。学习者通过从教师那里观察、交流、沟通获取一些认识,然后通过有意识的实践,总结经验,运用感性思维和理性思维指导自己去解决问题。其中,对活动的进行起到稳定作用的、调节作用的、系统化的、概括化的个体经验,构成了某种技术技能的能力。

按杜威的观点"个体的经验包含主动因素和被动因素,尝试获取的经验属于主动经验,在尝试的同时,环境和事物给予我们的回应属于被动经验"。教育就是对经验的改组和不断改造,经验的改组和不断改造是教育教学的重要特征。通过"从做中学",使学校里的知识获得与生活中的活动两者联系起来,这种情况下行动就变成了尝试,变成一次寻找世界真相的实验。杜威把工艺活动和科学研究活动作为"做"的两种典型形式,并对两者进行了对比,认为"工艺活动是具体的、感性实用性活动,而科学研究活动是抽象的、理性求知性活动;工艺活动更强调对实践性问题的解决,而科学研究活动更重视理论的生成;工艺活动更重视知识的实际转化应用,而科学研究活动更强调知识的创新"。(张建伟,2006)

杜威(2005)还在《我们怎样思维经验与教育》中提出了著名的"从做中学"的五步教学法:第一,教学过程要安排真实的情景;第二,在情景中要有刺激思维的问题;第三,要有可利用的资料以做出解决疑难的假设;第四,要从活动中去证验假设;第五,通过实践、实验等证验与得出结论。在杜威(2005)看来,整个思维的过程就是"感觉问题所在,观察各方面的情况,提出假定的结论并进行推理,积极地进行实验的检验"。

然而,由于杜威主张的"从做中学"是以实用主义经验论和机能心理学为依据的,认为行动就是认识本身,过分强调了活动在教学过程中的地位,忽视了学习主体以外的系统知识与学习者自主构建的直接经验的两者有机结合,对知与行之间的关系看法存在一定的片面性和不足。

5.1.2.3　经验主义理论对实践教学的价值

杜威的经验主义理论回答了"实践教学的意义与价值"以及"如何开展实践教学",主要概况为以下三点:

第一,"从做中学"更加符合人类的认知特点。因此,实践教学的价值就是要使学生通过实践实现知行合一。

第二,实践教学重点在于让学生自己发现问题和解决问题。杜威说"经验是一个不断前进的、不断变化的过程,经验的这个性质不许有所谓完整性和终极性"。因此实践教学活动应该是开放的、动态的、发展的,要注重实践教学中"经验"的动态性、发展性。(宋红霞,2015)杜威的五步教学法凸显的是学生的地位,教师的作用只在于更好地引导学生。学生应从被动接受者变成主动学习者。

第三,要为学生安排设计真实的、多样化的情景活动。情景活动在教学过程中具有非常重要的作用,工艺活动和科学研究活动这两类活动的价值不同,要重视两类活动的设计与组合。

5.1.3　情境学习理论

情境学习理论(Theories of Situational Learning)在 20 世纪 80 年代末期引起研究者的广泛关注。情境学习理论的研究主要有两个视角:一是基于认知心理学的视角,主要研究学习的情境性,重点关注学校内的情境学习;二是基于人类学的视角,主要关注学习的本质,着力于学校外的情境学习。(钟昱,2013)

5.1.3.1　基于认知心理学的视角

基于认知心理学开展的情境理论研究主要关注认知与知识的情境性。布朗、柯林和杜吉德(Brown et al., 1989)三人在他们的论文《情境认知和学习文化》中，针对学习者所学知识与应用两者存在脱离的现象，首次从"情境知识与学习"、"真实活动"、"通过认知学徒进行学习"及"学徒与认知"四个方面系统地论述了情境认知与情境学习，提出不仅知识具有情境性，学习认知也具有情境性，强调要把学习者与实践活动联系起来，并在专家的指导下开展学习。

基于认知心理学的情境理论认为学习具有情境性、实践性、真实性、探究性和主动性等五个基本特征(刘义、高芳，2010)，他们主要强调以下几点：

(1)知识在本质上是情境化的。知识既不是外部世界的客观存在，也不是学习者心理内部的表征，知识的意义是在学习者与环境、与社会的互动中构建和发展起来的，它是基于情境的鲜活知识。

(2)知识与实践活动不可分离。活动不是学习与认知的辅助手段，而是学习中的有机组成部分。学习的本质是个体参与实践，学习者在一定的情境中通过实践活动获得了知识，知识在实践运用中更好地被理解并得到不断的发展。

(3)学习发生在真实应用环境中。学习环境应具有真实性，真实性包括了物理真实性和认知真实性，其中，物理真实性是指在实际的情境中开展学习，而认知真实性是指专家或专业人员从事其专业活动的真实过程，即专家在现场对认知活动开展指导和示范。

(4)学习是通过参与有目的的活动而构建的。学习者应该有主动学习的态度，应按照自己的认知方法开展积极的思考与模仿。

(5)学习涉及知识、活动和文化三方面因素。学习是学习者被共同体文化熏染的过程，学生应如同学徒一样，加入共同体并了解他们的文化。柯林等提出的"认知学徒制模式(Cognitive Apprenticeship)"主张通过在真实的现场活动中获取、发展和使用认知工具来开展特定领域的学习。认知学徒制模式包括内容、方法、序列和社会性四大要素：①内容，主要包括学科领域知识、问题解决策略、认知管理策略和学习策略。②方法，主要包括为学生创造进行观察、参与、发明或发现的机会,开展建模、指导、搭建脚手架、拆除脚手架、清晰表达、反思、探究。③序列,主要是指学习是分阶段进行的,学习要遵循由简单到复杂、由单一到多样、由局部到全局的序列,不断构建专家在实践操作中所必须具有的多项技能、发现技能应用的条件。④社会性,强调学习环境应该能再现运用所学知识的真实世界的特征,主要包括情境学习、社会性交互、专家实践文化、内部动机激发、合作和竞争。

5.1.3.2 基于人类学的视角

1991 年,美国加利福尼亚大学伯克利分校的莱夫(Lave)和从事学习研究的温格(Wenger)出版了《情境学习:合法的边缘性参与》(*Situated Learning*:*Legitimate Peripheral Participation*)一书,从根本上对学习这一概念进行了反思,提出了"合法的边缘性参与"这一著名论断。他们提出的情境理论主张"学习是一种情境化的实践,是文化、历史情境化活动的一个方面,是对正在进行的活动的理解或参与"。莱夫与温格提出了实践共同体(Community of Practice)、合法的边缘性参与(Iegitimate Peripheral Participation)两个核心概念。

(1)实践共同体。实践共同体是指由从事实际工作的人们组成的"圈子",新来者将进入这个圈子并试图获得这个圈子中的社会实践文化。实践共同体不是因要完成某一项具体的活动而将大家临时聚在一起的松散结构,而是成员具有共同的文化与历史继承,具有共同的目标和信念的实践活动组织,实践共同体具有共同的事业、成员之间相互介入和共享的技艺库三个特征。

(2)合法的边缘性参与。"合法的"是指实践共同体中的所有人都愿意接受新来的不够资格的人(unqualified)成为其共同体中的一员;"边缘性"是指学习者在实践共同体中对有价值活动的参与程度,距离成为核心成员的程度。在一开始,学习者只能做一些外围工作,但通过对专家工作的观察、与同伴及专家的讨论后,学习技能得到增长,逐渐获得了实践共同体成员的信任并被允许做一些重要的工作,进入"圈子"的核心,之后进行"充分参与",并强调是个体在实际工作中的参与。

基于人类学的情境学习理论主要内容可概括为以下四点:

第一,知识与情境相联系。知识既不是个体心理内部的表征,也不是个体头脑中静态的智力结构,而是一个包括人、工具、共同体以及应用知识的活动在内的认知过程,是个体与社会、与物理情境之间联系的属性和互动的产物。换言之,知识产生于真实的情境中,并只有在实践应用中才能被理解和进一步发展。

第二,学习本质上是个体对文化的适应并取得特定的实践共同体成员身份的过程。个体通过参与实践,与他人、与环境之间发生互动,与群体之间产生合作。因此,只有具备真实的活动以及与之相适应的文化背景,学习才会发生。

第三,参与社会实践活动是学习的关键构成。"参与"是学习的核心要素,知识不是在书本中,也不是在被动的观察中,它存在于实践共同体的实践活动中。学习者在观察、尝试、感受、体悟、总结和发现中,不知不觉地获得实践知识,以及在参与过程中获得一定的实践能力、实践文化以及身份的建构。

第四,学习者应是完整的人。学习是个体通过"合法的边缘性参与"获得特定的"实践共同体"成员身份(identity)的过程。人们在某种现实情境中通过实践活动不仅获得了知识与技能,还获得了共同体成员的身份。新手和初学者的学习历程是由外围开始不断向核心推进的过程,通过在外围观察熟练从业者并在他们的引导下,逐渐深入参与真实的活动发展知识与技能,随着时间的推移与经验的增加,学习者逐步确立自己在团体中的身份和自我价值感,最终成为一个成熟的实践者,成为共同体中的一名成员。

为更好地理解与应用情境学习理论,表5-1将其与认知学习理论进行对比分析。

表 5-1 情境学习理论与认知学习理论的差异

	情境学习理论	认知学习理论
知识观	知识是情境性的,它受到活动、情境及文化的影响,并且与它们不可分离	关注的是抽象的、简化的和去情境化的概念
学习观	学习是个体参与实践,与他人、环境等相互作用的过程,是形成参与实践活动能力、提高社会化水平的过程	学习是个体获得符号性的表征或结构,并应用这些表征或结构的过程
学习边界	学习更多是发生在社会环境中的一种活动	学习更多是发生在学习者个体内部的一种活动。通过个体的心理活动,将外在于个体的知识经验内化为自己的经验,即获得认知经验
学习任务	学以致用,提高实践能力,加速个体的社会化过程	提升认知能力,包括理解概念、技能与策略提升(推理、记忆、通用问题的解决方法)、解决问题的认知过程以及动机等
学习方式	个体与环境的相互作用是形成实践能力以及社会化的必经途径;强调真实环境与真实任务,强调社会文化因素的影响	认知能力的形成取决于个体的主动建构
个体与环境的关系	个体与环境之间共同构成动态的系统,个体的心理活动与环境之间是互动的、不可分割的	个体与环境之间相互作用,但彼此独立。学习者通过学习活动来客观、真实地反映外部世界,环境是影响个体学习的外部因素
教育应用 · 学校功能	教育是使学生满足现实社会需要,学校是学生现实生活的场所之一	教育是为学生的将来做准备,学校是训练学生认知能力的特定场所
教育应用 · 教师角色	教师是学生的良师益友,与学生共同成长	教师是指导者、是知识权威
教育应用 · 教学设计	提供学生参与社会实践、开展探究、合作性学习,并支持其身份构建的一种环境,如应用小组讨论与合作学习、课堂交谈、支架式教学、认知学徒等方式、抛锚式教学与学习共同体	给学生提供各种机会去建构理解和问题解决的能力,如推理、记忆、阅读与写作、复述与复习、问题解决等

资料来源:笔者根据姚梅林:《从认知到情境》,《教育研究》2003 年第 2 期整理获得。

5.1.3.3 情境学习理论对实践教学的价值

情境学习理论回答了"如何开展实践教学",并强调了实践教学中要关注以下三个问题：

第一，实践学习环境应与实际的环境尽可能相似。情境是学习中重要组成部分，学习受到具体的情境特征的影响，学习不可能脱离具体的情境。实践教学的设计要以学习者为主体，在内容与活动的安排上，要尽量为学生提供真实的实践情境、真实的工作环境和任务。

第二，要重视实习场的建设。实习场非常重视学习环境中真实情境和真实任务活动的创设，真实性对实践教学非常重要，实践教学最好在真实的情境中完成，应安排学生到实际工作岗位进行现场实习，在实际的工作环境和场景中，完成真实的工作任务。在实践教学组织上，也应尽可能通过真实的方式组织教学，让学生大量参与到职业角色和实践活动中，学习实践共同体的经验、价值观与社会规范，不断提升实践能力。

第三，要重视实践导师的作用。实践共同体强调学习的社会性特征，情境应具有一定的认知真实性，学习者应参与到专家或专业人员从事其专业活动的真实过程中，专家在现场对学习者的认知活动开展指导和示范，实践教学中校外导师非常重要。

5.1.4　隐性知识理论

5.1.4.1　隐性知识的内涵

英国科学家波兰尼（Polanyi，1958）首次提出"隐性知识"这一概念。波兰尼认为"一个人所知道的、所意识到的东西与他表达的东西之间存在着隐含的、未编码的知识"，他将人类通过认识活动所获得的知识划分为显性知识（Explicit Knowledge）和隐性知识（Tacit Knowledge）两类，其中，显性知识是以书面文字、图表和数学公式等形式表达的知识；隐性知识，又被称为"缄默知识""意会知识""实践知识"，是指那些无法言传或表述清楚的知识，它来源于在解决实际问题过程中的记忆和直接感受，难以被编码或作为有形载体呈现。

缄默知识和显性知识共同构成个体总的知识体系,并且几乎所有的显性知识都根植于缄默知识。(张英彦,2006)

从本质上看,隐性知识是人的理解力,是对经验的领会、体悟与重组的能力。隐性知识主要包括认知和技能两个维度,其中,认知隐性知识是指人脑对外部世界的模拟和理解,主要包括个体的洞察力、直觉、感悟、心智模式、信念、价值观等;技能隐性知识则是关于知道"如何做"方面的知识,主要包括个体经验、技巧诀窍、专业技能知识、沟通技能和人际技能等。

5.1.4.2 SECI 螺旋式模型

隐性知识的价值必须通过向显性知识的转化来实现,即隐性知识显性化。隐性知识的显性化,简单地说就是使个体的不可意会的知识得以交流和共享。隐性知识显性化过程会涉及隐性知识的拥有者和隐性知识的接受者两个主体,其中,隐性知识的拥有者是显性化过程的起源和根本,他是否愿意分享隐性知识,能否使用合理、有效的方式将隐性知识进行成功转化,对显性知识起到决定性作用。根据日本著名学者、知识管理专家野中郁次郎(Nonaka,1995)的观点,隐性知识具有难以编码、难以规范化、高度情境化和个人化等特征,因而不易传递给他人。

对于隐性知识显性化的演变研究最著名的当属野中郁次郎和竹内弘高(Takeuchi,2000)提出的 SECI 螺旋式模型,如图 5-1 所示。他们认为知识的载体是个人,知识由个体创造出来并只有经过传递,才能被其他个体获取进而被使用,并将知识创造与传播过程划分为社会化(Socialization)、外在化(Externalization)、综合化(Combination)、内在化(Internalization)四个阶段。

(1)社会化阶段,即从隐性知识到隐性知识,该阶段通过共同工作等方式分享经验,由非语言途径获得工艺技能,如观察、模仿、实践。最典型的例子就是师傅带徒弟,徒弟仅凭经验、模仿和实践就可从师傅那里学会手艺。

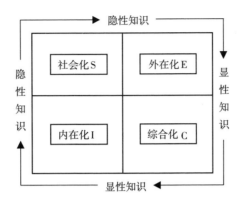

图 5-1　SECI 螺旋式模型

（2）外在化阶段，即从隐性知识到显性知识，该阶段通过类比、比喻、假设、倾听和深度谈话等方式，将隐性知识转化为容易理解和接受的形式。

（3）综合化阶段，即从显性知识到显性知识，该阶段通过各种语言和符号，将显性知识系统化。

（4）内在化阶段，即从显性知识到隐性知识，该阶段的目的是要实现知识的应用与知识的创新。

在隐性知识显性化过程中，社会化、外在化、综合化、内在化呈现螺旋式上升交替发生，新知识也不断被创造出来，创新伴随着新知识创造而产生。

5.1.4.3　隐性知识理论对实践教学的价值

波兰尼、野中郁次郎和竹内弘高等提出的隐性知识理论回答了"实践教学要学什么"，对实践教学的启示在于以下两点：

第一，隐性知识必须要通过实践才可获得。隐性知识的提出是对知识理论的完善，学生要想掌握全面的知识，不仅需要在课堂中学习课本中的事实性、系统性的显性知识，还需要依托实践获得相关的隐性知识，这就意味着学校要为学生提供一定的实践资源，隐性知识理论的提出为开展实践教学提供了认识论基础。

第二,实践教学与理论教学价值等同。显性知识隐性化、隐性知识显性化过程,都说明了实践在知识应用与知识创新的重要性。没有实践,理论知识难以被学生真正理解掌握;缺乏实践,知识创新就成了无源之本。所以应该充分认识到实践教学的重要性,改变实践仅仅是理论学习的补充等片面认识,确立实践教学与课堂理论教学同等重要的认识观。

5.1.5 斯腾伯格的智力理论

5.1.5.1 三元智力理论

美国著名心理学家斯腾伯格(Sternberg)对实践智力进行了深入研究,他在1985年的《超越IQ——人类智力的三元理论》著作中,提出了著名的三元智力理论,该理论主要由成分亚理论、情境亚理论和经验亚理论三个亚理论构成。

第一,与个体思维有关的成分亚理论,将智力与个体内部世界联系起来,回答了"智力行为是如何产生的",它包含元成分(Metacomponents)、执行成分(Performance Components)和知识习得成分(Knowledge Acquisition Components)三种机能成分。

第二,与环境文化有关的情境亚理论,将智力与个体的外部世界联系起来,强调社会文化情境对智力行为的影响,旨在揭示智力与个体外部世界的关系。

第三,与个体经验有关的经验亚理论,将智力与个体的内、外部世界相联系,认为经验会影响人的智力表现,旨在揭示在某项任务和情境中,智力与经验之间的关系。

5.1.5.2 成功智力理论

斯腾伯格(Sternbery,1996)在三元智力理论基础上提出了成功智力理论,并在1996年出版《成功智力》一书,该书系统阐述了成功智力理论的内容,主要内容包括以下三个方面：

第一，成功智力的构成。成功智力是一个有机整体，主要包括分析性智力、创造性智力和实践性智力三个部分。其中，在解决相对熟悉的问题时，个体运用的是分析性智力，也被称为学术智力，最能体现分析性思维的活动主要有问题解决和决策制定两种；在处理相对新颖的问题时，应用的是创造性智力；在解决现实的问题时，应用的是实践性智力，见图 5-2。三种不同类型的智力在实现人生成功中互相关联，互相影响，缺一不可，当然这三种智力在不同个体存在的比例和平衡状态有一定差异性。（Sternberg，2003）智力问题的关键不在于三类智力的数量，而在于它们的平衡，在于在什么时候如何运用分析智力、创造智力和实践智力。（王晓宁，2012）

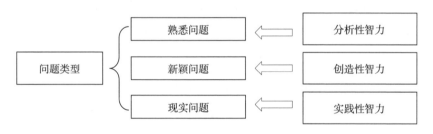

图 5-2　问题的类型与智力应用

第二，实践智力的内涵。实践智力是个体在实践生活中获取潜隐知识和背景信息，定义问题及解决问题的一种能力，它可以较好地预测个体未来的工作表现。（谢宝珍，2001）斯腾伯格认为实践智力是一种将理论转化为实践，将抽象思维转化为解决实际问题的能力，解决实际问题的能力是实践智力的核心。

第三，实践智力通过教育可以培养。斯腾伯格（1999）认为"成功智力不是偶然获得的，学校通过给学生开设一些不仅需要分析智力，同时还能挑战其创造性智力和实践性智力的课程，成功智力就完全可以加以培养和发展"。罗伯特（Robert，2004）概括了四种教育：第一种教育是注重记忆能力，强调"百科全书式"的聪明；第二种教育是注重批判性思维，强调分析能力与批判能力;第三种教育是成功智力的教育,培养学生分析性、创造和实践性智力;第四种教育是为智慧而教,培养学生的智慧技能成为教育的重要目标之一。

5.1.5.3 智力理论对实践教学的价值

斯腾伯格的智力理论不但回答了"为什么开展实践教学重要",而且回答了"实践教学的重点是什么",对实践教学的价值在于以下两点:

第一,实践教学会影响个体的发展。实践智力是成功智力的重要组成部分,在解决现实的问题时应用的就是实践智力,因此开展实践教学对培养个体的实践智力及促进个体发展有重要意义。

第二,实践教学的重点是培养个体解决实际问题的能力。解决实际问题的能力是实践智力的核心,因此实践教学的重点也应放在培养学生分析性、创造性和实践性智力的培养上。同时,个体的智力形成与其思维、环境文化情境以及经验都有关系,为了培养学生的实践智力,学校需提供一定的任务和情境,通过反复训练让学生获得经验,实现对学生实践智力培养。

综上所述,哲学实践观、经验主义理论、情境学习理论、隐性知识理论、智力理论等的提出都反映出学者们不再囿于仅从学校以及传统课堂来解读学习,而是强调在活动的体验中、在工作的情境中、在社会的环境中开展学习的重要性,这些理论的提出为高校为何要开展实践教学,实践教学教什么,以及高校如何开展实践教学提供了坚实的理论支撑。

5.2 实践教学的内涵与特点

5.2.1 实践教学的界定

总体来说,实践教学被划分为狭义和广义两种。(郭水兰,2004)

第一,狭义的理解。实践教学是指教学计划内由教师指导的学生实践活动,属于教学中的一个特定环节,一般包括社会调查、见习、参观、服务活动、毕业实习、毕业设计等形式。在 1998 年版《教育大辞典》中将实践教学解释为:"是相对于理论教学的各种教学活动的总称,包括实验、实习、设计、工程测绘、社会调查等,旨在使学生获得感性知识,掌握技能、技巧,养成理论联系实际的作风和独立工作能力。通常在实验室、实习场所等一定的职业活动情景下进行,作业是按照专业或工种的需要设计,教师根据不同作业、不同个体进行分类指导;学生采取学和做相结合的方式,学生独立完成的作业质量是衡量其学习成绩的主要依据。"(顾明远,1998)该解释中明确了实践教学的目标、内容、形式、场地及评价重点。

第二,广义的理解。实践教学是指按实践活动的特性与规律组织的教学活动,存在于整个教学过程中。实践教学的客体是教学内容与对象,主要包括自然对象、社会对象和精神对象。实践教学的主体是学生,学生通过主动参与实现知识传承、能力发展和探索创新。实践教学是一种基于实践的教育理念和教学活动,通常指在教学过程中,构建一种具有教育性、创造性、实践性的以学生主体活动为主要形式,以激励学生主动参与、主动思考、主动探索为基本特征,以促进学生整体素质全面发展为目的的教育教学观念和教学形式。(柳礼泉,2006)

本书将实践教学界定为广义的实践教学,是指"在教师指导下,学生主动参与的,按实践教学目标与计划开展的、以提升学生实践能力为主要目的的教学活动,它可以存在于理论课程教学中,又可独立于理论课程开展"。

5.2.2　实践教学的本质

从本质上看,在学校教育中的实践,不仅是一种教学手段和形式,更是教学内容和教学过程。(周传胜等,2013)实践教学不仅仅是方法问题,更是理念问题,应从教育的意义上理解实践教学,把实践教学提升为实践教育。(朱高峰,2011)实践教学是基于认知的本质和规律、实践的特点和作用、教学的目标和要求而开展的教学活动。实践教学重在强调学生参与到教学活动中，充分发挥其主观能动性，如果一种教学是在教师的引导下，学生主动地参与教学互动过程，不论这种互动是产生于师生之间、生生之间，还是与探究对象之间，不论是在课内还是在课外、在校内还是在校外，都属于实践教学的范畴。（时伟，2013）

在教学实践中，理论教学和实践教学总是交织在一起，学生既可以在实践教学中学习到理论知识，又可以在理论教学中学到实践知识和技巧。因此，学生在教学活动中具有主体性是实践教学的重要特征，有些教学活动，如理论教学中的联系实际部分的分析与讨论、出于解决问题需要的实验等，不能认为它属于理论教学；实践教学中的学生概括总结、上升为理论的活动，不能认为它属于理论教学，其实，它们都是实践教学的环节。实践教学最本质的意义在于将理论与书本知识内化为个体知识，并通过实践活动强化对知识的理解与应用，形成学习—实践的双向互动过程。（郑谦等，2016）

5.2.3　实践教学的目标

实践教学的目标不是"单一化的"，而是"复合化的"，它不仅是一般技能的获得，而应该是完整实践能力的形成。（周建平，2009）实践教学的目标不应仅仅表现在教育过程中，促使学生掌握科学知识、开发智力、培养能力方面，同时也应表现在对学生个性心理、行为习惯等素质范畴的发展过程上。（王源远、王丽萍，2013）

从广义上讲，实践教学的目标主要由传承实践知识、提升实践理性、优化实践策略、生成实践智慧四部分组成，这也是当前对实践教学目标较为深入和全面的归纳。其中，实践知识是基础，主要解决怎么在实践中获得及确证知识问题；实践理性是指通过逻辑思维判断如何行动才是合规的一种观念预设能力，解决正确做的问题；实践策略受实践理性的制约，解决怎样做才更好的问题；实践智慧指向的是人的实践能力，引导帮助学生生成实践智

慧,解决怎么做的问题。(张英彦,2006;周建平,2009;孙康宁等,2011;潘海涵、汤智,2012)

需要强调的是,实践教学的目标与专业人才培养目标和培养规格紧密联系,学校层次不同,其人才培养定位也会有差异,实践教学的目标也会随之有所不同。应该从专业知识和技能要求出发,提出实践教学的具体目标,除了包括专业知识目标、专业技能目标、综合应用能力目标外,还应包括支撑专业技术能力的学生身体、心理、道德文化、审美、智能力素质,以及创新意识、团队协作、职业素养、实践理性等方面的培养目标。(孙康宁等,2011)

5.2.4 实践教学的特点

实践教学主要有以下几个特点:

第一,实践性。实践教学离不开"实践"二字,其主要目的是要解决高校在人才培养中面临的理论教学与实践教学相分离、相脱节的"痛点",旨在通过在真实场景或虚拟场景中检验、深化、运用理论知识,培养学生知行合一的能力。同时,还要培养学生以研究探索的视角在现实中发现问题、分析与解决问题的能力,最终实现知识迁移。

第二,主体性。判断某项教学活动是否为实践教学的主要依据是教学活动本身是否强调学生的主体性地位,学生是否积极主动地参与教学过程,是否在教师的引导和帮助下,实现知识向能力的内化。

第三,系统性。系统性主要体现在两个方面:一是实践教学属于教学体系的一部分,贯穿于人才培养的整个过程,要注重实践教学与理论教学之间的相互渗透,促使两者协调统一。二是实践教学本身包括多个教学环节,每个环节虽各有侧重,但不能把它们互相独立开来,要作为一个整体进行考虑。

第四,复杂性。复杂性体现在:一是构成要素复杂,实践教学是由实践教学内容、实践教学资源和教学环境与教学手段等多种要素构成的一个复杂系统。二是活动空间复杂,实践教学活动可能涉及多个场景空间,既可以是课堂也可以是课外,既可以是校内也可以是校外。三是内容复杂,内容涉及有专业能力与未来发展能力需求,有既能体现为专业知识应用能力、学术研究能力、创新创业能力等高阶能力的培养,又包括自我学习能力、团队能力、沟通能力等通用能力的培养。

第五,开放性。与理论教学体系的相对封闭性不同,实践教学在教学内容、教学场所、教学资源等方面更具有开放性,要求与行业变革与发展接轨,要与专业实践目标紧密结合。

第六,多样性。实践教学活动形式多样,不同学科专业的实践教学活动也不尽相同。在教育部公布的《普通高校本科教学工作合格评估指标体系》中对实践教学形式进行了描述,主要包括实验教学、实习实训、社会实践、毕业论文(设计)与综合训练等五种。

5.2.5 实践教学与理论教学的关系

当前学术界普遍认可理论教学和实践教学都是人才培养中不可或缺的重要组成部分,并强调理论教学更侧重学生对理论知识的获得,而实践教学更侧重学生对实践能力的获得。实践教学属于教学体系范畴的一个下位概念,与理论教学一样,它也是由教师、学生、课程(包括课程目标、课程内容、教学方法与手段、评价方法)和教学条件等基本要素构成的。(蔡则祥,2007)实践教学作为学生认知社会、熟悉职场环境、培养实际工作能力的重要途径,它具有理论教学不可替代的作用,两者在教学目标、教学内容、教学方法、教学评价等方面都存在一定的区别。学者们虽然认为实践教学与理论教学在教学体系上不可分割,但在二者的关系上仍存在不同的认识,主要有下面两种观点:

第一,实践教学是对理论教学的附庸和补充,两者属于从属关系。该观点认为只有帮助学生构建了系统、完整的专业知识体系,他才能更好地完成对知识的实践应用。因此通常按先理论、后实践的模式,根据理论教学的内容安排实践教学环节。理论教学在课堂完成,教学任务的重点是对理论知识的讲授；而实践教学在课外完成，主要是通过安排各种实践活动运用和验证理论知识。持有该观点是源于重理论、轻实践的认识，带来的后果是造成理论与实践相脱节，而且由于过分强调课堂理论教学，可能使得实践教学安排不足。

第二，实践教学与理论教学地位作用同等重要，两者存在同构关系。目前，高教界已经普遍认可实践教学不应是课堂教学的延伸和补充，应具有相对的独立性和完整的教学体系。实践教学与理论教学应属于同一教学活动的两个侧面，彼此之间相互依存、相互支撑，共同构成大学完整的教学体系，两者功能的实现不是通过排他性方式实现，而是通过交叉互补的方式实现。（曾小彬，2007；孙占学，2007；甄卓铭，2011；张忠福，2011；周传胜等，2013）实践教学遵循人类的从实践—理论—实践这一认识规律，应在理论教学中渗透实践教学，两者存在同构关系。具体表现在两个方面：第一，共时性同构，表现为理论教学和实践教学在"时点"意义上的映射关系，即"互释"与"互融"，一方面，实践教学可以使学生加深对相关理论课程的理解，培养他对学习理论课程的兴趣；另一方面，理论教学反过来又可以提高学生的实践能力，提升实践教学质量。第二，历时性同构，表现为"时段"意义上的映射关系，即"互动""互补"与"同步"。（甄卓铭，2011）实践教学要拓展为实践教育，必须将实践教学渗透到人才培养系统的整体规划之中，在课内与课外、专业内与专业外、校内与校外等多个方面实现实践教学与理论教学的相互融合、相互促进。

事实上，实践教学是与理论教学相对应的一种教学形式，它是理论与实践、间接经验与直接经验、抽象概念与具体思维相结合的教学过程，它既是理论学习的继续、补充和深化，也是传授学习方法、技能与经验的教学过程。（汪溪，2005）在构建实践教学体系的过程中，要把培养应用型人才的理念贯彻到实践教学过程的各个环节中，体现在实践教学内容里，落实在实践教学过程中。

5.3　实践教学体系的内涵

所谓体系,是指由若干事物互相联系、互相制约而构成的整体。实践教学体系也是由与实践教学相关的各要素构成的相互联系、相互制约的有机整体。实践教学体系是一个涵盖多种构成要素的复杂系统,它是提升学生能力的主要载体和保证。一般来讲,实践教学体系有狭义和广义之分。

5.3.1　狭义的实践教学体系

狭义的实践教学体系是指专业人才培养方案中的实践课程体系,它由一系列既密切相关又相对独立的实践教学环节组成。

建立狭义的实践教学体系时主要要明确两个基本问题:一是要"培养什么样的实践能力",也就是实践教学的培养目标;二是"如何培养实践能力",也就是人才培养方案中的实践教学内容(实践课程),其中,明确实践教学目标,是开展实践教学的逻辑起点,它直接影响实践教学的预期效果。在对狭义实践教学体系的研究与实践中,最受关注的是实践教学形式和实践教学方法。

第一,关于实践教学形式。不同实践教学内容与形式在学生能力培养中的作用不同,在国外,一般大学的实践课程主要划分为两类:一类是以课堂教学为依托的认知类实践,主要形式有课堂讨论、案例分析和实验等;另一类是以课外活动为依托的操作类实践,主要形式有科研项目、社团活动、小组活动、实习和职业适应培训等。(陈超和赵可,2005)在我国,一般分为课程实践教学、专业实践教学和社会实践教学,其中,课程实践的教学形式主要有实验教学、问题辩论、课题探究、考察体验;专业实践的教学形式主要有专业实习、综合性问题探究、职业实践;社会实践的教学形式主要有大学社团活动、课外实践教学和社区参与、社会体验与问题调查、校外实践教学。由于从业资格证书是学生求职、任职的资格凭证,是用人单位招聘、录用员工的主要依据,高校应将从业资格培训或指导纳入实践教学体系中,不但有利于降低培训成本,也有利于提高学习效率,还有利于增强学生的就业竞争力。(陈柱,2017)

第二,关于实践教学方法。普林斯(2009)认为归纳式教学符合人类认知的一般规律,常与探究式、项目式、案例式等教学方法相联系,更有利于学生从实践中获得知识、习得能力,培养学生的创新能力、适应能力,尽管支持各种归纳教学法的研究数据准确性不尽一致,但总体而言,归纳式教学法优于传统的演绎式教学法的结论是证据确凿的。德国大学应用的实践方法主要有关键认知教学法、自学能力教学法、解决问题能力教学法、合作能力教学法等四种。美国学者还提出实践教学方法应当由"技术性实践"向"反思性实践"转变。因为"技术性实践"难以解决综合性和复杂性的问题,而"反思性实践"则能通过对活动过程的省察,达到对素材、情景的探究和升华。(洪林,2006)麻省理工学院拉斐尔·莱夫校长在发布的《麻省理工学院教育的未来》(2014)、《高等教育改革的催化剂》(2016)等报告中指出,高等教育到达了一个转折点,我们必须要打造以学生为中心的教育,要让学生学会反思、与同伴和专家讨论、学科思维、自学和掌握学习。麻省理工学院在本科教育教学方法由传统的课堂教师授课(Chalk and Talk)的被动学习走向主动学习(Active Learning)、探究式学习(Discovery Learning)、项目学习(Project-based Learning)、从做中学(Learning-by Making)、实践学习(Hands-on Learning)、问题导向学习(Problem-based Learning)、自我学习(Self-directed Learning)、同伴互学(Peer Learning)和团队学习(Team Learning)。

5.3.2　广义的实践教学体系

广义的实践教学体系,是实践教学活动中的各要素构成的有机联系整体,主要包括实践教学目标、实践教学形式、实践教学评价和实践教学保障四个部分。与狭义的实践教学体系不同,广义的实践教学体系不但要回答"培养什么样的实践能力"以及"如何培养这种实践能力",还要回答"如何有效地实现对实践能力的培养"。

实践教学体系应遵循整体性、有序性、效率性三大原则,应该包括"认知实践—理论学习—实践—再学习—再实践—探索性认知实践"几个层次。(孙康宁,2012)接下来重点讨论实践教学形式和实践教学方法,实践教学形式包括课堂实践、实验(实训)教学、实习教学、毕业论文(设计)四个实践教学环节,实践教学方法包括原理性教学方法和技术性、操作性方法。

5.4 实践教学形式

5.4.1 课堂实践

实践教学不但包括我们常讲的"硬实践",即对学生动手能力、操作能力的培养,还包括"软实践",也就是"认知类实践",即理论知识的运用、心智技能的形成及实践经验的积累等实践教学活动。而课堂就是开展培养学生软实践能力的主要场地。

课堂实践主要是依托课堂开展认知类实践。课堂实践主要是在传统理论教学的基础上融入实践教学内容,其强调传统理论教学内容与实践活动的有机融合,即是在传统课堂教学模式中融入或嫁接实践教学环节,通过多元化的教学设计,运用先进的信息技术或智慧课堂,开展以学生为主、教师为辅的教学模式,旨在培养学生面向实践的分析问题、解决问题的综合应用能力。要着重加强综合性课程、研究性课程、问题课程、案例分析课程、SEMINAR 等课程的建设。(蔡则祥和刘海燕,2007)

课堂实践教学强调在理论教学中渗透实践活动,强调学生在教学过程中的主动参与程度,强调由被动学习转化为主动学习的过程,从而培养学生解决问题的能力、知识运用的能力和创新的思维能力。课堂实践教学形式应该是多元化的,主要包括课堂讨论、科学实验、观摩、考察、访问、讨论、演讲、作业、练习、现场学习、经验交流、资料查询、总结提升、创新设计等性质不同、方式不同的实践活动。

5.4.2　实验教学

5.4.2.1　实验的内涵

从现有研究看,基于不同的视角对实验内涵的理解也不同,大致可以归为以下三类:

一是强调实验是一种实践活动。马克思的实践观中提出了实践三种基本形式,科学实验(Scientific Experiment)就是其中之一,它是人类获得知识、检验知识的一种实践形式。

二是强调实验是科学研究的基本方法之一。古丁(2000)认为"实验的基本作用是提供如何研究世界的新信息,换言之是关于未知世界的工具知识"。实验是人们为实现某种预定目的,在人工控制条件下,通过干预和控制研究对象,观察和探索研究对象有关规律和机制的一种研究方法。实验方法是任何一个学科发展到一定阶段所共有的研究方法。从自然科学的角度看,实验的作用是非常巨大的。

三是强调实验是不同于试验的技术操作行为。实验是为了解决自然或社会问题,在其对应的科学研究中用来检验某种新的假说、假设、原理、理论,或者验证某种已经存在的假说、假设、原理、理论而进行的明确、具体、可操作、有数据、有算法、有责任的技术操作行为。实验通常要预设实验目的、实验环境,进行实验操作,最终以实验报告的形式发表实验结果。

实验方法并不是哪一门科学所特有的方法,也不是哪一门科学一开始就有的方法,当一门学科发展到一定程度、当原有的理论无法说明实际存在的事实时,实验方法的引入就成为必然。(高鸿桢,2003)根据学科不同,实验可以分为文科实验(经、管、法、教育、艺术等)与理工科实验,其中,金融学科属于文科,因此金融实验具有文科实验的共性。文科实验与理工科实验两者具有一定的差异性,主要体现在实验教学目标、研究对象、实验设备的依赖性、实验特征、实验结果等多个方面,见表5-2。

表5-2　文理科实验区别

	文科实验	理工科实验
实验教学目标	侧重对学生人文素养的培养,强调培养学生的专业技能和动手能力	侧重对学生科学精神的培养
实验目的	发现人文现象规律	发现自然现象规律
实验研究对象	主要是以人或人类的活动规律为实验对象,社会属性决定了研究对象具有复杂性特点	主要是以客观自然现象为实验对象,研究对象具有确定性特点
实验设备	对实验设备依赖度低	对实验设备依赖度高,实验设备的好坏会直接决定实验的结果和效果
实验特征	实践性强,更侧重对理论知识的应用	实施性强,在内容和方法上更重视对学生动手实践能力的培养
实验过程	实验过程一般为开放式,实验难以复原、不可重复	实验过程一般为封闭式,实验可复原、可重复再现
实验结果	实验结果是定性的,具有不稳定性、不确定性特点	实验结果是定量的,具有稳定性、确定性特点
实验室	更强调实验室仿真场景建设,学生在实验场所进行操作和活动就如同在真实的社会岗位中工作	更强调仪器设备的建设

5.4.2.2　实验教学的内涵

顾明远将实验教学(Experiment Teaching)定义为:实践性教学的一种组织形式。学生利用仪器设备,在人为控制条件下,引起实验对象的变化,通过观察、测定和分析,获得知识与发展能力。其目的不仅是验证书本知识,更着重于培养学生正确使用仪器设备,进行测试、调整、分析、综合和设计实验方案、编写实验报告等能力。①

本书将实验教学定义为:学生在教师指导下,在实验室应用一定的实验设备、实验仪器、实验材料等,按一定的实验方法有计划、有步骤地进行实验操作、观察、记录、分析、发现或验证科学结论的一类实践教学活动。实验教学不仅是学生获取经验事实、检验科学假说与理论真理性的重要途径,也是培养学生实践动手能力、创新精神和创新能力、追求科学精神的重要途径。

实验教学在构成上主要包括以下四个要素:一是实验者,实验者是组织、设计和完成实验的人员。显然,实验目标的确定,实验方案的设计、实验步骤的制定、实验过程的操作以及实验结果的解释等这些环节没有一个可以脱离实验者。实验教学中的实验者既包括学生也包括教师,其中,学生是完成实验的主体,是实验方案的设计者和实施者、实验结果的分析者和解释者,而教师是实验教学的设计者、组织者和指导者。二是实验对象,实验对象是学生认知和探索的对象,它可以是客观事物,也可以是原理、理论或结论。三是实验手段,实验手段是实验者与实验对象之间的中介环节,主要包括实验仪器或实验设备、实验工具等,它是实现实验的情景条件。四是实验场所,实验场所是学生和教师开展实验研究的物理空间或线上空间,最典型的场所就是实验室或线上虚拟实验室。佛克(Falk)和贺克曼(Heckman,2009)认为实验的作用主要是验证、推翻已有的理论或者发现新的知识,因此强调"实验室实验在发现新知识方面的独特作用,实验是学习理论和验证理论的重要工具"。

5.4.2.3　实验项目的类型

实验项目是构成实验课程教学内容的基本单元,不同实验项目的内涵与教学功能有所差异。但目前在对实验项目进行分类时,存在"类型不同,描述

---

① 参见《教育大辞典》,上海教育出版社 1998 年版,第 3346 页。

趋同"的现象。因此,对不同类型的实验项目进行科学界定,更有利于建设科学、系统的实验教学体系。

(1)根据实验内容

根据实验内容所依托的知识层次,实验项目可分为基础性实验和专业性实验。

①基础性实验。基础性实验是一种检验理论课程中某一概念、原理、知识点,或基本实验方法、基本操作技术,以及基础软件使用的实验项目,旨在使学生了解、理解和应用实验所对应的某一概念、某一基本原理、某一知识点,掌握基本的实验方法、技能和相关基础软件。基础性实验又可划分为公共基础性实验和学科基础性实验。基础性实验主要为低年级学生开设。

②专业性实验。专业性实验是一种依托相关专业知识完成的实验项目,旨在培养学生专业技能以及应用专业理论知识分析问题与解决问题的能力。根据应用专业知识的广度不同,专业性实验又分为专业综合实验、跨专业综合实验、跨学科综合实验。其中,专业综合实验需要应用某一特定专业的理论知识;跨专业综合实验是针对同一学科卜多个专业的理论知识;跨学科实验是针对不同科学的专业理论知识设计的实验。专业性实验通常开设在中高年级。

(2)根据实验项目功能

根据实验项目功能的不同,将实验项目分为三类:演示性实验/验证性实验、综合性实验/设计性实验、研究创新性实验。

①演示性实验/验证性实验

演示性实验是为了解客观事物,学生在教师指导下,运用一定的实验设备、实验仪器,通过直观演示、观察等方法完成的实验,旨在使学生了解客观事物的形态结构与相互关系、变化过程及其规律,培养学生的基本实验能力。

验证性实验是为验证某一原理、理论,学生在教师指导下,运用一定的实验设备、实验仪器,通过观察、数据记录、计算、分析等方法完成的实验,旨在加深学生对理论知识的理解和掌握、培养学生的基本实验能力。

②综合性实验/设计性实验

综合性实验是学生在具有一定理论知识和实验技能基础上，在教师指导下，运用综合知识与方法开展综合训练的实验。"综合性"主要体现为实验内容综合、实验方法综合与实验手段综合三个方面。（曹中一，2003）其中，实验内容综合是综合性实验最重要的特征，它涉及同一学科中一门课程多个知识点或者多门课程多个知识点的应用，也可以是跨学科的知识综合；实验方法与实验手段综合是指实验的完成需要用到两种或两种以上的实验方法或者实验手段。综合性实验旨在通过实验内容、方法、手段的综合运用，培养学生对理论知识的综合应用能力和综合实验能力，达到能力、素质的综合培养。

设计性实验是学生在具有一定理论知识和实验技能基础上，在教师指导下，根据特定的实验条件，自主设计实验方案、选择实验方法与实验设备仪器、拟定实验程序，自主完成实验并对实验结果进行分析处理的实验。设计性实验具有实验方案的设计性、实验内容的探索性、学生学习的主动性和实验方法的多样性等四个主要特点。设计性实验旨在培养学生应用专业知识分析问题、解决问题的专业技能和实践能力。

③研究创新性实验

研究创新性实验是学生根据自己在某一学科领域或学科方向的研究基础，在教师指导下，针对某一特定研究课题开展的研究、探索与创新的实验。研究创新性实验旨在培养学生勇于探索创新的科学精神与研究能力、创新思维能力。研究创新性实验的主要特点表现为实验内容的自主性、实验结果的不确定性和实验方法与手段的创新性等。该类教学实验项目的内容包括新理论的研究、实验方法与技术的创新、仪器设备的改进、大型软件的开发或二次开发等。（熊宏齐等，2008）研究创新性实验是教学与科研相结合的一种重要形式。

演示性、验证性实验侧重于对理论知识的理解和记忆;综合性、设计性实验则要求学生在扎实的理论基础上拓宽知识面,培养较强的实验动手能力和分析、解决问题的能力;研究创新性实验强调研究能力和创新思维能力的培养。高校实验类型正从演示性、验证性实验向综合性、设计性、研究创新性实验转变。

不同类型的实验项目对实验室开放要求不同。熊宏齐等(2008)将学生自主完成某个实验项目对实验室开放的必然要求定义为该实验项目的"开放内禀性"(Open Intrinsic Property),并从实验时间、实验空间、实验资源、实验管理、实验方法、实验技术、实验评价、实验内容等多个方面对不同实验项目的开放性要求进行了分析,创新性实验项目的开放内禀性要求最高,演示性实验和验证性实验项目的开放内禀性最低,见表5-3。

表5-3　不同类型实验项目的开放内禀性

类型	时间	空间	资源	管理	方法	技术	评价	内容
演示性实验	是	是	是	是	否	否	否	否
验证性实验	是	是	是	是	否	否	否	否
综合性实验	是	是	是	是	否	否	否	否
设计性实验	是	是	是	是	是	否	否	否
研究性实验	是	是	是	是	是	是	是	否
创新性实验	是	是	是	是	是	是	是	是

(3)根据实验项目组织形式

根据实验项目组织形式,实验项目可分为个人实验项目和团队实验项目。其中,个人实验项目是指由某一学生独立完成的实验项目;团队实验项目是指由分工不同的个体通过相互协作共同完成实验项目。

(4)根据实验的独立性

根据实验是否是一门完整的课程,可以分为课程实验与实验课程。其中,非独立设置的课程实验是指属于某一理论课程中的实验,实验教学内容隶属于该理论课程的一部分,旨在更好地使学生理解、掌握和应用该理论课程包括的知识、原理和方法。独立设置的实验课程是指在人才培养方案中单独设置的课程,它拥有独立的实验教学计划、实验教学大纲、实验教学内容、实验教材(实验指导书)、实验考核方案、实验成绩、课程学分等。

(5)根据实验实现技术

根据实验实现技术,可分为传统实验和虚拟仿真实验。其中,传统实验是指在实验室完成的实验;而虚拟仿真实验是指应用虚拟仿真技术实现的实验。

(6)根据实验对网络的依赖

根据实验是否依赖网络,可以分为线下实验和线上实验。其中,线下实验是指实验者在物理实验室开展的实验,线上实验是指应用网络平台开展的实验。

5.4.3　实训教学

5.4.3.1　实训教学的内涵

实训教学(Practical Training),是指为达到一定的教学目标,教师在校内或校外实训基地有计划地指导学生进行系统、规范的模拟实际工作岗位的专业技能训练或职业技能训练。

5.4.3.2　实训教学的类型

从层次上分,实训教学有技能鉴定达标实训(基本技能实训)和岗位素质达标实训(专项技能实训)。其中,基本技能训练是重在动手操作,它为继续深入系统地学习理论知识和解决实际问题奠定基础,这个阶段彰显了实践教学对于专业发展的基础教育属性,为将来的专业技能训练和科研创新打好基础。专业技能训练是重现、验证既有理论知识的重要实践方式,在这个阶段可进行多学科知识融合实践,有利于学生分析问题、解决问题能力的提升。

另外,实训教学从时空上可分为校内实训和校外实训;从内容上可分为动手操作技能实训和心智技能实训;从综合性上可分为单项实训和综合实训;从结构上可分为岗位训练、过程训练、项目/任务训练等。

5.4.4 实习教学

5.4.4.1 实习教学的内涵

《现代汉语词典》将"实习"解释为:"把学习到的理论知识,运用到实际工作中并加以检验,以锻炼工作能力。"所谓实习(Practice internship, field work),即在实践中学习,是学生在社会实践活动中或真实的企业工作场景中开展的一种直接性学习活动。

5.4.4.2 实习教学的意义

实习教学是高校促进学生理论联系实际、培养其实践能力、创新能力的重要教学环节,它对提高大学人才培养质量有重要意义。实习是学生接触社会、了解社会的过程,是学生从学校跨进社会的最重要的过渡环节。

美国是最早开展实习制度的国家之一,且美国高校已具备完善的实习制度。Eyong B.等(2012)对美国高校的学生实习现状进行调查,发现有些高校要求学生实习前的平均分数不得低于某个数值,同时还要求完成指定的课程;有些高校要求学生实习前要提交一份实习方案;有些高校要求学生必须明确实习时间的时长。Gregory(2010)研究高校实习与职业成功是否相关,发现二者之间确实具备相关性,如:有实习经验的校友要比没有实习经验的校友更加具备高水平的职业生涯,同时还发现实习不仅对学校和企业团体有利,对学生更加有益。Gregory(2010)研究大学生对实习看法,通过对 164 名学生的问卷调查,发现现在的实习生更倾向于把实习当作一种竞争手段,具体主要包括:

希望通过实习可以获取相应的学分,获取新员工的入职培训,同时还希望实习基地靠近学校。

英国政府一直关注高校大学生的实习制度建设,要求所有接受高等教育的学生都应在毕业前具备一定的工作经验。2009年,受金融危机的影响,英国政府针对高校毕业生就业形势严峻的问题,开始推行"国家实习计划"。该计划通过政府的资金和政策支持,鼓励企业和公共机构为大学毕业生提供带薪实习机会。参与国际实习计划的毕业生可参与三个月的带薪工作计划,学生的工作月薪可以低于最低工资标准,但仍略高于政府给学生的助学金和助学贷款的总和。

5.4.4.3　实习的类型

一般来说,本科学生应开展包括认知实习、专业实习、毕业实习等多种不同层次、不同形式的实习,学生可并结合自身条件选择集中实习与分散实习、校内实习与校外实习等不同组织形式进行实习。

5.4.4.4　实验、实训、实习三者的区别

实验、实训与实习三者的共同点是都属于实践教学的环节,都是以提升学生实践能力为根本目标,但它们的基本内涵各不相同,三者的差异主要体现在以下四个方面:

第一,产生的背景不同。实验教学的产生背景是随着科学技术的发展,高等教育与科学研究开始融合,学校不再局限于知识传授活动,而是开始将知识传授活动与科学探索研究融合,其最初的形式即是实验。而随着教育的大众化与教育外延的扩大,技术技能的传导也纳入教育的范畴,接受教育是为了更好就业,于是面向市场的以培养适应岗位的技能人才为主的职业技术教育开始出现,并与普通教育相并重。职业教育特别注重实践教学,其主要的表现形式是实训。实习教学是基于人才紧缺,人才质量不符合社会需求的背景下产

生,实习教学有利于学生养成独立工作能力和心理品质,缓解人才供需矛盾。

第二,教学目标有差异。实验教学作为实践教学最初的一种形式,之前主要以理工科教学与自然研究为主体,旨在发现自然的奥秘与规律。实验教学的主要目标体现在两个方面:一是验证理论或者原理,同时掌握实验方法和技能;二是在实验过程中培养学生坚持科学的、实事求是的精神与探索创新精神,以及提升学生的实践能力与创新能力。实训教学的主要目标是针对学生进行"实际技术技能的培养",通过训练使之熟能生巧,提高学生完成某项工作任务的技能。实训的内容一般更贴近真实的职业环境,与企业真实的岗位需求相一致,如在校内开展的模拟银行工作人员的点钞技能训练。实训的目的是对学生进行操作技能、技术应用能力和职业能力训练。实习教学除了培养学生的专业能力外,更多的是通过学生实习单位的学习,成为一个社会人,成为一个"学徒"。

第三,教学场所有差异。实验教学主要依托的教学场所是校内实验室,设备主要为仪器、仪表、计算机、高精度的先进设备等。而实训教学依托的主要教学场在校内或校外,通过建立高仿真的实训基地或训练中心进行,实训教学既可以在校内完成,也可以在校外完成。如一些高校在校内建立的"教学工场",按照企业生产线的标准和流程,组建"车间""部门",引进企业真实项目开展教学。实习是在真实的工作岗位完成的教学,是学生参与实习单位实际的生产活动。

第四,法律保障不同。实验和实训主要是在校内完成,由学校负责保障学生的安全;而实习不同,实习本质是一种职业劳动过程,应依法享有相应的劳动权利和权益,学生在实习过程中应与实习单位签订正式的劳动合同。

5.4.5 毕业论文(设计)

5.4.5.1 毕业论文(设计)的内涵

毕业论文(设计)(以下简称为"毕业论文")是指高等学校(或某些专业)

为对本科学生集中进行科学研究训练而要求学生在毕业前撰写的论文或者完成的设计。

毕业论文是实现专业人才培养目标的重要教学环节,是全面检验学生综合素质与综合能力的主要手段。在毕业论文撰写阶段,学生在指导教师的指导下,对具有明确需求和目标的课题,按照基本理论及管理的要求,从开题、文献检索、方案设计、论证到具体实践等环节开展工作,完成课题任务及课题资料的建设,并在此基础上撰写论文。毕业论文为学生将来更高阶段学习和工作实践打下扎实的基础。

5.4.5.2　毕业论文的特点

毕业论文的特点主要体现在以下三个方面:

第一,综合性。毕业论文是开设在大学的最后一学期,是在学生完成专业理论学习以及除此之外的所有实践课程后开设的课程。它最重要的功能就是培养学生综合运用专业知识、工具分析问题与解决问题的能力,同时培养了学生的研究能力、写作能力、设计能力、沟通能力、表达能力。

第二,创新性。毕业论文选题来自现实社会,或者理论研究前沿与热点,学生通过对知识的演绎、理论的探索创造新的知识,或者应用专业知识解决现实社会中的实际问题,毕业论文是提高学生创新能力的有效途径。

第三,科学性。毕业论文从开始选题到最终答辩,要经历查找资料、研读文献、确定研究方法、调研研究、数据采集、进行实验、撰写论文、动手设计、进行答辩等多个环节,论文设计不能剽窃抄袭,在这一过程不但培养了学生的综合能力,还培养了其实事求是、勇于创新的科学精神。

5.5　实践教学方法

在实践教学中,教学目标是促进学生将知识内化为能力,促进学生由被动接收知识向主动应用知识转变,学生的主体地位得到更好的体现。启发式教学法、互动式教学法、任务驱动教学法、探究式教学法、体验式教学法、翻转课堂教学法等实践教学方法得到广泛应用。

5.5.1 原理性教学方法

原理性教学方法解决教学规律、教学思想、新教学理论观念与教学实践直接联系的问题,是教学意识在教学实践中方法化的结果。

5.5.1.1 启发式教学法

启发式教学法是教师在教学过程中根据教学任务和学习的客观规律,从学生的实际出发,以启发学生的思维为核心,采用多种方式调动学生学习的主动性和积极性,促使他们生动活泼地学习的一种教学方法。(王道俊,2016)通过设计关键步骤路径及问题,逐步引导学生实现从发现问题、分析问题到解决问题的逐步攀升,这是引导学生透过现象看本质,实现理性思维提升的过程,有利于提高学生解决复杂问题的综合能力。

5.5.1.2 互动式教学法

互动式教学法是指课堂上教师与学生、学生与学生之间进行充分沟通和交流的教学方法。它是一种双向传输与反馈的过程,可以激发教学双方的主动性和探索性,从而达到提高教学效果的目的。(黄冬梅、张晋轩,2021)

在实践教学过程中,教师根据实践教学大纲进行针对性的教学设计,合理设计有深度的互动环节。互动方式可以选用情景式、讨论式和设问式等。比较常见的有主题探讨式互动、多维思辨式互动、案例式互动等。在师生互动中,通过学生分析,教师从旁指导、关注学生的讨论情况并及时调整学生的谈论中心,使学生始终围绕相关主题展开讨论。在生生互动中,教师可以通过分配给学生不同角色,为学生构造不同的互动环境;或者通过设置讨论问题,让学生间展开头脑风暴,对不同的决策和结果进行讨论。教师要做好教学总结,最后在评价体系中体现互动式教学评价细则,并增加互动表现的得分权重。

互动式教学法使师生之间充分沟通与交流,让学生发现、解决问题,培养思维能力。同时,互动式教学法有助于形成民主平等的课堂氛围,形成良好的师生关系。

5.5.1.3　任务驱动教学法

任务驱动教学法是"以任务为主线,以教师为主导,以学生为主体"的教学方法,学生是知识的主动构建者,教师是教学过程中的组织者、指导者、帮助者和促进者。(田海梅、张燕,2011)

在教学过程中,教师对教学目的、内容进行介绍,并策划布置学习任务、提出具体的要求,学生根据具体要求,自主进行策划、操作、记录、分析与讨论,得出结论。教师根据实践教学的过程与结果,对学生学习效果和综合能力进行评价。在原理总结环节中,灵活运用"引导式""启发式""探讨式"等多种的教学手段,注重调动学生的求知欲和主动参与学习的积极性,进而完成对主题的深入讨论和分析,实现对原理知识的总结和综合运用,并进一步引导学生思考结论的实际应用意义。(张颖等,2013)

5.5.1.4　探究式教学法

探究式教学法采用在课程开展过程中提出一系列探究项目为出发点,以学生为教学活动的主体,教师指导为辅,教师引导学生自主开展学习和合作探究的教学模式,从而极大地激发学生的学习热情与潜力,以达到提升学生的学习能力与创新能力的目的。(赵桂龙等,2013)探究式教学方法关注学生自主学习过程,通过探究、引导,激发学生积极主动地去探索问题,寻求问题的答案,让学生在探究学习的过程中形成对知识的自主构建的教学方法。

为激发学生探索动机,教师根据教学目标和教学内容,设置专题研究方向,向学生讲授不同专题的目标和要求,研究内容和分析流程,并安排时间让学生熟悉每个专题的分析流程;学生根据兴趣选题,教师依托具体项目的研究专题情境,分小组提供一系列数据资源和相关文献资料,引导各组学生自主开展项目研究;组内团队协作完成实践活动,教师参与研讨并及时答疑;最后,开展总结汇报,组间分享交流,相互学习各组专题的内容。在考核评价环节中,教师将结合小组讨论、全班交流和研究论文等情况,进行综合评价。(谢小芳等,2020)

探究式教学法能激发学生对科学研究的兴趣,训练学生的科研思维。学生通过主动研读文献,独立思考形成自己的观点。学生将自身在实践中遇到的问题,逐一验证其正确性和最优性,让其自觉地、主动掌握认识和解决问题的方法和步骤,建立自己的认知模型和学习方法架构。由于不同学生、不同小组具有差异,学生可以看到富有创意的观点和有趣的结论,在与朋辈的交流碰撞中开阔眼界,形成多元化思维,激发部分学生对科研的热情,并转向更高阶段的探索学习。学生通过团队合作、交流汇报,锻炼了协作能力、表达能力和写作能力。

5.5.1.5 体验式教学法

体验式教学法可以定义为在教学过程中,以一定的理论为指导,有目的地创设教学情境,激发学生情感,引导学生亲自去感知、领悟知识,并在实践中验证知识的教学方法。在体验式教学的实施过程中,强调知识与学习的主体互动联系,注重学习者的参与,强调培养学生的创新思维和实践能力,不强求统一认识,尊重个体的差异。(张家睿等,2014)

体验式教学法的宗旨就是"做中教、做中学、做中求发展",是让学生在体验过程中理解知识、发展能力、构建意义、生成情感的一种学习方式。体验学习的教学环节设计主要包括以下几个环节：设定目标、组织体验、提供反馈评价和实践应用。实施体验式教学，要加强教师的组织、引导能力，在课堂上能"设计"出良好、适宜的教学情景，要注重不断提升学生的体验感悟，将体验内化为能力。

5.5.1.6　项目教学法

项目教学法是指师生通过共同完成一个完整的项目为教学任务所开展的教学活动，由教师或者教师与学生共同创设一个虚拟情境、主题或者任务，教师指导学生自主地寻找和利用学习资源，进行知识建构，引导学生在实践中发现问题、分析问题、解决问题。项目教学法以培养学生综合实践能力为目标，以培养学生学习的主动性、创造性为主线，最终实现教学效益和学生实践能力的全面提高。（黄小龙、黄艾卿，2009）

项目教学法的特点是以学生为中心，注重人人参与项目完成的过程，强调理论与实践、目标和过程统一。（柴艳萍，2015）教师的角色也发生了变化，在项目设计阶段，教师引导学生发现问题，与学生共同讨论，制订项目计划方案；在实施阶段，教师引导学生思考出现问题的原因和可能的对策方案，适时给予指导和帮助，引导学生正确决策、组织和控制项目实施；在评价阶段，教师是点评者，组织学生对完成项目教学的过程和效果进行讨论和总结，评价学生综合素质能力。

项目教学法的教学过程主要包括以下几个步骤：

首先是确定项目任务。项目课题的选择是理论与实际相联系的一个中介和桥梁，是实施"项目教学法"的关键，也是实践教学的起始环节。选题时注意题目要适中、难度要适当、内容要适宜。其次是制订计划。制订计划的过程是师生共同探究完成项目的途径和方法，根据既定的项目任务，确定项目的工作流程、实践方法和组织形式的过程。再次是实施计划。在项目实际实施阶段，指导学生的重点在于培养学生独立分析问题和解决实际问题的能力，以实现知识向能力转化的过程。在教师的引导和帮助下,学生按照计划在规定时间内完成各阶段的任务,并提供明确的活动记录。最后是成果展示和学习评价。整个项目完毕后,学生开始进行成果展示,教师根据每个学生在该项活动中的参与程度、所起的作用、合作能力及成果等进行评价,同时结合项目要求,进行全面、公正、客观的衡量。(隋秀梅等,2009)

5.5.2　技术性、操作性教学法

技术性、操作性教学法,是指在原理性教学方法的指导下,与具体情境、具体学科、教育信息技术相结合构成的教学方法,目前应用较为广泛的教学方法包括案例教学法、翻转课堂教学法、自主学习与网络协作教学法、情景教学法、沉浸式教学法等。

5.5.2.1　案例教学法

案例教学法是在教师的指导下,将案例引入实践教学活动,让学生参与到真实情景的案例分析过程中,运用所学知识解决现实的问题。案例教学方法是一种讨论式或主体性教学模式,通过揭示案例中存在的问题,提出解决的方案,并通过互相评价方案,实现积累经验和提高综合能力的目标。在金融学类专业教育中引入大量的案例教学,将金融机构经营的背景和管理的资料引入课堂,通过结合经济管理理论进行分析和讨论,使学生在丰富的情景中产生设想和创意。(胡永铨,2009)

案例教学中,教师不再是信息、提供者,而是情景创设者和课程开发者。通过情景的创造和课程开发,引导学生充分应用原理、规则和情景信息,解决实际问题。学生通过案例教学得到的知识是内化了的知识,虽然他不一定能把所学到的知识——罗列出来,但他逐渐学会了如何处理众多的疑难问题。(蒋春阳、赵伟,2012)

5.5.2.2　翻转课堂教学法

翻转课堂教学法是通过应用现代教育技术构建便于学生开展自主学习的环境,通过线上与线下两种模式相结合,实现学生课前课后主动学习,课中协作探究、交流互动等的新型教学模式。翻转课堂中教师的工作从原先的知识传授转变为知识的内化,教师通过学生实验后的反馈信息发现学生遇到的困难并及时调整课堂教学,进行教学反思,改进教学手段,帮助学生内化知识。教师从教书匠转变为教学活动的设计者和指导者,和学生一起去理解和探究,收获更多的乐趣。学生通过之前的学习、思考和探索,实验后经常能提出很有创造性的想法,教师也能从中获益,达到"教学相长"。(阮坚等,2019)如在实验教学中,翻转课堂教学法可以是"实验前学生自主学习——实验中教师指导、学生实验——实验后交流互动",具体包括以下几点:(1)根据实验教学特点,设计课堂教学和网络教学任务翻转课堂教学模式的基本实施流程,包括核心环节和辅助环节;(2)根据学生的学习特点和专业背景设计学习流程;(3)明确学习目标、学习内容、学习策略与学习活动;(4)确定匹配的教学方法并设计监控措施。

在翻转课堂中,实验模块包括实验前模块:(1)制作深度和广度符合学生学习需求的微视频资源。(2)制作重点突出,简洁明了的微文献。(3)制作针对性习题测试。(4)搭建学习平台。实验中模块:提升实验课堂的互动性,包括师生互动、生生互动和人机互动,教师精讲,学生多练,以学生为中心,教师全方位指导,学生成为实验教学中的主体。实验后模块:(1)设置答疑和讨论平台。(2)教师和学生互动交流。通过交流共同切磋探讨、畅所欲言、教学相长,打破了时空的限制。

5.5.2.3　自主学习与网络协作教学法

自主学习与网络协作教学方法是以学生作为学习的主体,以网络协作作为手段来进行实验教学的一种方法。在网络环境中,学生在教师的启发、引导、点拨、帮助下,与学习同伴互相协作,自主参与学习,从而达到解决问题、掌握知识与能力的目标。

该教学方法利用网络教学平台为学生导入课程目标与教学视频,使学生进行差异性的异步学习。在教师的指导下,学生自主管理实践过程,发挥学生学习的主体性和能动性。实践活动完成后,学生自主进行反思与总结,并将自己结果与结论放到平台"小组讨论区"中,与本小组内成员进行充分交流。每个小组形成统一观点后,教师进行讲评。该教学方法使教学时间、空间开放,有利于因材施教,充分促进学生的个性化发展,同时充分发挥网络资源优势。

5.5.2.4 情景教学法

情景教学法将教学过程安置在一个模拟的、特定的情景场合之中,科学运用现代教育技术和虚拟仿真平台。建立虚拟作业场景,实现仿真教学任务的教学方法。(郭杰,2007)情景模拟是通过文字、图片、视频、动画场景等各种媒介引导学生逐步决策的全过程,学生们需要在多种场景中观察、分析和解决问题,需要相互讨论、表达和沟通,多角度、全方位了解决策目标和流程。情景模拟为学生提供了一个仿真的实践平台,让学生在亲身体验中自觉地将理论知识与实际操作相结合起来,综合培养学生的各种能力。

在情景教学法中,学生成为知识意义的主动建构者,教师则是教学过程的组织者、指导者,意义建构的帮助者、促进者。教材所提供的知识和技能不再是教师传授的内容,而是学生主动建构意义的对象,媒体也不再是帮助教师传授知识的手段和方法,而是用来创设情景、进行协作学习和会话交流的认知工具。情境教学法能有效提高学生的应变能力与决策能力。

5.5.2.5　混合教学法

混合教学法是将在线教学和传统的线下教学的优势结合起来的一种"线上"+"线下"的教学方法。(何克抗,2003)教师有序地组织好线上线下教学内容,有机地将在线学习与课堂面授教学活动结合起来,拓展了教和学的时间和空间,重构传统实践教学,导入深度学习。混合式教学设计遵循"以学生为主体,以教师为主导"的教学理念,既关注学习者的差异化、个性化学习和多样化发展,充分体现学生作为学习过程主体的主动性、积极性与创造性,又发挥教师引导、启发、监控教学过程的主导作用。(江净,2012)学生在教师的帮助下自由自主地开展学习,教师对学生实施分层次、差异化的指导及评价,实现知识传授、能力培养和价值塑造。

随着慕课平台的建设和完善,混合教学模式可以采用"慕课+线下"的方式开展。混合教学中,首先,教师选择慕课课程、建设学习平台,有条件的高校可以根据教材自建慕课,没有条件的高校可以选择跟教材一致的慕课课程;其次,教师通过学习平台上传每次线上学习要求和内容,并监督学生的学习情况,通过学习平台组织安排学生在线上学习的形式,可以自学也可以是小组式学习,并要求学生在每次线上学习后,提交学习收获或作业;再次,教师需要组织设计好线下课堂的教学模式,可以和其他的实践教学方法相结合;最后,对学生线上学习和线下实践的考核记录。此外,针对实验教学还可以采用"线上虚拟仿真实验"+"线下传统实验"的混合实验教学法。

5.5.2.6　沉浸式教学法

沉浸式教学法是利用人工智能、大数据、扩展现实(XR)等新技术的优势,为学生打造虚实融合、生动直观的学习环境,支持学生通过视、听、触等多种通道的感知体验,促使其在学习过程中身心与环境产生自然交互,使学生产生一种完全置身于虚拟环境中的身心体验。

沉浸式教学法通过构建可交互的 3D 学习场景,增强学生的体验感知沉浸感,促进教师与学生的交流互动,教师是学习环境的设计者,是学生学习的引导者与价值观的引领者。学生是学习环境的体验者,是学习的投入者。虚拟化教学资源为学生提供立体化、真实感的学习体验,学生还可以根据自身需要在虚拟环境中对学习内容和对象进行操控、反复体验与探究。沉浸式教学法还可以提供个性化、多样化的学习场景。在丰富的虚拟环境中,学生可以体验不同角色,为个性化学习提供了选择和机会,提高了学习的主动性和自主性。(艾兴、李苇,2021)

第6章　典型的实践教学模式

6.1　教学模式概论

6.1.1　教学模式的界定

"模式"一词来源于拉丁文"modulus",指定型化的操作样式,即"尺度""标准"。在英文中模式为"model"或者"mode",指事物的标准样式或规范样式,意为"模型""范式""样式""范例""典型"等。在《现代汉语词典》(2010)中,"模式"的含义是:"某种事物的标准形式或使人可以照着做的标准样式。"李时彦(1984)从哲学的角度将模式界定为"人们为了某种特定的目的而对认识对象所作的一种简化的描述"。美国学者库恩从自然科学的角度指出,模式即范式,是"普遍公认的科学成就,这种成就能够在短期内为实践者提供模型问题和解答"。(金吾伦,胡新和译,2003)英国传播学家丹尼斯·麦奎尔(Denis McQuail)从社会学的角度指出"用图像形式对某一客观现象进行有意简化的描述。每个模式试图表明的是任何结构或过程的主要组成部分以及这些部分之间的相互关系"。(徐佳、董璐译,2019)

乔伊斯和韦尔(B.Joyce & M.Weil,1972)在《教学模式》中指出,教学模式是学习课程、学习内容选择、教学指导和作业安排等教学活动的一种范式。他们从上百种教学模式中选出 25 种并将其分为信息处理、人格发展、人际关系和行为控制四类，对每种模式从教学情景描述、理论导向、主要教学活动、教学原则、辅助系统、教学和教养效果、应用与建议等七个方面进行详细阐述，对教学模式展开了开创性和系统性的研究。自此，实践教学模式逐渐得到教育教学与研究者的关注。然而，学术界对教学模式的界定并未达成一致，现有的关于教学模式界定的研究，大致可分为以下两类。

一是方法论。此类研究将教学模式等同于教学方法或者教学策略的范畴。高笑天（1996）在《教学方法与教学模式》一文中认为，"教学模式是教学形式或方法的稳定化、系统化和理论化，教学模式俗称教学的大方法"。顾明远（1998）在《教育大辞典》中指出，教学模式是在一定教学思想或教学理论指导下建立起来的，较为稳定的教学活动结构框架和活动程序，教学模式反映特定教学理论逻辑轮廓，为实现某种教学任务的相对稳定而具体的教学活动结构，具有假设性、近似性、操作性和整合性。北京师范大学何克抗（2003）教授认为，教学模式是指在一定的教育思想、教学理论和学习理论指导下，在某种环境中展开的教学活动进程的稳定结构形式。

二是程序结构论。此类研究将教学模式等同于教学过程、教学程序或者教学要素。这类研究从设计与组织教学的视角来定义教学模式，认为教学模式在一定的教学思想与教学规律的指导下，根据不同的教学目标设计具体的教学程序及操作体系，完成既定的教学任务，实现既定的目标。顾明远（1998）在《教育大辞典》中指出："教学模式是在一定思想或教学理论指导下建立起来的，较为稳定的教学活动结构框架和活动程序。"

此外，部分研究同时从系统论的角度来界定教学模式，认为教学模式是由学习目标、教学资源、教学程序、教学方法和参与教学的师生等要素构成。华南师范大学谢幼如（2016）教授在其《教学设计原理与方法》中对教学模式的定义为："教学模式是在一定的教育思想和理论的指导下，在教学实践经验的基础上，为达到教学目标和完成学习内容，围绕学习主题，在一定的教学环境中形成的稳定而简明的教学结构及其活动程序。"赖志奎(1998)认为,教学模式是指在一定的教学思想或理论指导下,设计和组织教学并在实践中建立起来的各种类型教学活动的基本结构,它以简化的形式稳定地表现出来。

上述研究对教学模式界定的角度及侧重点各不相同,有的研究同时从方法、程序及要素等方面进行界定,例如吴立岗(1998)强调:教学模式是依据教学思想和教学规律而形成的在教学过程中必须遵循的比较稳固的教学程序及其方法的策略体系,包括教学过程中诸要素的组合方式、教学程序及其相应的策略。本书认为,教学模式是指为了实现一定的教学效果,在一定的教学思想、教学理论和教学规律的基础上所形成的一整套包括教学目标、教学组织、教学方法、教学手段、实施程序及教学评价等内容的一种范式。教学模式是将教育理论、教学活动的规律和方法应用于教学实践的桥梁。教学模式具有稳定性和可变性,教学模式一经形成,就不会有频繁的变化和更改,具有一定的稳定性,另外,随着政治经济环境、教学思想与教学理论的发展,教育技术的更新、教育教学实践的变革,教学模式也在不断地发展和完善。

6.1.2 教学模式的结构

教学模式是以一定的教学目标为主线,通过特定的教学范式把教学活动的各种要素组织起来的有机整体,每一种教学模式都具有完整的结构要素。

教学模式一般包括以下五个要素:一是特定的理论依据。一定的教学思想和理论,是构建教学模式的依据和基础,教学模式是一定的教学和理论思想的反映。二是特定的教学目标。即教学模式所能实现的教学效果。教学目标是教学模式的核心,决定了教学模式的操作程序及要素组合关系,也是衡量教学质量的标准和尺度。三是较为固定的教学程序。教学程序指教学活动的环节、步骤以及每一个步骤的具体操作方法,具体体现为一定的教学活动序列及方法策略。任何教学模式都具有一套独特的操作程序和步骤,它明确了在教学活动中,教师及学生需要在各个步骤中完成什么任务。四是一定的实现条件。教学模式的实现条件,是指通过该教学模式实现教学目标所需要的各种资源条件,包括资金支持、教学场地、教学设施、教师资质等。五是科学的教学评价。教学评价是指每个教学模式所特有的衡量教学质量的评价方法和标准等。这些要素各自占有不同的地位,发挥不同的功能,又彼此联系,共同构成了一个完整的教学模式。

6.1.3 实践教学模式

教学模式依据不同的标准可以进行不同的分类。1972 年乔伊斯(B. Joyce)和韦尔(M.Weil)在按教育心理学理论及自己的教学经验,将教学模式分为信息加工教学、个人发展教学、社会互动教学及行为控制教学四种模式。结合当前高校教学环节的划分,教学模式可分为理论教学模式和实践教学模式。

以实践能力为导向的实践教学模式,是教学模式的一个下位概念。传统的教学模式缺乏对学生价值塑造、自主学习能力、解决问题能力及创新能力等实践能力的针对性培养,由此造成了人才培养与人才需求相互脱节。实践教学模式基于实践哲学、任务技能观、关键能力观及整合能力观等教育思想和理论,强调实践的社会性和主观能动性,强调与特定职业、岗位及工作任务紧密相关的实践能力的重要性。

近年来教育部采取了许多促进普通本科教育教学改革的措施,这些措施中有相当部分旨在提高大学生的实践能力。以能力为导向的实践教学模式在高等教育体系中变得越来越重要。下文将介绍学徒制、双元制和CBE 三种典型的实践教学模式,每种模式均从形成与发展、教学内容、教学方法及教学管理四个方面进行梳理,以期为实践教学改革提供借鉴和参考。

6.2　学徒制教学模式

6.2.1　学徒制的形成与发展

历史上关于学徒制的最早记载,是公元前 2100 年古巴比伦《汉谟拉比法典》中工匠收纳养子以传授技艺的规定。(Cash,1997)随着经济社会的发展与变革,传统学徒制向认知学徒制再向现代学徒制演变,学徒制的内容、组织方式和体制机制等特征发生了变化,此外,由于历史背景、宗教文化、产业经济特征等因素的不同,学徒制在不同国家和地区往往呈现出多样性,其教学内容和形式存在不同程度的差异。

6.2.1.1　传统学徒制

传统学徒制(Traditional Apprenticeship),也称为"手工学徒制",是古代社会实施职业教育的主要形式,许多道士、牧师、和尚、医生和商贩等都是通过学徒制习得技能。学徒制较早的形式是子承父业式,父亲把自己的职业传授给儿子,是一种严格的职业、身份世袭制度。然而,随着社会生产的发展,经济对熟练掌握手艺的劳动力需要增长,世袭制下的徒弟已无法满足行业对手工业者的需求,此时,养子、亲戚、邻里往往成为传授技艺的对象,这是契约师徒制(Indentured Apprenticeship)的起源。(Anderson,2003)在整个学徒学习过程中,学徒基本通过观察、模仿习得知识和技能,这种活动是一种具有高度情境性的教学模式。学徒制度随着手工行会的发展而逐渐成熟,到了 15 世纪,学徒制度已经由原来的行业成员之间的私人契约,转变为由行会组织进行严格监督的正式制度,行会组织成员主要包括徒弟(apprentice)、工匠(journeyman)和师傅(master)三类。随着产业革命的兴起,发达的机械及细致的分工使得传统学徒制在某些行业不适用,然而直到今天,学徒制在很多国家仍然发挥着作用。

6.2.1.2　认知学徒制

传统学徒制下,一个师傅只能同时带领几个学徒,教学缺乏系统性,技能单一等劣势逐渐显现。勒博和韦杰(Lebow, D. & Wager, W.W., 1994)对比了在真实生活中和在学校中所面对的问题,发现校外真实情境中的问题多是真实、有深度和复杂的。传统学校教育多是面向抽象的、脱离情境的、缺乏复杂性和持久性的问题,涉及的是竞争和个人评价,而非合作和共享。

20世纪80年代,部分学者和教育部门发现学校教育存在技能和知识与情境脱离等问题,开始对学校教育进行教学改革。1987年,瑞兹尼克(Resnick)在美国教育研究协会就职演说中发表了著名的《学校内外的学习》,指出现行学校教学主要关注知识传授和获取,由此造成知与行的分离,校外学习具有合作性、情境性、具体性,与校内学习形成鲜明对比。1989年,柯林斯、布朗和纽曼(Collins, A., et al., 1989)合作发表"认知学徒制:教授阅读、写作和数学的技艺",这是认知学徒制(Cognitive Apprenticeship)第一次被公开正式提出。Collins等人描述了认知学徒制模式包括四个基本构元:内容、方法、序列和社会性。他们认为,将这四个基本构成元素组合在一起,即可为创设有效支持认知学徒制的学习环境提供有价值的思维框架。

美国培训大师圣吉(B.Senge, 2009)将认知学徒制应用于公司培训。认知学徒制以情境认知理论为指导,通过多媒体技术、信息网络、虚拟技术等现代教育技术,将课堂由知识及技能传授场所,变成模拟现实实习活动的"实习场"。教学内容情境化是认知学徒制实施的重点,旨在为学生创造一个与真实场景接近的学习环境。

6.2.1.3　现代学徒制

20世纪80年代以后,以德国、英国和澳大利亚等为代表的西方发达国家在吸收传统学徒制的优点并融合现代学校职业教育优势的基础上,建立了现代学徒制(Modern Apprenticeship,MA)。现代学徒制是传统学徒制的自我革新和发展,将职业技能训练及学校知识教育结合起来,做到"知""行"合一。与传统学徒制相比,现代学徒制突破了传统手工业范围,向旅游、商务、信息等服务领域扩展。英国是实施现代学徒制的典型国家,自1993年开始实施。随着全球化的发展,英国为了提高其劳动力的国际竞争,引入新的教学模式—现代学徒制,将在职培训与脱产学习相结合,帮助学生从学校向职场顺利过渡,以期提高国家职业技术教育的培训质量,保证国家拥有充足的中等技术人力资源。英国现代学徒制包括基础现代学徒制(FMA)和高级现代学徒制(AMA)。MA架构包括职业技能和关键技能两部分,学徒培训后可以获得NVQ3级(中级技术工人)水平资格证书。现代学徒制是实施国家培训政策的途径之一,是在行业、政府、雇主、培训和企业委员会等多个组织的支持下发展起来的。2020年11日,我国发布的《中共中央关于制定国民经济和社会发展第十四个五年规划和二〇三五年远景目标的建议》中提到,要建设高质量教育体系,探索中国特色学徒制,大力培养技术技能人才。

6.2.2　学徒制的教学内容

6.2.2.1　传统学徒制

传统学徒制的教学内容主要包括手工业或工业技艺学习,读、写、算等基本能力培养、道德品质及宗教教育等。从技能上看,学徒制一般传授手工技能和智力技能。门罗(Monroe)描述了传统学徒制传授智力技能的例子,如想成为哲学家的年轻人,怎样和苏格拉底讨论哲学问题;想成为律师的年轻人,怎样和接触的律师一起上法庭,并通过现场观察律师怎样在法官面前控辩的真实案件学习智力技能。

6.2.2.2 认知学徒制

认知学徒制是在传统学徒制的基础上对学校教育的改革和超越。19世纪80年代的认知研究表明,知识包括领域知识(Domain Knowledge)和策略知识(Strategic Knowledge)两种类型。(Collins,2006)领域知识一般存在于学校课本及课堂,指关于某个专业领域或学科的概念、事实和程序。领域知识脱离真实情境和问题解决实践,是惰性的,只有在情境中解决问题,学生能力才真正得到提升。策略知识,是应用概念、事实和程序去解决实际问题的缄默知识,策略知识包括三种类型:问题解决策略或启发式策略知识、控制策略知识、学习策略知识。柯林等人(Collins,A.,et al.,1989)认为认知学徒制模式的教学内容包括学科领域知识、启发式策略知识、控制策略知识、学习策略知识,理想的学习应包括以上所有四类知识,而学校教育往往只把领域知识作为重点,忽视了后三种更为重要的知识。认知学徒制将传统学徒制中解决问题和工作任务的内部认知过程显示出来,便于他人进行观察、复演和实践。认知学徒制的学习内容侧重于将概念知识与事实知识应用于具体的情境中,在发现问题、解决问题的过程中不断地检验、深化已有知识,并理解知识与情境间的联系。

6.2.2.3 现代学徒制

传统学徒制的培养目标是掌握熟练技术,而现代学徒制则关注理论联系实际的技术技能型人才的培养。现代学徒制的课程体系多样化,教学内容包括理论知识、实践操作知识和技能。现代学徒制下,每个典型工作任务构成职业教育的一个学习领域课程。每个职业(专业)通常有10—20个。学习领域的第一阶段是职业定向性任务,学生在教师指导下完成任务;第二阶段是程序性任务,学生根据现有的规律如操作流程、专门程序等独立完成任务;第三阶段是包含问题的特殊任务,学生在理论知识指导下完成开放性的任务;第四阶段是无法预测结果的任务,学生在理论和经验的指导下完成创新性的任务,这也是职业认同感提升的过程。

6.2.3　学徒制的教学方法

学徒制主要的教学方法归纳为表 6-1。

表 6-1　学徒制主要的教学方法

教学方法	描述
启发式教学法	引导学徒清晰表达和反思,帮助学徒把他们在某领域的知识、推理或解决问题的过程清晰陈述出来,鼓励学徒理解、分析和改进
互动式教学法	师傅将问题解决过程中用到的加工和推理等缄默知识识别出来并加以表征,学徒把自己的问题解决过程与师傅、学徒的问题解决过程相比较,在互动中参与学习
体验式教学法	师徒一起在同一个车间从事同样的生产作业,由于手工业分工较少,徒弟可以跟随师傅学习到整个工艺流程所需要的技能;建模、指导、搭建脚手架三种方法是学徒制的核心,其目标是帮助学徒通过观察和有指导的实践来获取一套技能;让学徒关注某个领域的局部细节,帮助他们理解自己正在执行的部分,提高自我监控和自我纠错能力
探究式教学法	鼓励学徒在观察、模仿中自主运用师傅的方式去完成开放性的任务,形成多种解决方案并选择、执行,在结果中反思、改进,实现认知的螺旋式上升
情境教学法	在学徒制中,情境体现为真实的工作环境,其中,社会性是最突出的特征。学徒制为学徒学习专长和技能创造学习环境,将问题解决过程中用到的加工和推理等缄默知识识别出来并加以表征,学徒在工作中提高知识应用能力并积累经验;此外,学徒在真实情境中学习合作和竞争,学徒在合作过程中可以提高对加工过程和概念做出清晰表达的能力,更好地理解和控制认知与元认知过程,在竞争中更清晰认识自身优劣势,并思考如何改进

6.2.4　学徒制的教学管理

6.2.4.1　传统学徒制

传统学徒制中师徒关系的确立、结业和晋升,有明确的程序和要求。中世纪的行会对师傅雇佣的徒弟数量有严格限制,一个师傅招收的徒弟人数为

2—4 名,防止学徒沦为廉价劳动力。部分行会还规定了学徒的年龄,目的在于保证学徒接受了最基本的教育,防止压榨童工现象的出现。有志于从事手工业的少年,要先由师傅考察 2—3 周,也即一个试用期后,决定是否录取,在经过师傅考察合格后,需要在师傅集会或行业领导人面前公布,登入行会名册,明确双方的权利和义务。此外,行会规定了学徒期,例如,德国对学徒期的规定为铁匠 8 年、泥瓦匠 6 年等,学徒期满时,徒弟的师傅可以向行会提出结业申请,行会对学徒技能及品行进行审查,若合格则举行结业仪式,取得工匠资格,晋升为工匠后,仍需跟从师傅学习,积累经验,其高水平作品经师傅认可后,才能晋升为师傅。

沃特兰(Waterland,L.,1985)这样描述传统学徒制的运作:

学习者首先承担最简单的任务,然后跟着师傅干活,在师傅的监控及帮助下,逐渐接触更复杂的部分,提高他所能应对的部分的比重,学徒不是被动地坐在一边,而是手里拿着工具积极地工作。

莱芙(Lave,J.,1988)认为,学徒从那些能干的人那里学会思考、辩论、行动和互动,作为合法的边缘性参与者和他们一起做事。基于学徒制的学习是高效的,在学徒制下,工作步骤是可视的、工作场所社会化、工作具有社会价值。学徒能在工作场景中更清晰地记得所学知识和技能。梅耶(Mayer,R.E.,2003)归纳了学徒制的原则:人们学习不是通过教学,而是通过"实践共同体"来开展的;学徒应该被接受为"合法的边缘参与者",即成为实践共同体的成员,并接受更有能力成员的指导;学徒参与"情境学习活动",即在实践共同体内解决真实的任务。

6.2.4.2　认知学徒制

1989 年,在美国督导与课程发展学会年鉴《走向思维课程当前的认知研究》中,雷斯尼克等强调了学校创建认知学徒制环境需要注意的三个问题:一是认知学徒制要求有真实的任务,而不是为了得到分数而写给老师;二是认知学徒制涉及情境性的任务实践,而非脱离使用情境的技能练习;三是认知学徒需要大量机会去观察他人并评价自己。

认知学徒制对专家教学过程和情境学习的双重强调能解决不扎实的技能和惰性的知识等问题。(Collins,A.,et al.,1989)一是认知学徒制提倡以学生为中心,关注有效知识建构过程。认知学徒制下,专家会将他们的理解、分析和解决问题的心智过程外显,通过示范、指导、反思、探究等方法和实践共同体中的合作及互动来获取缄默知识,帮助学生获得终身发展所需要的元认知和自我指导学习技能,提高学生解决实际问题的实践能力。二是认知学徒制强调情境的重要性,情境认知注重学习的情境性及社会性,其目标是强化高阶思维过程而非信息传递。教学的核心问题是学习环境的设计,也即是实习场景的创建,为学生提供可视化的、真实有效的学习场景,克服学校教育中常见的知识脱离情境,知行分离的问题。

6.2.4.3　现代学徒制

现代学徒制中最重要的制度是企业和学校的合作机制,其合作深度和广度,很大程度上决定了教学质量,然而现代学徒制涉及企业、学校、学生、政府等多个利益相关者,每个主体具有自身的利益诉求,这些诉求本身往往存在一定的矛盾和冲突,如何协调各方利益,构建合理的激励和约束机制,是管理机制的核心问题。

以英国为例探讨其运作机制,第一,从利益倾向看,现代学徒制更多地向企业利益倾斜。企业处于主导地位,通过构建现代学徒制项目框架,制定人才培养标准;通过现代学徒制服务中心,发布对学徒的具体要求,寻找符合企业发展需求的学徒。现代学徒制为英国企业尤其是中小企业培养能满足其生产发展需求的人才,能有效提高生产效率,从而获取更高的利润。此外,企业还可以获得政府的政策和财政支持,因此现代学徒制之下的企业,具有较大的动力参与合作。第二,培训机构和继续教育学院是实施相关课程教学的主体。第三,学生通过服务中心寻找符合个人发展需求的企业,获得更好的就业机会和发展前景,这是学生参与现代学徒制的动力源泉。第四,政府在现代学徒制中起指挥、扶持、推进、激励、监督和监管等作用,现代学徒制带来满足国家发展需求的人才,带来更多的社会经济效益,提升国际竞争力。此外,强化相关法律法规是实施现代学徒制的保障机制。英国政府于1993年制定了"现代学徒制计划",将培训经费列入政府预算,并将学徒培训与国家职业资格认证相结合,为学徒培训质量和就业提供了保障。在《2000年学习与技能法案》颁布后,成立了学习与技能委员会,该委员会负责对16岁以上青年的学习进行总体规划并给予资助,联合服务机构、地方学习和技能委员会以及学校,向申请参加学徒制培训的青年提供职业指导。

6.3　双元制教学模式

6.3.1　双元制的形成与发展

"双元制"[①](Dual Vocational Education and Training)起源于德国,是德国职业教育[②]的基本模式。"双元"是指实施职业教育的地点主要为职业学校和企业两个场所[③]。"实体经济+职业教育"正是德国国家核心竞争力的要素。

---

① 德国的"双元制"教学模式是典型的学徒制,为了详细介绍其发展及特点,我们将其单独作为一类模式。

② 从层次上看,德国职业教育以中等职业教育为主,16—19岁年龄组的青年接受职业教育者超过70%,但20世纪70年代以来双元制职业教育逐渐向高等教育延伸,出现了采用双元制模式的职业学院及部分专科大学,可纳入高等职业教育范畴。从内容上看,德国职业教育既包括职前的职业教育(职业教育的预备教育、职业教育),又包括职后的职业教育(职业进修教育、职业改行教育)。

③ 2019年《职业教育法》指出职业教育在以下地点进行:经济界的企业,经济界以外特别是公共服务、自由职业从业者的同类机构以及家庭(企业型职业教育);在开展职业教育的学校(学校型职业教育);学校型职业教育和企业型职业教育以外的职业教育机构(企业外职业教育)。此外,职业教育的部分内容可以在国外进行学习。国外学习的总时间不得超过职业教育条例所确定的教育年限的1/4。

（姜大源，2013）以双元制为代表的德国职业教育，被称为二战后德国经济腾飞的秘密武器。

20世纪70年代，为了吸引更多的高中毕业生，坐落于巴登-符腾堡州的戴姆勒奔驰股份有限公司、博世有限公司和洛伦茨标准电力股份有限公司联合向州政府建议，把大学和职业培训结合起来。随着职业教育的发展，双元制逐渐向更高层次延伸，贯穿于中等教育及高等教育等不同层次的职业教育。

"双元制"是德国高等教育中一种极具特色的人才培养模式，开创了培养高级应用型人才的重要途径，其办学主体主要有应用技术大学（FH）、双元制大学、职业学院和综合性大学四类，其中，德国应用技术大学是高等职业技术教育的主体，以培养大中型企业技术骨干或小型企业管理者及技术骨干为目标。1974年，斯图加特、曼海姆第、巴登-符腾堡双元制职业学院建立。2009年，巴登-符腾堡双元制职业学院正式升格为巴登-符腾堡双元制应用技术大学（Duale Hochschule Baden-Wuerttemberg，DHBW），它是德国最早也是最大的以"双元制大学"命名的高等教育机构，自2011年始，DHBW在本科层次外还开创了硕士层次的双元制学习项目。85%的学生毕业后留在原企业工作，并逐步进入中高层管理或技术层，持续推进产学研创新合作。（任晓霏，2015）2016年，图林根州成立格拉-埃森纳赫双元制大学（DHGE），这是继DHBW之后德国第二所源自职业学院的双元制大学机构。

德国"双元制"模式为世界各国职业教育的发展提供了参照。近年来，我国全面加快深化职业教育改革。2019年2月，国务院印发了《国家职业教育改革实施方案》，指出要以促进就业和适应产业发展需求为导向，鼓励和支持社会各界特别是企业积极支持职业教育，着力培养高素质劳动者和技术技能人才，强调要促进产教融合校企"双元"育人机制，推动校企全面加强深度合作。产教融合是双元制教学模式的具体应用，多元的主体打破了传统的职业教育模式是实现教育链、人才链、产业链、和创新链有效衔接的重要途径。

6.3.2　双元制的教学内容

双元制模式下,学生既在企业里以员工身份接受专业实践培养,以更好地提高职业能力,又在大学里以学生身份接受专业理论教育,以了解实践操作中的学术知识。双元制模式下的教学内容具有以下突出的特点:

一是在专业设置上,坚持以实践应用为导向,聚焦行业发展前沿。专业设置与区域经济、社会需求相一致,为所在区域提供人才支持;通过职业分析,将一个或若干个社会职业归为一个职业群,一个职业群对应一个专业,清晰明了地反映特定职业所需要具体从事的工作,又明确地说明了从事该职业需要学习的知识和技能;着力发展交叉学科,面向未来培养跨学科高素质人才。例如"中小型企业管理"专业,该专业在企业管理专业基础上,重点关注中小型企业在经营发展过程中所面临的特殊挑战,培养能适应学校所在区域内中小型企业文化和解决实际问题的未来管理者。再如"环境、水资源与基础设施管理"专业,除了关注基本的建筑工程学等理论教学外,还重点关注未来出行方案、智能交通控制、水域保护与洪水防御等实际问题,以满足政府部门、工程事务所、建筑公司等不同用人单位的人才需求。此外,区域内的优势产业与应用科学大学的优势专业往往是一致的,例如位于大众集团总部的奥斯特法利亚应用科学大学,其汽车工程与汽车服务相关专业具有优势,位于德国电信集团所在地达姆施达特的应用科学大学,则拥有德国实力最强的信息技术学部之一。

二是在课程内容方面,坚持以职业活动为核心。从人才培养方案的角度来看,德国应用科学大学一般将课程模块分为专业必修模块、专业选修模块、公共必选模块、实习阶段、项目学习阶段和毕业阶段等。除传授本专业知识外,还重视学生综合能力的培养,强调实践学习的重要性。一方面,课程内容从横向上按照职业涵盖的知识和技能进行设计;另一方面,课程内容在纵向上按照职业层级的不同进行设置。企业是课程设置、讲授、管理的重要主体,新生入学前有六个月的企业内预实习,两个学期在企业或管理部门实习,第一个实习安排在第三学期,是在理论学习的基础上进行初步职业尝试,提高技能和能力;第二个实习安排在第七或第八学期,学生到企业从事专业工程技术人员工作,进行顶岗实习,并将实习与毕业设计相结合,解决企业遇到的实际课题。

三是在课程考核上,以职业资格认证为标准。"双元制"模式下,学生考核、成绩认定及证书发放由行业协会承担,以德国职业资格认证体系为参照,具有客观、公正、规范的考核体系,包括法律制度体系、职业资格认证组织实施体系以及质量保证体系,考核分为中间考核和结业考核两种,从考核内容上分为书面考试和实际操作技能考核两种。

除专职教授和讲师外,应用科学大学还通过与企业的紧密联系和合作,聘请有经验的人员担任外部讲师,承担实践类课程的教学,企业在指导毕业论文的过程中可以对学生产生全方位的了解,如果双方都满意,企业可能会在学生毕业后直接将其录用。

6.3.3 双元制的教学方法

双元制主要的教学方法归纳为表6-2。

表6-2 双元制主要的教学方法

主要的教学方法	描述
体验式教学法	在双元制中,学生在真实的企业环境及校内实训、实操等教学情境中实现知识的应用,将理论知识在体验中深化,形成理性思考,积累实践经验
任务驱动教学法	双元制在教学过程中以学生为主体,教师和企业要把工作岗位和过程转换为适合学生学习的工作任务,以行动为导向来设计课程,将教学内容设定为具体的任务或项目,引导学生制订清晰的行动目标,根据任务完成制订计划、选择计划方案、实施、检查、评估等步骤,最终完成"行动产品"
项目制教学法	项目制教学法是双元制中最常用的方法,一般持续8—16周,由同专业或跨专业的学生组成项目团队,围绕企业经营过程中的实际问题开展研究,完成项目任务
自主学习教学法	双元制教学模式强调学生的主体地位,有专门的实习学期,学生在实习活动中自由组队及分工,自主制订研究计划、组织讨论、提出解决方案,形成学习成果

6.3.4 双元制的教学管理

双元制教学管理旨在调动学校及其他多元主体深入参与教学过程,通过完善的法律法规体系、多元参与、高效分工与协调的管理机制以及有效的教育标准与职业标准对接,实现学校教学与职业教学的深度融合,切实提高学生的综合职业能力,减少学生学习的盲目性和就业的不稳定性。

首先,建立了完善的法律法规体系。德国职业教育领域具有完善的法律法规体系,双元制的相关利益主体的权利与义务、教育政策的实施和教学管理的监督等活动规范,都以法律法规形式下发,确保双元制教学活动顺利开展和高效完成,见表6-3。《职业教育法》是双元制实行的最重要法律依据和执行保障,它对职业教育、职业教育的组织、职业教育的研究、规划与统计、联邦职业教育研究所、处罚规则、过渡条款与衔接条款等有非常明确的规定。

表6-3 德国《职业教育法(BBiG)》职业教育法律保障体制

保障领域	内容	条例、协议或合同
职业教育的规范及职业教育的认可	职业教育的认可;职业教育条例;新教育形式与考试形式的试验;职业预备教育计入规定教育期限的折算;非全时制职业教育;教育期限的缩短或延长;规制职权	社会法典、职业教育法(2019年修订版)、职业资格认定法、关于职业教育资格认定的准则、职业教育条例、职业教育合同、考试条例、联邦层面的进修教育条例、改行职业教育条例、高级职业资格进修教育条例、适应性进修教育条例、手工业条例、联邦青年劳动保护法等
职业教育关系	职业教育合同[至少载明职业教育的形式、内容和时间安排及职业教育目标;职业教育的开始时间和持续时间;实践教育机构外的教育措施;每天的常规教育时间;试用期限;报酬支付与金额(从2020年1月1日起,德国政府规定学生学徒最低工资要达到每月515欧);休假时长;解除职业教育合同的条件等]、学习者义务、教育提供者义务、报酬、教育关系的起始与终止及其他规定	
实践教育机构与教育人员资质	实践教育机构的资质;教育提供者与企业培训师的资质;个人资质;专业资质;欧洲条款;其他外国前期资格;资质监督;禁止聘用学习者与实施职业教育	
职业教育关系档案	建档、管理;登记、修改、删除;申请与告知义务	

续表

保障领域	内容	条例、协议或合同
考试	毕业考试;考试内容;考试委员会、考官小组;人员组成、任命;主席、决议权、表决;决议、毕业考试评价;毕业考试的准入、分期毕业考试的准入、特殊情况下的毕业考试准入、针对考试准入的条件、考试条例、中期考试、附加资格、考试证书的同等对待;国外职业资格的同等价值等	社会法典、职业教育法(2019 年修订版)、职业资格认定法、关于职业教育资格认定的准则、职业教育条例、职业教育合同、考试条例、联邦层面的进修教育条例、改行职业教育条例、高级职业资格进修教育条例、适应性进修教育条例、手工业条例、联邦青年劳动保护法等
利益代表	利益代表、颁布法规的授权	
职业进修教育	针对高级职业资格的进修教育条例;进修水平层级;经考试认定的职业行家;专业学士、专业硕士及适应性进修教育条例;主管机构颁布的进修教育考试规章;国外前期资格、考试	
改行职业教育	主管机构颁布的改行职业教育考试规章;针对国家认可的教育职业的改行职业教育;国外前期资格;改行职业教育措施、改行职业教育考试;考试证书的同等对待	
面向特殊人群的职业教育	残障人群职业教育;职业预备教育	
职业教育组织	主管机构、主管部门、监督机构、职业教育委员会、州职业教育委员会、联邦职业教育所	

资料来源:刘立新、张凯:《德国〈职业教育法(BBiG)〉——2019 年修订版》,《中国职业技术教育》2020 年第 4 期。

其次,构建了多元参与、高效分工与协调的管理机制。在国家统一的制度框架下,联邦政府、州政府、行业协会、雇主协会、职业教育委员会、跨企业培训中心或公共事业单位、学校等多元教学管理主体,共同参与职业教育的计划、组织、指挥、控制和协调等管理全过程,构建多方合作、双元兼容的有效机制。表现为以下几点:

第一,联邦政府与州政府负责立法、执行与监督相关条例与制度,制定教育职业标准,决策咨询与科学研究及经费支持等工作。联邦职业教育研究所牵头研发的标准通过联邦政府和州政府以法律形式固化下来,由地方的行业协会、企业、跨企业培训机构和学校等共同实施和监督。除了《职业教育法》外,规范德国职业教育基本的法律法规还有《联邦职业教育法》、《联邦职业教育促进法》和《手工业条例》。此外,《青年劳动保护法》、《企业基本法》、《实训教师资格条例》以及各州的职业教育法和学校法等,都对基本法作了有益的和必要的补充。各州拥有包括教育在内的文化主权,学校形式的职业教育由各州负责。各州文教部长联席会议制定职业学校教学标准《学校框架教学计划》等,职业学校的教学内容由各州文教部制定。职业教育经费是由联邦、州政府及企业共同承担。职业学校的经费,由州和地方政府共同负担,通常是州政府负担教职工的工资和养老金等费用,地方政府负担校舍及设备的建筑与维修费用和管理人员的工资等费用。

第二,行业协会、雇主协会、工会联合组织等行业组织是最重要的自我管理机构,是最重要的组织者、执行者、监督机构和质量保障机构,同时也接受联邦政府的监督。行业组织的主要职责包括:一是在国家统一法律框架和教育职业标准下,组织制定职业技能标准、《企业职业培训条例》等,建立并执行《学校框架教学计划》,工商业联合会开发了涉及德国制造业、信息产业、交通产业、商业与服务业、旅游业、金融业等产业的一系列职业资格标准,推出了数百种权威的职业资格证书;二是认定企业职业教育办学资格、考核和认定实训教师资格、组织考试、颁发证书、审查教育合同、审批教育期限修订、注册培训合同和仲裁纠纷等。

第三,职业教育委员会、企业、跨企业培训中心或公共事业单位根据国家职业分类制定"培训条例"、实施培训计划,提供场地、岗位、师资、薪酬等支持,提供高质量的职业教育,接受其他管理主体的监督。职业教育委员会定期组织行业协会代表、企业代表、教育专家开会研究制定框架教学大纲,经教育部长批准后,以法律法规形式颁发,作为全国统一教学标准。框架教学大纲包括企业的培训条例和学校的教学总纲,各州直接采用框架教学大纲或将其纳入原有的教学大纲。企业培训分为企业内培训和跨企业培训,其中,企业内培训可分为教学车间培训、非系统的工业培训、传统的手工艺培训、办公室和服务业的系统培训、办公室和服务业的非系统培训五大类。近年来,德国兴起了跨企业培训,由若干个企业联合起来进行培训,也有一些地方政府及职业学校参与跨企业的培训,跨企业培训在各职业领域中的分布越来越广。

第四,职业院校在双元制教育的地位是极其重要的。职业院校根据各州境内统一的教材,实施统一的职业院校教学计划,为教学提供场地和设备,为培训学生提供了初级的理论知识和技能储备,使学生能够快速地适应在企业的培训实践,双元制为企业提供实用技能人才,学生可以根据自己的发展规划选择是否继续深造。

最后,"教育职业标准"实现了教育标准与职业标准的有效对接。

与大多数国家不同,德国没有社会职业标准与职业教育专业教学标准两个独立的系统,其职业教育的开展以基于职业分类体系的教育职业标准(职业教育条例)为重要依据。2010年,在联邦统计局、行业协会和社会研究专家等相关主体的共同参与下,德国劳工局、劳动力市场与职业研究所共同主导,将职业分层划分为10个领域、37个职业大类、144个职业中类、700个职业小类和1286个职业细类五个层次,在职业分类基础上,联邦职业教育研究所牵头完成教育职业标准的研发、实施和更新。教育职业标准的制定需要考虑到经济、劳动力市场政策与教育方面的综合因素,同时也考虑了职业教育本身的思想、特点与规律,具有科学性、权威性和规范性。

教育职业标准是德国双元制职业教育的根本标准,对相关利益主体均具有法律约束力,对职业教育的目标、培训内容和时间要求、证书取得等都有明确的要求和界定,是企业培训实施的基本标准,也是职业学校执行由各州文教部长联席会议制订的框架教育计划的重要参考,教育职业规格、教育框架计划及考试要求,是职业标准、教育标准与考试标准有效融合的具体体现。该标准是兼顾资格化过程与结果的国家级专业标准,而更为详细的教育实施过程与内容则由下一层级的机构进行具体化,各个教育职业的职业教育条例至少应包括教育职业的名称、学制规格、教育框架计划和考试要求(谢莉花、唐慧,2018)。

6.4 CBE 模式

6.4.1 CBE 的形成与发展

能力本位教育（Competency Based Education,CBE）是对知识本位教育的超越,是以从事某一具体职业所必须具备的能力出发,确定培养目标、教学内容、教学过程、教学方法和教学效果评估等具体项目的一种思想体系和教育模式。在有关能力本位教育的论说中,行动主义导向的能力本位教育和建构主义导向的能力本位教育可以看作是两大具有代表性的模式。（黄福涛,2012）

行动主义导向主义能力本位教育兴起于 20 世纪 60 年代的美国,民众呼吁对教师教育进行改革,以提高教师教学能力和教学质量。1968 年,联邦政府要求部分大学开发培养担任初等学校教师的课程模块,这些课程学习也称为绩效本位的教师教育（Performance-based Teacher Education）。联邦教育署以提高教学有效性为目标,对教师职业角色进行分析,根据能力目标设计老师培训标准、要求和计划。黄光雄在其《能力本位师范教育》一书中,将能力本位教师教育理解为一种教师的培训方式,强调未来教师在完成一段时间的专业培训后,获得教学的特定的资格能力,这些能力包括知识、技能、态度和价值观。（黄光雄,1984）70 年代,能力本位教育开始得到教育行政官员、政治家以及有关评估机构的关注,随后这种模式在大学、企业等机构的职业教育中得到进一步推广。80 年代后,欧洲大陆许多国家以及亚洲的中国和韩国的职业教育改革也在不同程度上受到了这种模式的影响。

建构主义导向的能力本位教育产生于 20 世纪 90 年代,在德国、荷兰等欧洲国家职业教育和本科教育中占据越来越重要的地位,强调要在不同学科知识和能力的基础上,加强对学生职业能力的培养。1991 年英国实施的国家职业资格制度(NVQs)强调了通用方法(Generic Approach),学生在掌握某种职业需要的基础技能之外,在获得超出特定职业所需要的核心技能(Core Skill)后还可以获得一般职业资格(General National Vocational Qualifications, GNVQs)。(Burke,1995)包括职业基础(Occupational Base),一般技能(Generic Skills),学生主动学习的能力(Student Responsibility of Learning),掌握特定技能的资格(Unit Certification),提供某种成功教育实践的基础(A Basis in Successful Educational Practice),确立全国统一的标准(Establishing National Standards),与其他资格制度的合作(Alignment with Other Qualifications)以及综合评估(Comprehensive Assessment)。(黄福涛,2012)经济合作与发展组织(OECD)自 2001 年至 2003 年提出的相关课题报告中,明确提出培养学生具备人生成功以及形成社会良好秩序的关键能力(Key Competence)等概念,强调关键能力的普遍性、综合性、工具性和可迁移性特征。能力本位教育成为继"双元制"后对我国有重大影响的新模式,也是职业教育和以应用型为特点的高等教育的重要模式。

6.4.2　CBE 的教学内容

CBE 教学内容和课程开发模式在不同时期和不同国家不尽相同,但都具有相同的基本特征。CBE 以培养学生综合职业能力为目标,因而教学内容紧紧围绕学生能力的发展,根据某一社会或职业群的知识与技能在课程设置模块化的课程,以满足不同岗位和不同层次学习者的需求。CBE 模式下的"能力"一般包括四个方面:知识(Knowledge),与本职业相关的知识领域;态度(Attitude),动机、动力情感领域;经验(Experience),活动领域;反馈(Feedback),评价、评估领域。(柴明,1997)

CBE 模式下,职业能力是教育的基础,改变了传统教育中以学科分类来确定学时和课程的模式,以某一社会或职业群的知识与技能为目标取向,设定具备可操作性的学习目标。DACUM(Developing a Curriculum)是起源于加拿大的能力本位教育中一种常用的职业能力分析的过程和手段,最初是由加拿大经济发展部试验项目分部和纽约学习通用公司提出的,他们在教学培训过程中发现,实际教学与培训目标的内容有很大差异,以至于教学培训无法满足实际工作的需要。为了解决这一问题,他们先后进行了大量的实践和理论研究,最终研制开发了用于分析和确定某种职业所需能力的方法——DACUM,并广泛应用于北美等其他地区。DACUM课程开发的基础是专业的职业分析及职业能力。

首先,由某一职业的专业技术专家、管理人员、普通工人组成DACUM专门委员会,专门委员会成员根据自身的经验和判断进行职业分析,各自确定职业能力目标,再将每位成员提出的能力目标进行讨论、排序,确定最终的职业能力目标。

其次,DACUM专门委员会进行工作分析,将职业能力加以分类与量化,通常一个职业可分解为8—12个综合能力,每个综合能力包含6—30项专项能力。专项能力应该是在实际职业活动中可被观察的行为,专项能力项要用"能+动词+……"或"动词+……"进行详细的描述,它反映的是从事该职业所需要的具体技能或职业从业人员掌握的能力,即能干什么或会干什么。(胡连奎,2001)最终得到一张DACUM表。

最后,再进行个性化课程组合。在确定DACUM表后,需要根据各项专项能力,开发包含能力要求和教学内容的学习模块,各学习模块可以进行灵活的个性化组合。实践教学计划就根据DACUM表来确定教学单元和教学模块,并按知识和技能的内在联系,对学习模块进行灵活的、个性化的排序和组合,若干个相关单元组成一门实践教学课程。同时划分出基础实践课程、职业技能课程、预备课程,这些课程就构成了基本的教学内容。

CBE模式在英国也有较为成熟的应用。第一,确定胜任某一职业或工作所需要的具体能力,根据这些能力制定评估教育或训练活动成果的指标,在确定详细的学习或训练内容之前,先设定好期望学习者达到的能力目标以及评价达到能力目标程度的判断标准。第二,不同于传统的按照知识体系或学科内容编制课程的方式,行动主义导向的课程多以模块的形式,根据学生在特定工作中所需的能力要求进行开发。第三,教育机构更加重视学生通过企业或工作现场的实习、实训等实践活动掌握相关技能,提升综合能力。第四,在成果评价中,以实际操作或相关证明学习成果的证据,替代传统的课堂试卷测验等方式,测定和评估学生是否达到预先设定的能力目标。例如,英国国家职业资格制度首先在确定企业追求的职业能力的基础上,制定课程模块或模块测定方案,根据不同职业编制相应的课程体系。其次,由国家训练专业机构(National Training Organization,NTO)制定完成具体职务需要的标准,再由政府认可的民间团体(Awarding Body,AB)开发相应的评估指标。这些指标得到政府有关机构与资格和课程权威机构(Qualification and Curriculum Authority,QCA)认可后,通过教育机构或者教育机构与企业共同合作在具体的教育或训练过程中参照实施。英国的国家职业资格根据不同职业种类大致分为5个等级,其中第4级和第5级属于高等教育层次的资格,达到不同等级规定的标准则说明具备从事相应职业或职种的资格能力。(黄福涛,2012)学生在完成这些课程学习后,可以就职,也可以进入大学继续学习深造。

6.4.3　CBE 的教学方法

CBE 主要的教学方法归纳为表6-4。

表6-4　CBE 主要的教学方法

主要的教学方法	描述
体验式教学法	CBE 模式重视学生通过企业的实践活动掌握工作技能,强调学生职业能力的培养。学生在实习、实训等活动中,结合自身体验进行观察、分析、归纳、反思和总结等。学生能力标准由教育机构和企业按照国家职业资格要求实施,学生在完成这些课程学习后,可以就职或继续深造

主要的教学方法	描述
自主学习教学法	CBE 模式提倡教学民主式,强调学生的主体地位,教师在教学中承担活动组织者和指导者角色。老师指导学生构建个性化的学习计划,学生按照不同的学习包,选择不同的方式进行学习并进行自我评价,最大限度地开发自己的能力
任务驱动教学法	DACUM 表是在职业分析、工作分析基础上得出的具体技能和方法,而个性化的学习包,正是教学中任务的分解,任务驱动法促进了学习模块的完成,提升学生的专项能力

6.4.4 CBE 的教学管理

在 CBE 的教学管理中,DACUM 起到了非常关键的作用,是教学管理的依据和指引。

一是根据 DACUM 制订教学计划,教学计划以职业能力为核心,构建明确、具体、具有针对性及可操作性的教学目标,以此决定理论教学和实践训练的内容,构建教育体系和学习计划。CBE 模式将学生职业能力的培养作为实践教学的目标,该能力包括职业知识、职业态度、职业经验及职业反馈四个方面。如果四个方面都能达到,方能构成一种专项能力,一个学习模块达成一种专项能力。

二是 DACUM 规范了教师、企业、行业组织等主体在教学过程中的行为,教学流程和安排有了参照,确保了教学内容和教学质量的稳定性。

三是 DACUM 为教学质量的评价提供了标准和依据,每个学习模块都有明确的能力要求,这些能力是制定评估教育或训练活动成果的重要指标来源。

第 7 章　金融学类专业实践教学的现状分析

为了解高校金融学类专业实践教学现状,采用李克特 5 级量表,对广东金融学院、中央财经大学、河北金融学院等 11 所院校的金融类专业建设负责人、金融学类专业专任教师等发出 300 份问卷,回收的有效问卷为 254 份。此外,结合教育部等部门发布的"实践教学"相关政策文件以及对高校教学管理人员及专任教师的深度访谈,探讨高校金融学类专业实践教学改革取得的成效及存在的问题。

7.1　实践教学现状问卷调查方案及基本结果

7.1.1　调查方案

7.1.1.1　调查目标

了解高校本科金融学类专业实践教学的基本情况,为高校实践教学改革提供基础和方向。

7.1.1.2　调查对象

广东金融学院、中央财经大学、河北金融学院等 11 所高校金融类专业建设负责人、教务处实践教学负责人、实验教学中心负责人、就业指导部门负责人及金融学类专业专任教师。

7.1.1.3　调查时间

2021 年 3 月至 5 月。

7.1.1.4　调查内容

调查问卷共包含了 20 道题目,采用李克特 5 级量表,从对实践教学的重视程度、人才培养是否以行业需求为导向、实践教学条件、教学内容、教学方法和教学规范等方面来获取金融学类专业实践教学的基本信息。

7.1.1.5　问卷发放与回收

调查问卷发放方式包括现场发放、邮件发放以及微信发放,发放数量 300 份,回收 263 份,回收率为 87.7%,在数据预处理中排除存在大部分相同数值及存在异常值的无效问卷,有效问卷为 254 份。

7.1.1.6　调查问卷

调查问卷见附录 1。

7.1.2　实践教学现状问卷调研基本结果

7.1.2.1　信度与效度检验

信度检验克隆巴赫 Alpha 系数如表 7-1 所示,系数值大于 0.7,表明问卷调查结果具有一致性、稳定性和可靠性。

表 7-1　信度检验

克隆巴赫 Alpha	基于标准化项的克隆巴赫 Alpha	项数
0.806	0.791	19

效度检验采用 KMO 和巴特利特球形检验,结果如表 7-2 所示,KMO 大于 0.8,表明变量间存在较强的相关关系,巴特利特球形 F 检验 p 值为 0.000,在 99% 的置信水平下拒绝原假设,相关系数矩阵与单位矩阵有显著差异,问卷具有良好的效度。

表 7-2　效度检验 KMO 和巴特利特球形检验

KM0	0.872	
巴特利特球形检验	近似卡方	3270.033
	自由度	171
	显著性	0.000

7.1.2.2　基本统计分析

表 7-3 显示了样本来源单位及岗位分布,数据来自 11 所高校的金融学类专业专任教师及相关管理人员,其中,专任教师是主体。

表 7-3　被调查者分布

单位	金融学类专业建设负责人	教务处实践教学负责人	实验教学中心负责人	就业指导部门负责人	金融学类专业专任教师
广东金融学院	4	2	2	2	42
中央财经大学	3	2	1	1	31
兰州财经大学	4	2	1	2	23
广西财经学院	2	1	2	1	21

单位	金融学类专业建设负责人	教务处实践教学负责人	实验教学中心负责人	就业指导部门负责人	金融学类专业专任教师
河北金融学院	3	2	2	2	18
广东财经大学	4	2	2	1	16
暨南大学	2	2	1	1	14
华南理工大学	2	1	1	2	12
中山大学	2	2	1	2	9
华南师范大学	2	1	2	2	8
广东工业大学	2	1	2	3	6

在问卷中,有19道题目需要被调查者在"非常不赞同、比较不赞同、一般、比较赞同、非常赞同"5个等级中打钩,1代表"非常不赞同",5代表"非常赞同",相对应的变量为Q1—Q19,其含义见表7-4。

表7-4　变量及含义

变量	含义
Q1	近五年来,金融学类专业实践课程学分或学时比重有所提升
Q2	能根据金融业对人才的新要求,及时修订人才培养方案,提高人才培养质量
Q3	设立了产业学院、企业工作室、联合实验室、创新基地或实践基地等实践教学组织
Q4	金融类实践教学有完善的管理制度和运行机制,教务处、就业指导中心、教学机构、实习企业等相关部门权责分明
Q5	有充足的实验室建设、软件采购及软件开发等资金支持
Q6	有充足的实习经费、创新创业经费等资金支持
Q7	有充足的实践教学教师、双师型教师引进和培训资金支持,鼓励教师参与行业调研、学术会议、学术研讨等活动
Q8	实践教学体系完整,有实验、实习、毕业论文(设计)、创新创业等实践教学环节
Q9	在实验教学中,综合性、设计性、创新性实验的比重有明显提高
Q10	实习基地及岗位数量充足,与专业对口,能切实提高学生综合实践能力
Q11	有研究方法、文献检索与导读、学术论文写作等相关课程,毕业论文(设计)能反映学生的综合素养和专业能力

续表

变量	含义
Q12	有丰富的科研科技活动、学科竞赛、创业大赛等创新创业教育教学环节
Q13	在实践教学中较好地运用了翻转课堂及混合教学模式
Q14	在实践教学中较好地应用了探究式、问题导向式、项目式、案例式教学方法
Q15	在实践教学中较好地应用了团队式学习、同伴互学等方法
Q16	有完整、可行的实验教学规范(包括相关概念的界定、教学文件规范、教学方法规范、教学条件规范、教学过程规范、教师规范、学生规范、考核规范等)
Q17	有完整、可行的实习教学规范(包括相关概念的界定、教学文件规范、教学方法规范、教学条件规范、教学过程规范、教师规范、学生规范、考核规范等)
Q18	有完整、可行的毕业论文(设计)规范(包括相关概念的界定、教学文件规范、教学方法规范、教学条件规范、教学过程规范、教师规范、学生规范、考核规范等)
Q19	有完整、可行的创新创业教学规范(包括相关概念的界定、教学文件规范、教学方法规范、教学条件规范、教学过程规范、教师规范、学生规范、考核规范等)

表 7-5 列示了变量 Q1—Q19 的基本描述性统计,总众数为 3,总均值为 2.93,实践教学状况总体评价为"一般"。其中,Q1—Q4、Q8、Q9、Q11、Q12 均值大于 3,评价优于"一般"。

表 7-5　众数、均值与标准差

变量	平均值	众数	标准差	变量	平均值	众数	标准差
Q1	3.81	4	0.739	Q19	2.86	3	0.869
Q2	3.53	4	0.687	Q13	2.79	3	0.673
Q3	3.52	4	0.687	Q18	2.70	3	0.851
Q4	3.24	4	0.957	Q17	2.64	2	0.933
Q8	3.15	3	1.036	Q16	2.59	2	0.693
Q9	3.09	3	0.809	Q6	2.54	2	0.638
Q12	3.03	3	0.936	Q5	2.54	2	0.709
Q11	3.02	3	0.900	Q14	2.47	3	0.956
Q10	2.93	3	0.828	Q7	2.40	2	0.662
Q15	2.88	3	1.057				

7.2　金融学类专业实践教学改革取得了一定成效

7.2.1　实践教学得到重视和支持

实践教学有着理论教学无法替代的教学功能,是理论教学的升华、延伸和发展,是理论应用于实践,知识转化为能力的载体。一方面,从相关部门发布的文件及召开的会议看,实践教学的地位得到了显著提升;另一方面,深度访谈及问卷调查显示,多数高校金融学类专业实践教学在实验、实习及毕业论文等教学环节中得到了前所未有的重视,综合性、设计性金融类实验比重有所提高,实习基地数量有所增长,质量有所提升。实践教学在促进教育教学改革,提高学生综合素质能力的过程中起到重要的作用,实践教学改革是高等院校为行业和社会发展提供高质量劳动力的有效手段。

7.2.1.1　高校实践教学得到相关部门的重视和支持

表7-6列示了部分文件和会议中关于"实践教学"的陈述。从教育部等相关部门制定的关于实践教学的一系列文件和会议可以看出:

第一,在对实践教学的态度方面,相关文件越来越强调实践教学在人才培养中的重要地位,从"要重视""大力加强"到"要高度重视",强调要注重知行合一,践行理论教学与实践教学相结合的教学理念,强调实践教学的重要性要在高校人才培养目标及培养方案中得到充分体现。

第二,在实践教学的目标方面,教学目标从"知识目标"向"能力目标"转变,始终坚持对人才"实践能力"的培养。同时,提出了更加清晰的能力培养导向,即加强包括认知能力、合作能力、创新能力和职业能力等关键能力培养,引导高校制定的具体教学目标。

第三,在实践教学的实施方面,文件的可落地性越来越强。一是文件中关于"实践教学内容"的表述,从文字描述,如"要包括实验、实习、实践和毕业设计(论文)""要提高实践教学比重等",逐渐转变为具体的比例要求。例如 2021 年《普通高等学校本科教育教学审核评估指标体系(试行)》指出,普通高等学校本科教育实践教学学分占总学分(学时)比例为人文社科类专业≥15%,理工农医类专业≥25%;以实验实习、工程实践和社会调查等实践性工作为基础的毕业论文(设计)比例≥50%;将创新创业教育贯穿于人才培养全过程。二是文件中可供学习借鉴的实践教学开展路径越来越丰富、具体,可操作性强,为高校教学目标具体行动方案和细则的制定提供了基础和参照。例如 2019 年《教育部关于加强和规范普通本科高校实习管理工作的意见》(教高函〔2019〕12 号)指出要加强实习教学体系建设,合理安排实习组织形式,科学制订实习方案,选好配强实习指导教师,抓好实习的组织实施;明晰各方的权利义务,加强学生教育管理,做好学生权益保障,加强跟岗、顶岗实习管理,健全工作责任体系,加强实习基地建设,推进实习信息化建设,加大实习经费投入以及加强实习工作监管。2021 年《普通高等学校本科教育教学审核评估指标体系(试行)》中指出第二类审核评估的审核重点强调要强化学生的创新创业教育,提高以实践性工作为基础的毕业论文(设计)比例,以高水平的科学研究提高学生创新创业能力,建立国家级、省级实践教学基地(包括实验教学示范中心、虚拟仿真实验中心、临床教学培训示范中心、工程实践基地、农科教合作人才培养基地等),毕业论文(设计)选题可来自行业企业一线需要、实行校企"双导师"制,学校要与科研院所、企业、行业单位共建科研、实习及实训基地等具体的路径。

表 7-6 关于"实践教学"的部分文件及会议内容

年份	来源	部门或发言人	相关内容
2005	《关于进一步加强高等学校本科教学工作的若干意见》（教高〔2005〕1号）	教育部	大力加强实践教学，切实提高大学生的实践能力；强化实践育人的意识，切实加强实验、实习、社会实践、毕业设计（论文）等实践教学环节；大学生毕业设计（论文）要贴近实际，严格管理，确保质量；不断改革实践教学内容，改进实践教学方法；加强产学研合作教育，充分利用国内外资源，不断拓展校际之间、校企之间、高校与科研院所之间的合作；加强各种形式的实践教学基地和实验室建设；把实践教学作为教学工作评估的关键性指标
2007	《关于进一步深化本科教学改革，全面提高教学质量的若干意见》（教高〔2007〕2号）	教育部	高度重视实践环节，提高学生实践能力；大力加强实验、实习、实践和毕业设计（论文）等实践教学环节，特别要加强专业实习和毕业实习等重要环节，规定人文社会科学类专业一般不应少于总学分（学时）的15%，理工农医类专业一般不应少于总学分（学时）的25%；推进实验内容和实验模式改革和创新，培养学生的实践动手能力、分析问题和解决问题能力；加强产学研密切合作，拓宽大学生校外实践渠道，与社会、行业以及企事业单位共同建设实习、实践教学基地；采取各种有力措施，确保学生专业实习和毕业实习的时间和质量，推进教育教学与生产劳动和社会实践的紧密结合
2010	《国家中长期教育改革和发展规划纲要（2010—2020年）》	国家中长期教育改革和发展规划纲要工作小组	加强实验室、校内外实习基地、课程教材等基本建设；深化教学改革，推进和完善学分制，实行弹性学制，促进文理交融；支持学生参与科学研究，强化实践教学环节；加强就业创业教育和就业指导服务；创立高校与科研院所、行业、企业联合培养人才的新机制
2012	《关于进一步加强高校实践育人工作的若干意见》（教思政〔2012〕1号）	教育部、中宣部、财政部等七部门	强化实践教学环节，结合专业特点和人才培养要求，分类制订实践教学标准，增加实践教学比重；全面落实本科专业类教学质量国家标准对实践教学的基本要求，加强实践教学管理，提高实验、实习、实践和毕业设计（论文）质量；深化实践教学方法改革，要把加强实践教学方法改革作为专业建设的重要内容，重点推行基于问题、基于项目、基于案例的教学方法和学习方法，加强综合性实践科目设计和应用；加强大学生创新创业教育，支持学生开展研究性学习、创新性实验、创业计划和创业模拟活动

续表

年份	来源	部门或发言人	相关内容
2012	《关于全面提高高等教育质量若干意见》（教高〔2012〕4号）	教育部	强化实践育人环节,制定加强高校实践育人工作的办法;增加实践教学比重,确保各类专业实践教学必要的学分(学时);配齐配强实验室人员,提升实验教学水平;组织编写一批优秀实验教材;加强实验室、实习实训基地、实践教学共享平台建设,重点建设一批国家级实验教学示范中心、国家大学生校外实践教育基地;加强实践教学管理,提高实验、实习实训、实践和毕业设计(论文)质量
2015	《引导部分地方普通本科高校向应用型转变的指导意见》（教发〔2015〕7号）	教育部、国家发展改革委、财政部	引进企业科研、生产基地,建立校企一体、产学研一体的大型实验实训实习中心;统筹各类实践教学资源,构建功能集约、资源共享、开放充分、运作高效的专业类或跨专业类实验教学平台;创新应用型技术技能型人才培养模式;实训实习的课时占专业教学总课时的比例达到30%以上;建立实训实习质量保障机制;深化人才培养方案和课程体系改革;加强实验实训实习基地建设
2017	《关于深化产教融合的若干意见》（国办发〔2017〕95号）	国务院办公厅	提高应用型人才培养比重;推动高水平大学加强创新创业人才培养,为学生提供多样化成长路径;大力支持应用型本科和行业特色类高校建设,紧密围绕产业需求,强化实践教学,完善以应用型人才为主的培养体系;推进专业学位研究生产学结合培养模式改革,增强复合型人才培养能力
2018	《普通高等学校本科专业类教学质量国家标准》发布会	教育部高等教育司吴岩	促进人才培养与区域经济社会发展、产业发展、行业需要紧密结合;强调本科教育要突出三大理念:学生中心、产出导向、持续改进。其中产出导向强调教育的"产出"质量,也就是毕业生离校时具备了什么能力,能干什么,会做什么
2018	《2018—2022年教育部高等学校教学指导委员会成立会议》	教育部党组书记、部长陈宝生	高等教育要解决好能力培养的问题,按照社会需求塑造学生能力,加强学生表达沟通、团队合作、科学思维、信息素养、创新创业、实践操作等能力的培养和训练,提高发现问题、分析问题、创设问题、解决问题的能力
2019	《国务院关于印发国家职业教育改革实施方案的通知》（国发〔2019〕4号）	国务院	到2022年,一大批普通本科高等学校向应用型转变。从2019年开始,在职业院校、应用型本科高校启动"学历证书+若干职业技能等级证书"(1+X证书制度)制度试点工作。完善高层次应用型人才培养体系。发展以职业需求为导向、以实践能力培养为重点、以产学研用结合为途径的专业学位研究生培养模式。推动具备条件的普通本科高校向应用型转变,鼓励有条件的普通高校开办应用技术类专业或课程。开展本科层次职业教育试点

年份	来源	部门或发言人	相关内容
2019	《支持应用型本科高校发展有关工作情况》	教育部发展规划司	重点加强应用型本科高校实验实训实习环境、平台和基地建设,鼓励吸引行业企业参与,建设产教融合、校企合作、产学研一体的实验实训实习设施
2019	《教育部关于加强和规范普通本科高校实习管理工作的意见》(教高函〔2019〕12号)	教育部	实习是人才培养的重要组成部分,是深化课堂教学的重要环节,是学生了解社会、接触生产实际,获取、掌握生产现场相关知识的重要途径,在培养学生实践能力、创新精神,树立事业心、责任感等方面有着重要作用。加强实习教学体系建设;合理安排实习组织形式;科学制订实习方案;选好配强实习指导教师;抓好实习的组织实施;明晰各方的权利义务;加强学生教育管理;做好学生权益保障;加强跟岗、顶岗实习管理;健全工作责任体系;加强实习基地建设;推进实习信息化建设;加大实习经费投入;加强实习工作监管
2021	关于印发《普通高等学校本科教育教学审核评估实施方案(2021—2025年)》的通知(教督〔2021〕1号)附件《普通高等学校本科教育教学审核评估指标体系(试行)》	教育部	普通高等学校本科教育中,实践教学学分占总学分(学时)比例为人文社科类专业≥15%,理工农医类专业≥25%,以实验、实习、工程实践和社会调查等实践性工作为基础的毕业论文(设计)比例≥50%,将创新创业教育贯穿于人才培养全过程,融入专业教育,鼓励本科生参加各级各类创新创业实践活动

资料来源:根据相关文件和官网报道整理获得。

7.2.1.2 金融学类专业实践教学得到高校的重视和支持

大部分高校逐渐意识到实践教学有着理论教学无法替代的教学功能,认为它在人才培养中的地位越来越重要。问卷结果显示,反映实践教学的重视程度的变量Q1—Q4众数为4,均值居所有变量的前四位,总均值为3.53,见表7-7。

表7-7 **Q1—Q4 描述性统计**

变量		Q1		Q2		Q3		Q4	
均值		3.82		3.53		3.52		3.24	
众数		4		4		4		4	
频率		频数	百分比（%）	频数	百分比（%）	频数	百分比（%）	频数	百分比（%）
变量值	5	41	16.1	14	5.5	15	5.9	6	2.4
	4	134	52.8	121	47.6	115	45.3	135	53.1
	3	70	27.6	105	41.4	113	44.5	26	10.2
	2	9	3.5	14	5.5	10	3.9	87	34.3
	1	0	0	0	0	1	0.4	0	0

首先,高校对实践教学的重视程度,直接体现为学分或学时及其比重的多少,68.9%的被调查者非常赞同或比较赞同"金融学类专业实践课程学分或学时比重有所提升"的说法,Q1 均值最高,为 3.82。多数高校实践教学各个环节构成、学时学分比例分配更加科学合理,按照教育部的实践学分不少于15%的比例要求设置了相应的实践课程,依据自身的发展定位、专业特色及当地行业及经济发展需求,优化实验、实习、毕业论文、创新创业的学分分布。多数高校根据培养目标设置了若干门实验课程或者课程实验,作为必修类实验课或限选类实验课,一般为 4—8 个学分,另外还有一些实验类选修课或者含有实验学时的选修课。

其次,53.1%的被调查者非常赞同或比较赞同"能根据金融业对人才的新要求,及时修订人才培养方案,提高人才培养质量",部分高校能结合人才培养目标及学科专业特色,将学科前沿知识和行业发展动态融入实践教学内容中,同时避免不同实践环节的教学内容重复冗余。

再次,51.2%的被调查者非常赞同或比较赞同"设立了产业学院、企业工作室、联合实验室、创新基地或实践基地等实践教学组织"。这些组织的建立和有效运行,是推进校企合作,促进产教融合的重要基础。

最后,55.5%的被调查者非常赞同或比较赞同"金融类实践教学有比较完善的管理制度和运行机制,教务处、就业指导中心、教学机构、实习企业等相关部门权责分明"。近年来,多数高校要求加强实验室、校内外实习基地、课程教材等基本建设,建立健全了实践教学管理制度和质量保障机制。

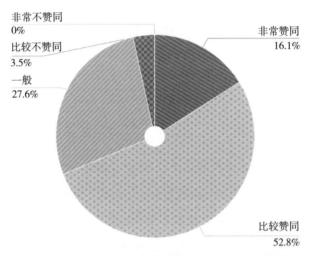

Q1: 近五年来,金融学类专业实践课程学分或学时比重有所提升

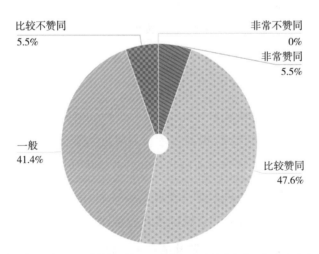

Q2: 能根据金融业对人才的新要求,及时修订人才培养方案,提高人才培养质量

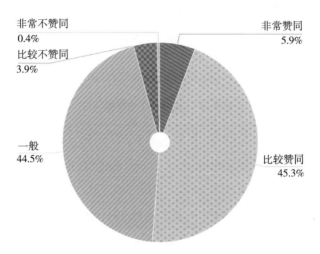

Q3: 设立了产业学院、企业工作室、联合实验室、创新基地或实践基地等实践教学组织

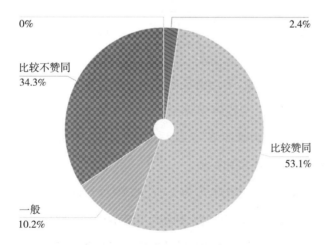

Q4: 金融类实践教学有完善的管理制度和运行机制，教务处、就业指导中心、教学机构、
实习企业等相关部门权责分明

图 7-1　Q1—Q4 调查结果

7.2.2 实践教学内容合理化有改善

问卷中 Q8—Q12 反映了实践教学内容的评价,众数为 3,总均值为 3.04,见表 7-8。

表 7-8 Q8—Q12 描述性统计

变量		Q8		Q9		Q10		Q11		Q12	
均值		3.15		3.09		2.93		3.02		3.03	
众数		3		3		3		3		3	
频率		频数	百分比(%)	频数	百分比(%)	频数	百分比(%)	频数	百分比(%)	频数	百分比(%)
变量值	5	26	10.2	7	2.8	4	1.6	12	4.7	12	4.7
	4	70	27.6	71	27.9	55	21.7	61	24	71	28
	3	82	32.3	119	46.8	124	48.8	109	42.9	92	36.2
	2	67	26.4	53	20.9	60	23.6	64	25.3	71	28
	1	9	3.5	4	1.6	11	4.3	8	3.1	8	3.1

首先,在五个变量中,平均值最高的是 Q8,值为 3.15,37.8% 的被调查者非常赞同或比较赞同"实践教学体系较为完整,有实验、实习、毕业论文(设计)、创新创业等实践教学环节"。这与高校教学管理部门及金融学类专业建设负责人深度访谈的结果相一致。

其次,平均值次高的是 Q9,值为 3.09,30.7% 的被调查者非常赞同或比较赞同"在实验教学中,综合性、设计性、创新性实验的比重有明显提高"的说法。

最后,非常赞同和比较赞同"实习基地及岗位数量充足,与专业对口,能切实提高学生综合实践能力""有研究方法、文献检索与导读、学术论文写作等相关课程,毕业论文(设计)能反映学生的综合素养和专业能力"及"有丰富的科研科技活动、学科竞赛、创业大赛等创新创业教育教学环节"说法的调查者比重分别为 23.3%、28.7% 和 29.6%。

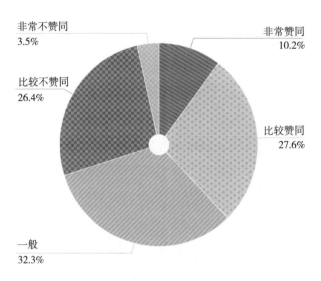

Q8: 实践教学体系较为完整，有实验、实习、毕业论文（设计）、创新创业等实践教学环节

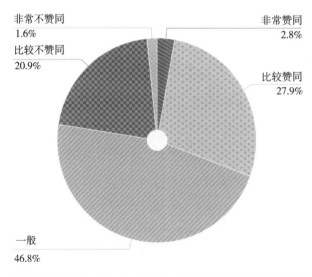

Q9: 在实验教学中，综合性、设计性、创新性实验的比重有明显提高

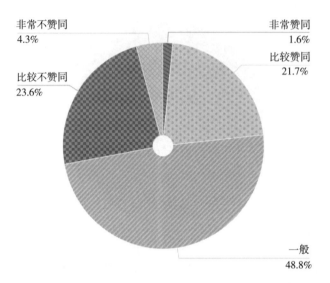

Q10: 实习基地及岗位数量充足，与专业对口，能切实提高学生综合实践能力

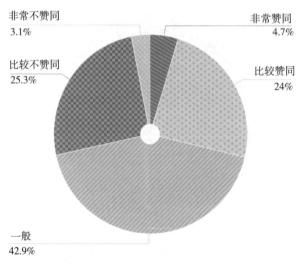

Q11: 有研究方法、文献检索与导读、学术论文写作等相关课程，毕业论文（设计）能反映
学生的综合素养和专业能力

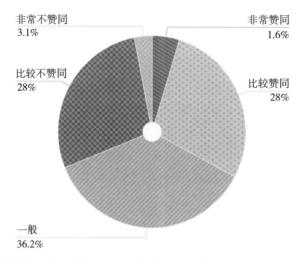

Q12: 有丰富的科研科技活动、学科竞赛、创业大赛等创新创业教育教学环节

图 7-2　Q8—Q12 调查结果

7.2.3　实践教学模式与方法有所优化

近年来,多数高校逐渐改变了学生是"听众""旁观者"的被动教学模式,通过翻转课堂、混合式教学,利用探究式、问题导向式、项目式、团队式学习等方法,学生成为课堂的主体,充分调动学生的积极性和主动性,最大限度地发挥学生的主体性作用,有效促进学生综合能力的提升。

Q13—Q15 反映了实践教学模式和方法的评价,众数为 3,总均值为 2.71。在这三个变量中,平均值最高的是 Q15,值为 2.88,29.5% 的被调查者非常赞同或比较赞同"在实践教学中较好地应用了团队式学习、同伴互学等方法"的说法,Q13 的平均值为 2.79,11.0% 的被调查者比较赞同"在实践教学中较好地运用了翻转课堂及混合教学模式"。Q14 的平均值为 2.47,11% 的被调查者比较赞同"在实践教学中应用了探索式、问题导向式、项目式、案例式教学方法"。

表 7-9　Q13—Q15 描述性统计

变量		Q13		Q14		Q15	
均值		2.79		2.47		2.88	
众数		3		3		3	
频率		频数	百分比（%）	频数	百分比（%）	频数	百分比（%）
变量值	5	0	0	0	0	12	4.7
	4	28	11.0	28	11	63	24.8
	3	152	59.9	120	47.2	91	35.9
	2	66	26.0	50	19.7	59	23.2
	1	8	3.1	56	22.1	29	11.4

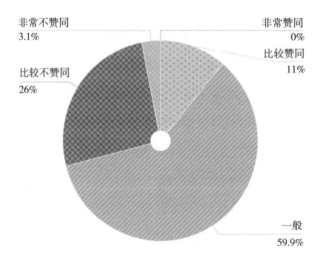

Q13: 在实践教学中较好地运用了翻转课堂及混合教学模式

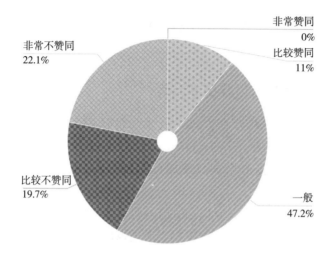

Q14: 在实践教学中较好地应用了探究式、问题导向式、项目式、案例式教学方法

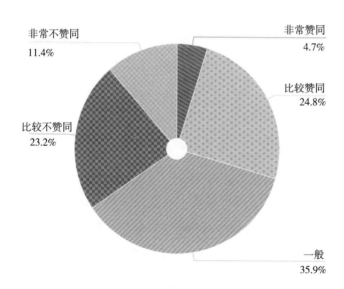

Q15: 在实践教学中较好地应用了团队式学习、同伴互学等方法

图 7-3　Q13—Q15 调查结果

7.3　金融学类专业实践教学仍存在许多不足

7.3.1　实践教学内容仍不完善

实践课程大多按学科专业课程设置,不能很好地处理实践教学与理论教学的关系。更多地表现为对理论课程的依附,教学内容不完善,未能服务于提升人才综合素质能力的培养目标。

一是实验教学缺乏顶层设计,内容缺乏系统性。访谈结果显示,当前金融学类专业实验课程主要有两类,一类是金融虚拟仿真实验,如银行类、证券类、投资类、保险类、期权类等实验课程中,用于仿真模拟金融机构的业务层,演示性、流程性实验项目较多;另一类是办公软件、统计分析软件、金融分析软件及计算机语类工具类课程,主要包括 Excel、Matlab、Stata、SPSS、SAS,以及 Java、C、R、Python 等课程,跨学科的综合性实验很少。如表 7-8 所示,被调查者中认为一般或比较不赞同"在实验教学中,综合性、设计性、创新性实验的比重有明显提高"说法的比重分别高达 46.8% 和 20.9%。此外,实验技能大赛、知识竞赛等活动较少。

二是实习教学未能结合专业特点和人才培养目标,缺乏系统的实习教学体系、实习大纲、实习质量标准,实习内容安排不合理,未能切实提高学生综合实践能力。如表 7-8 所示,被调查者中认为一般或比较不赞同"实习基地及岗位数量充足,与专业对口,能切实提高学生综合实践能力"说法的比重分别高达 48.8% 和 23.6%。金融学类专业基本都建有一定数量的专业实习基地,但是基地发挥的实际作用并不大。首先,多数实习基地提供的实习内容与金融学类专业的人才培养目标不相符,实践内容和教学目标严重脱节,大部分实习停留在简单的重复性操作,部分基地甚至只供参观,缺少能真正提高学生专业素养和综合能力的岗位。其次,实践基地数量与类型有限,无法给每个参加实习的学生分配专业对口的岗位,基地的专业适用性不够强,实习质量难以保证。再次,实习基地的建设缺乏配套的组织和管理制度,权责不明,运作效率较低,学生实践过程中的安全和责任问题也没有得到充分的认识和有效的解决。

三是缺乏研究方法、文献检索与导读、学术论文写作等相关课程,学生无法独立完成完整的学术研究,对学术问题、研究方法及写作规范等方面不够熟悉,导致毕业论文专业性不强,质量不高。如表7-8所示,被调查者中认为一般或比较不赞同"有研究方法、文献检索与导读、学术论文写作等相关课程,毕业论文(设计)能反映学生的综合素养和专业能力"说法的比重分别高达为42.9%和25.3%。毕业论文作为实践教学的一个重要环节,是综合反映学生是否扎实掌握专业理论知识,是否能应用理论知识去分析、解决现实问题的客观体现。研究方法及学术论文撰写,应该成为实践教学的重要内容。

四是科研、科技活动、学科竞赛、创业大赛等创新创业实践环节覆盖的范围较小。如表7-8所示,被调查者中认为一般或比较不赞同"有丰富的科研科技活动、学科竞赛、创业大赛等创新创业教育教学环节"说法的比重分别为36.2%和28%,多数学生没有机会参与创新创业实践活动。

7.3.2　实践教学经费投入不足

问卷中Q5—Q7衡量了实践教学投入,众数为2,总均值为2.49,认为一般或比较不赞同"有充足的实验室建设、软件采购及软件开发等资金支持""有充足的实习经费、创新创业经费等资金支持"以及"有充足的实践教学教师、双师型教师引进和培训资金支持,鼓励教师参与行业调研、学术会议、学术研讨提供等活动"说法的比重分别高达88.9%、92.9%和90.1%,大部分调查者对高校实践教学投入评价较低。

一是大部分高校实验教学投入不足。一方面,实验室场地及实验室建设投入不足,部分硬件无法支撑实验教学任务;另一方面,没有足够的经费用于软件定时维护及更新换代,实验软件的滞后、脱节,严重影响了实验教学效果。

同时,多数高校缺乏自主开发或定制类软件的经费支持,实验教学软件的同质化现象严重,实验教学内容未能与学校分类、定位及发展目标相结合,缺乏体现学校人才培养特色的个性化实验课程。

表 7-10　Q5—Q7 描述性统计

变量		Q5		Q6		Q7	
均值		2.54		2.54		2.4	
众数		2		2		2	
频率		频数	百分比(%)	频数	百分比(%)	频数	百分比(%)
变量值	5	2	0.8	1	0.4	0	0
	4	22	8.7	14	5.5	16	6.3
	3	90	35.4	110	43.3	78	30.7
	2	136	53.5	126	49.6	151	59.4
	1	4	1.6	3	1.2	9	3.5

二是实习经费和创新创业经费不足。学生需自费部分实习交通费、住宿费,实习单位和指导教师补助较低,打击了学生、实习单位和教师的积极性和主动性,阻碍了相关教学活动的有效开展,课程实习、社会调查、毕业实习和创新创业等实践活动流于形式,各高校要积极争取实习单位支持,降低实习成本,提高实习质量。创业创新经费不足的问题也普遍存在,难以支撑高校科研成果转化、技术研发、小试、中试,文化产品创作及衍生产品开发、研发服务或设计服务等文化创意项目的实施,阻碍了学生创造性的发挥和综合实践能力的发展。

三是实践教学师资引进和培训经费不足。评价师资经费投入充足与否的 Q7 的均值仅为 2.4,在所有变量均值中排名最后。多数高校的双师型教师数量不足,没有充足的经费用于实践教学教师引进、培训,无法支持教师参与行业调研、学术会议、学术研讨等活动,大部分教师缺乏与业界、与同行交流学习

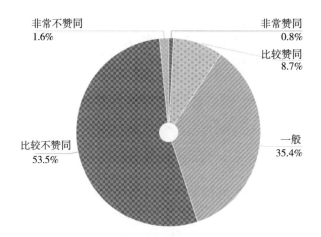

Q5: 有充足的实验室建设、软件采购及软件开发等资金支持

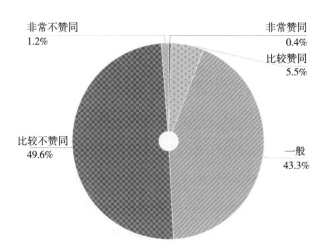

Q6: 有充足的实习经费、创新创业经费等资金支持

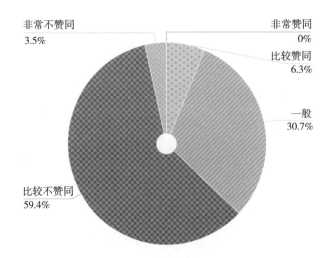

Q7: 有充足的实践教学教师、双师型教师引进和培训资金支持，鼓励教师参与行业调研、
学术会议、学术研讨等活动

图 7-4　Q5—Q7 调查结果

的机会,缺乏企业一线实践经验,使得实践教学内容的安排、实验的设计、方法的选取等方面存在缺陷,无法为学生的实践提供有效的指导和评价。教师专业素养不高和实践经验欠缺,严重影响了实践教学质量。

7.3.3　实践教学方法仍需改进

问卷中 Q14 和 Q15 反映了被调查者对实践教学方法的评价,被调查者中有 41.8% 比较不赞同或非常不赞同"在实践教学中较好地应用了探究式、问题导向式、项目式、案例式教学方法",34.6% 比较不赞同或非常不赞同"在实践教学中较好地应用了团队式学习、同伴互学等方法"。事实上,在实践教学中,许多课程确实采用了探究式、项目式、团队式等教学方法,然而这些方法的应用仅停留在形式,未能有效地融入教学设计、教学内容、教学组织和评价等过程,对学生综合能力的提升作用非常有限。例如在探究式教学中,部分课程创设情境不足,学生失去发现问题、解决问题的积极性和主动性;部分教师没有给予充分的开放性和自主性,学生仍然受到很多限制,难以通过实验、操作、调查、收集与处理信息、表达与交流等探索活动来提高探索精神、合作精神与创新能力;部分教师课堂组织和引导不足,未能在适当时机进行点拨,没有引导学生对多种结果进行总结梳理,无法达到预期的教学效果。

7.3.4　实践教学管理与运行机制仍不完善

完善的实践教学组织和管理机制,是确保实践教学资源优化配置和教学活动有序开展的重要保障。如表7-7所示,有高达34.3%的被调查者比较不赞同"金融类实践教学有完善的管理制度和运行机制,教务处、就业指导中心、教学机构、实习企业等相关部门权责分明"的说法。在访谈中,多数高校负责人强调,金融学类专业实践教学缺乏有效的组织和管理,主要体现在:一是高校、企业、教师、学生等主体的功能定位不清晰、权责范围不明确、分工合作不合理,各个实践教学环节缺少相应的制度规范,导致实践教学组织和管理无章可循,具体的教学工作难以展开;二是高校内部管理部门如实验教学中心、教务处、系部负责机构等部门之间的分工与合作机制不完善,各个部门在实践教学组织、实行及监督全过程中的功能和作用混乱,导致重复工作或责任互相推诿的等;三是实践教学质量评价不合理。当前多数高校实践教学质量评价体系仅在理论课程质量评价体系的基础上进行小幅修改,未能结合实践教学的特征制定能全面客观反映实践教学质量的评价体系,不合理的评价体系使得教师失去了增加投入的积极性。实践教学组织与管理机制不完善,是当前高校普遍存在的问题,直接影响了实践教学改革的效果。

7.3.5　实践教学规范仍不完善

前文建立了金融学类专业学生人才能力标准,能力标准必须可落地、可评价,才能真正地发挥其作用。全面、科学、可执行、可评价的实践教学规范是教育活动参与主体的行为指南,是引导实践教学活动各个流程有效执行的参照依据,是确保人才能力标准落地、实现提高人才培养质量的基础和保障。事实上,前文提到的实践教学存在"经费投入不足""教学方法不恰当""管理与运行机制不完善"等不足,其根源都在于实践教学规范不完善,一套完整的实践教学规范,能有效解决包括以上不足在内的问题。当前多数高校金融类本科专业实验教学、实习教学、毕业论文及创新创业教学等实践教学环节,缺乏科学、完整、有效的教学规范,学生、教师、实习单位等参与者难以执行,标准的实施和评价失去了落脚点,成为流于形式的制度文件。

2012年3月颁布的《教育部关于全面提高高等教育质量若干意见》(教高〔2012〕4号)中指出:"制定加强高校实践育人工作的办法,结合专业特点和人才培养要求,分类制订实践教学标准",实践教学体系的框架正在逐步成型。

一套完整的实践教学规范,应包括相关概念的统一界定、教学文件规范、教学方法规范、教学条件规范、教学过程规范、教师规范、学生规范、考核规范等。问卷中Q16—Q19反映了被调查者对实践教学规范的评价,其均值范围为2.59—2.86,被调查者中比较不赞同"有完整、可行的实验教学规范""有完整、可行的实习教学规范""有完整、可行的毕业论文(设计)规范""有完整、可行的创新创业教学规范"的比例分别为44.5%、40.1%、35%、22.8%。

表 7-11　Q16—Q19 描述性统计

变量		Q16		Q17		Q18		Q19	
均值		2.59		2.64		2.7		2.86	
众数		2		3		3		3	
频率		频数	百分比(%)	频数	百分比(%)	频数	百分比(%)	频数	百分比(%)
变量值	5	1	0.4	4	1.6	4	1.6	1	0.4
	4	20	7.9	47	18.5	37	14.6	58	22.8
	3	113	44.5	79	31.1	108	42.5	118	46.5
	2	113	44.5	102	40.1	89	35	58	22.8
	1	7	2.7	22	8.7	16	6.3	19	7.5

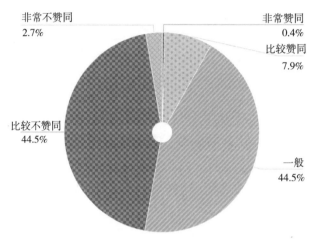

Q16: 有完整、可行的实验教学规范

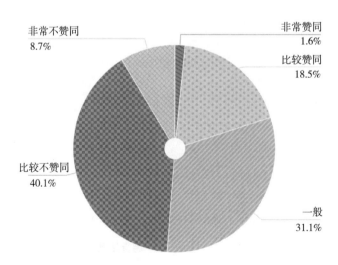

Q17: 有完整、可行的实习教学规范

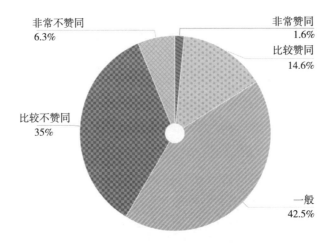

非常不赞同
6.3%

非常赞同
1.6%

比较赞同
14.6%

比较不赞同
35%

一般
42.5%

Q18: 有完整、可行的毕业论文（设计）规范

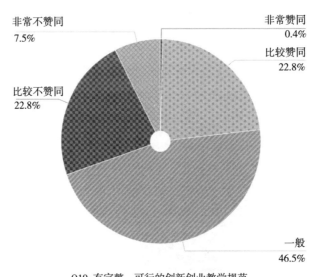

非常不赞同
7.5%

非常赞同
0.4%

比较赞同
22.8%

比较不赞同
22.8%

一般
46.5%

Q19: 有完整、可行的创新创业教学规范

图 7-5　Q16—Q19 调查结果

从具体的实践教学规范文件看，一是多数实践教学规范缺少对相关概念的统一界定。主要表现为对实验、实训、实习教学基本内涵的理解上存在着一定

的差异,特别是在对实训、实习的理解和表述上尚未形成统一的认识,大多是在实习、实训、实验这一层面来理解和使用"实践教学",将实践教学的目的和功能基本定位于学生的技能训练、动手能力的培养,很多实验还局限于验证原理。二是部分高校实践教学规范笼统。没有对实践教学进行分类、细化,例如部分高校的实训和实习共用一份实践教学规范,然而每个实践教学环节,都涉及不同的主体、内容和条件,未分类的规范难以形成具体的执行方案,规范必定无法落地实施。三是管理部门制度不完善。如基地建设、管理制度不健全,甚至没有正式签署合作协议;毕业论文选题专业匹配度不高,缺失中间过程控制的制度文件,毕业论文质量评价制度不合理;教师对实验、实习、实训报告的批改及成绩评定随意等。四是实践课程设置和教学内容不合理,特别是实验教学内容和专业实习教学内容缺乏与人才能力标准不匹配,人才培养方案中对人才培养能力目标,部分学校未将课程中实践实验类学时提炼标注出来,大部分学校在培养方案中有提及创新创业教学环节,部分学校设有创新创业模块,但界定仍然不够清晰,大多只是有一两门类似创新创业教育或创业实践这样的普适性课程,少有与专业相结合的课程。五是实践课程学分比例不同。部分学校未提出实践环节学分的明确比例要求,而有明确要求的高校,其实践教学学分比重均在 15%以上,最高达到 27%。大多数学校的毕业论文(设计)按 4 学分或 6 学分设置,但少数学校高达 14 学分。

第8章　实验教学规范

实验教学（Experiment Teaching）是在教师指导下，学生在实验室①应用实验设备、实验仪器、实验软件、实验材料等，选择一定的实验方法有计划、有步骤地进行实验设计、操作、观察、记录与分析，以验证或发现科学结论的一类实践教学活动。

对金融学类专业学生开展实验教学有着重要意义，实验教学不仅是学生获取经验事实、检验科学假说与验证理论真理性的重要途径，还是培养学生实践动手能力、分析问题与解决问题的能力、创新能力及科学精神的重要途径。实验教学对培养金融学类专业学生研究解决社会经济金融领域问题的综合能力有显著的重要性。

开展实验教学要遵循实验教学规律和金融人才成长规律，应紧密结合金融学科发展和金融行业发展，坚持以能力培养为主线，重视基本规范的形成，重视基础能力的培养，重视与金融学科前沿、社会应用实践的密切联系。同时，还要不断吸取金融学科前沿新知识、新理论和新技术，金融行业新发展、新动态，不断更新和丰富实验教学内容。

金融实验具有以下特征：

---

① 包括传统的物理实验室或者线上虚拟实验室。

第一,实验对象呈现复杂性。金融学科研究的是人或人类的金融活动规律,研究对象的社会属性决定了金融实验对象具有复杂性特点。

第二,实验内容的实践性强。金融实验教学更注重对学生应用专业金融理论和业务知识分析问题与解决问题的能力的培养。

第三,实验过程结果不确定性强。受研究对象的社会因素影响,金融实验具有一定的开放性,实验过程不可重复、难以复原。因而实验结果也表现出多样性,具有不确定性特点。

8.1　重要概念

8.1.1　实验课程

课程是构成金融专业人才培养方案的基本单元。其中,实验课程可分为独立实验课程和课内实验两类:

(1)独立实验课程是指在人才培养方案中单独设置的课程,它拥有独立的实验课程教学计划、实验教学大纲、实验教学内容、实验教材(实验指导书)、实验考核方案、实验成绩、课程学分等。独立实验课程主要对应于某一门理论课程或几门理论课程,旨在培养学生综合运用专业知识解决问题的能力。

(2)课内实验是指包含在某一门理论课程的实验,它在该理论课程中占有一定量的学时数。课内实验旨在使学生更好地理解、掌握和应用该理论课程中的某些知识点、原理与方法等。

8.1.2　实验层次

8.1.2.1　学科基础实验

学科基础实验是一种检验理论课程中某一概念、原理、知识点,或基本实验方法、基本操作技术,或基础软件使用的实验项目,旨在使学生了解、理解和应用实验所对应的某一概念、某一基本原理、某一知识点,掌握基本的实验方法、技能、相关基础软件。基础实验又可划分为公共基础实验和学科基础实验。基础实验主要为低年级学生开设。

8.1.2.2　专业实验

专业实验是一种依托相关专业知识完成的实验项目,旨在培养学生专业技能以及应用专业理论知识分析问题与解决问题的能力。根据应用专业知识的广度不同,专业实验又分为专业综合实验、跨专业综合实验、跨学科综合实验。其中,专业综合实验需要应用某一特定专业的理论知识;跨专业综合实验是针对同一学科下多个专业的理论知识;跨学科实验是针对不同学科的专业理论知识。专业实验通常开设在中高年级。

8.1.3　实验项目

实验项目是构成实验教学内容的基本单元。实验项目按教学功能,可分为以下几种:

(1)演示性实验项目:是指教师应用一定的实验设备、实验仪器,直观操作演示,学生进行观察以验证理论、说明原理和介绍实验方法为目的的实验,旨在加深学生对实验现象的认识或对理论知识的理解,了解实验仪器设备的使用。

(2)验证性实验项目:是为验证某一原理、理论、业务流程,在教师指导下,学生运用一定的实验设备、实验仪器,通过操作、观察、数据记录、计算、分析等方法完成的实验项目,旨在加深对理论知识的理解和掌握、培养学生的基本实验技能和科学研究方法。

(3)综合性实验项目:是在学生拥有一定专业理论知识和实验技能基础上,在教师指导下,运用学科专业或跨学科专业综合知识与方法完成的实验。

"综合性"主要体现为实验内容综合、实验方法综合与实验手段综合三个维度。综合性实验旨在培养学生对多学科专业理论知识的综合应用能力、综合实验技能,实现能力及素质的综合培养。

(4)设计性实验项目:是在学生拥有一定专业理论知识和实验技能基础上,在教师指导下,根据实验目的和要求,自主设计实验方案、选择实验方法与实验设备仪器、拟定实验程序步骤、自主完成实验并对实验结果进行分析处理的实验。设计性实验具有实验方案的设计性、实验内容的探索性、学生学习的主动性和实验方法的多样性等四个主要特征。设计性实验旨在培养学生独立思考问题、分析问题、解决问题的能力和自主实验能力。(汪冬梅等,2007)

(5)研究创新性实验项目:是学生根据在某一学科领域或学科方向的研究基础,在教师指导下,针对某一特定研究课题开展的研究、探索与创新的实验。研究创新性实验具有实验内容①的自主性、实验结果的不确定性和实验方法与手段的创新性等三个主要特征。研究创新性实验旨在培养学生勇于探索创新的科学精神和研究能力、创新能力。(李佑稷等,2011)

8.1.4 实验方法

实验方法是根据研究问题的本质,人为地创造实验环境,用观察法确定研究对象及实验流程,引入可控因素和变化并预期结果,应用实验方法对不同结果进行归纳、分析、比较、整理,发现科学规律并作出科学的解释的研究方法。主要的实验方法包括:观察法、比较法、转换法、类比法、控制变量法、试错法、情景模拟法、角色扮演法、交互法、模型法、归纳法、推演法、实证研究法、计算实验法、虚拟仿真实验法。

8.1.4.1 观察法

观察法通过对学习资料、预实验和正式实验操作产生的结果进行观察,产

---

① 通常是学生自主提出或结合教师的科研项目及生产生活实际问题。

生观察中学习的效应。观察法为使用者是否对实验参数进行修正提供直观、形象化的依据。实验过程中,学生可以对不同参数进行实时观察和跟踪记录,并判断实验的效果以及与实验任务的偏差程度。

8.1.4.2　比较法

比较法是对不同或有联系的两个对象进行比较,从中寻找它们的不同点和相同点,从而进一步揭示事物的本质属性。

实验中,学生通过对不同情境、不同任务下实验流程和结果的横向比较,通过对同一情境、同一任务下实验参数设置和结果的纵向比较,可以发现实验过程中的问题和缺陷,并有针对性地改进。通过对实验记录的回溯,学生可以比较不同实验条件下实验结果的差异性,从而为归纳、总结实验结论提供依据。

8.1.4.3　转换法

转换法是把一些比较抽象的看不见、摸不着的物质转化为学生熟知的看得见、摸得着的现象来认识它们,研究它们的特点和规律。在经管实验过程中,对于隐藏在非结构化对象的隐式数据,应用转换可以提取隐式数据,并用富媒体(例如可视化图表)进行呈现。

8.1.4.4　类比法

类比法就是"触类旁通""举一反三",是一种从特殊到特殊,从一般到一般的推理,它是根据两个或两类对象之间在某些方面的相同点或相似点,推出他们在其他方面也可能相同或相似的一种逻辑思维方法。类比法可以把不同时间、空间的不同事物在属性、数学形式等描述上有相同或相似的特征进行类比推理。类比法可以帮助学生理解较难的知识和较复杂的实验。

8.1.4.5　控制变量法

控制变量法,就是在研究的过程中,对影响事物变化的因素或条件加以控制,按照特定的要求使某些因素或条件保持不变或发生变化,最终解决问题的方法。

学生在保持其他参数不变的情况下变动其中某个参数完成单个参数的影响,并通过同时调整不同参数值来分析几个参数之间的交互作用。通过控制变量调整让学生了解某参数对预测或优化结果的影响,培养学生的科研素养。

8.1.4.6　试错法

以学生为实验主导为原则,学生根据实验原理,主动设计、尝试、分析,获取实验数据并改进,在反复的试错—分析—纠错过程中,提升解决实际问题的能力和创新能力。采用试错法的实验用趋近目标的程度或达到中间目标的过程评价来判断主体行为的成败。趋近目标时继续采取成功的行为方式;偏离目标时避免采取失败的行为方式。通过不断的尝试和评价,发现错误并及时纠正,逐渐达到所要追求的目标。

8.1.4.7　情景模拟法

情景模拟法是根据历史典型事件或实际环境,模拟若干情景,在每个情景中设置实验要求和任务,引导学生在真实背景下,根据特定的实验要求和任务进行实验操作,使复杂的操控变量变得易于控制,从而提升实验效率,增强原理运用的目的性。情景参数的设置除了教师提前设置好之外,也可以鼓励学生自定义场景,激发学生的实验探究热情,提升实验的高阶性、创新性和挑战度。

8.1.4.8　角色扮演法

角色扮演法是指根据学生可能担任的职务角色,编制一套与该职务实际相匹配的实验项目,将学生安排在模拟的、逼真的工作环境中,要求学生处理可能出现的各种问题,用多种方法来测评其心理素质、潜在能力的一系列方法。角色扮演法以学生为主体,学生在角色代入中实现知识内化与强化,从而提高学习积极性,提升解决实际问题的能力。

8.1.4.9 交互法

交互法按照类型划分,可分为人机交互、生生交互和师生交互。人机交互可以在学生和实验系统之间建立特定的输入与输出逻辑关系和形式,学生通过输入实验参数指令或编程代码后,系统以图表、数字、文本、视频、声音等结果形式实现反馈。系统自动进行正向反馈和发生失误反馈,使学生习得最优选择,提升学习有效度。生生交互和师生交互主要通过系统主页、论坛和实验报告评价实现。学生之间、教师和学生之间可以就实验条件、情景、编程、结果、技术等主题在系统论坛中进行充分讨论,将实验结果、经验等进行交流和分享,通过师生交互形成实验报告的实验创新性评价。

8.1.4.10 模型法

模型法是指在实验中通过模型来揭示原型的形态、特征和本质的方法。模型法运用各种技术和装置,将理论构建成模型,然后对该模型的每一个部分逐一进行实验,得到所需的符合实际的数据的一种方法。(李庆臻,1999)

8.1.4.11 归纳法

归纳法是运用归纳提出和建立假说,在实验基础上概括事物之间关系、规律的一种科研方法。归纳法可以分为:完全归纳法、简单枚举法、判明因果联系的归纳法等。为了寻找因果关系可利用归纳法安排可重复性的实验,从实验中找出普遍性或共性,从而总结出定律和公式。

8.1.4.12　推演法

推演法是从一般原理推演出个别结论,利用观察和实验来检验假设,把一个原理运用到具体场合,通过推理为科学知识的合理性提供逻辑证明。

在实验中可以设置多层次决策、多因素选择的推进推演路径,选择不同,结果有多种可能,通过实时更新数据,支持实验者做出组合决策。

8.1.4.13　实证研究法

实证研究法(Empirical Research Method,ERM)是基于观察和实验取得的大量金融事实、数据,利用统计推断的理论和技术,并经过严格的经验检验,引进金融计量模型,对金融现象进行数量分析的一种方法。其目的在于描述、解释、预测金融现象、刻画金融运行规律及内在逻辑、验证金融理论模型。实证研究方法主要进行定量分析,依据金融数据说话,使其对金融问题的研究更精确、更科学。(宋军,2009)

实证研究法的主要步骤包括:

第一,提出问题确定研究对象,搜集并分类相关的事实资料。第二,设定假设条件。研究对象的行为是由其特征所决定的,其影响因素复杂多样。我们必须对某一理论所使用的条件进行设定。运用实证研究法研究问题,必须正确设定假设条件。第三,提出理论假说。假说是对研究对象的经验性概括和总结,是对于现象进行客观研究所得出的未经过证明的预设结论。第四,验证。用事实数据检验假说成立。第五,提出研究结论。从研究结果得出研究结论,指出研究对已有理论有什么贡献,对解决现实问题有什么价值。

一般来说,金融实证研究的问题主要包括:(1)采用金融数据对一种金融理论证实或者验伪;(2)研究在金融实践中十分广泛但是学术研究并没有涉及的金融现象;(3)对其他人解释不准确或者不完整的金融现象给予新的解释。

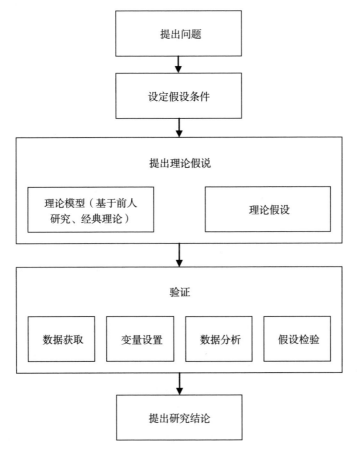

图 8-1　实证研究法的主要步骤

8.1.4.14　计算实验法

计算实验法(Computational Experiment Method,CEM)就是以综合集成方法论为指导,融合计算机技术、复杂系统理论和演化理论等,通过计算机再现金融市场活动的基本情景、微观主体之行为特征及相互关联,并在此基础上分析揭示管理复杂性与演化规律的一种研究方法。(Sheng Zhaohan,2011)

计算实验法通过抽象与符号化,把社会现象、社会科学问题最基本的情景(情节与环境背景),如人的心理活动与行为、组织的基本特征与功能、社会基本运行机制等系统进行建模,构造人工社会,以此为基础再以计算机为"实验室"开展各种社会现象情节和动态演化过程的实验,通过对实验结果的分析研究社会现象,即是社会科学计算实验的核心思想。计算实验突破了传统社会实验的成本、法律、道德等方面的限制,实践证明,将它与定性分析、定量分析、案例分析、统计调查等方法集成在一起,能够更好地研究结构复杂、宏微观相互作用、动态与演化性强的社会现象,并能较好地体现社会科学研究"环境依赖"和"问题导向"的宗旨(盛昭瀚,2012)。

计算实验法的研究范式包括五个方面:(1)界定研究的问题;(2)设定研究的基本假设;(3)建立可计算模型;(4)实现计算实验;(5)实验结果的评估与比较(赵洪等,2018)。

计算实验与传统的有人参与的社会科学实验相比,有多方面的重要区别:一是传统的社会实验主体为实验的参与者(人),而计算实验的主体为计算机程序所构建的模拟社会现象中个体、组织、资源和功能的人工代理;二是传统实验的思路主要是设计由真实人群参与的实验,而计算实验放松了完全理性人的假设,使建立的模型更接近于真实金融环境,更强调自下而上的多代理建模过程,重点是架设社会现象微观与宏观之间的桥梁,模拟社会现象宏观层面的整体行为涌现与发展演化趋势。(盛昭瀚,2012;熊宏齐等,2008;米加宁等,2012;邓仲华、李志芳,2013)

8.1.4.15 虚拟仿真实验法

金融虚拟仿真实验是以现代教育理论为指导,运用系统仿真原理,依托虚拟现实、多媒体技术、人机交互技术、数据库和网络通信等技术,构建与经济金融环境、金融行业和金融机构特征高度仿真的虚拟金融实验环境和实验对象,使学生在虚拟环境中通过开展实验达到所要求的认知目的与实践教学效果。

金融虚拟仿真是通过搭建的高度仿真的实验环境,模拟金融市场、金融机构、金融制度,实现对金融市场环境与金融机构运行过程的真实再现。仿真是以某个真实系统为"标杆","仿真"追求"逼真"。一般来说,虚拟仿真实验的内容主要包括:(1)虚拟动态变化的金融市场环境变量;(2)虚拟金融机构经营管理决策的各环节、各方面的不同情景,如虚拟仿真银行系统、仿真外汇交易模拟系统;(3)虚拟金融机构管理流程、业务流程等。学生通过开展虚拟仿真实验,既可以了解经济金融环境运行情况、金融机构部门岗位职责,又可以参与具体的管理决策活动,建立对金融企业的系统观,提高实践创新能力。

8.1.5　实验手段

在金融学类专业实验中,常用的实验手段主要是计算机软件,根据功能不同,可分为工具软件和企业管理仿真软件。

8.1.5.1　金融工具类软件

金融工具软件主要包括统计计量类软件(如 SAS、SPSS、Excel、Stata、Eviews 等)和建模编程类软件(如 Matlab、R 和 Python 等)。

8.1.5.2　金融业务类仿真软件

金融业务类仿真软件包括银行、证券、保险等各种金融机构业务流程与业务活动虚拟仿真实验软件。

8.2　基本要素

金融实验教学的基本构成要素主要分为以下几类:

第一,教学基础文件类要素,主要包括实验教学计划、实验课程大纲、实验项目、实验方法、实验手段、实验报告、实验指导书、课程考核方式等。

第二,教学过程类要素,主要包括教师教学、学生学习、教学模式等。

第三,条件保障类要素,主要包括教师、实验室、实验软硬件、实验设备、实验仪器、制度保障等。

8.3 教学基础文件

8.3.1 教学计划

教学计划是专业人才培养方案中的重要组成部分,其中,课程是构成专业人才培养方案的基本单元。

实验教学计划主要包括下列内容:

(1)培养目标:必须明确指出金融专业学生应该具备哪些实践能力。

(2)实验课程名称:实验课程中英文名称要规范。

(3)课程类别:主要包括课内实验和独立实验课程两类。

(4)课程性质:主要包括学科基础实验课和专业实验课两类。

(5)课程开设时间:一般在第 2—7 学期开设。

(6)课程学时(学分)数:独立实验课一般在 18—54 学时,1—3 学分。

(7)课程设置要求:实验教学计划中的每一门实验课程都是互相联系的,要注意内容上相互衔接,又要避免重复或遗漏;要充分考虑实验课程的内容对学生专业知识要求和能力水平要求,一般按照能力递增原则设置。每个专业原则上至少开设两门独立实验课程。

8.3.2 教学大纲

实验教学大纲是金融类专业人才能力培养目标在实验课程中的具体体现,是教师开展实验教学、规范实验教学过程的主要依据,也是检查和评定学生学业成绩、衡量教师教学质量的重要标准。

实验教学大纲对应每一门实验课程,主要包括下列内容。

8.3.2.1 实验课程名称

课程中英文名称命名要规范。

8.3.2.2 学时要求

实验课程所用的总学时数或学分值。

8.3.2.3 教学目标

清晰表达实验课程对学生能力培养目标。

8.3.2.4 实验教材

选用的实验教材(实验指导书、实验讲义)内容与实验课程教学目标匹配;实验步骤描述清晰、图示清晰;采用近三年出版的教材。

8.3.2.5 开设时间

实验课程开设的学期安排,一般在第 2—7 学期。

8.3.2.6 实验教学进度

对实验教学内容进行科学规划,说明具体的实验项目、开设顺序、分配学时等。

8.3.2.7 实验项目描述

实验项目是构成实验教学内容的基本单元,一般按实验项目编制实验课程教学内容。实验项目说明包括:

(1)实验项目名称:实验项目名称要命名规范;

(2)实验项目教学目标:清晰描述对学生专业能力、创新能力,能力要可观测；

（3）实验层次：说明实验项目属于学科基础实验还是专业实验；

（4）实验项目类型：说明实验项目属于验证性实验、演示性实验、设计性实验、综合性实验、研究创新实验；

（5）项目学时：完成该实验项目的学时要求、学时占比；

（6）实验任务：清晰描述学生具体的实验任务；

（7）组织形式：说明实验是个人形式完成还是团队形式完成；

（8）实验条件：描述完成实验所需要的软硬件、设备仪器；

（9）实验教学方法：根据实验项目特点和学生特点，选择适合的教学方法。做到因材施教，激发学生的学习兴趣；

（10）实验教学手段：根据实验项目特点，选择合适的教学手段（尽量使用信息化教学手段开展教学）。

8.3.2.8　实验课程考核方案

实验课程考核方案是对学生学习评价的基本依据，对学生学习有导向性作用。

（1）基本原则：实验考核方案设计要充分体现过程性导向考核以及能力导向考核。

（2）考核内容：至少应包括平时成绩、实验报告完成成绩、最终成绩三个部分，需要明确三部分所占成绩的比例。

8.3.2.9　附录

（1）参考书：参考书的选择应该遵循经典性、时效性原则。

（2）参考文献：参考文献的选择应该遵循经典性、前沿性、相关性原则。

8.4　实验教学过程

8.4.1　教师教学规范

8.4.1.1　课前规范

(1)教师课前必须认真做好相关仪器设备准备、软硬件调试、实验材料配备等实验准备工作。

(2)课前应与学生积极沟通,了解学生金融专业知识储备情况,发布实验任务、实验预习重点、相关实验资料并进行课前答疑等。

8.4.1.2　课堂规范

(1)第一次实验课,教师应向学生整体介绍实验课程的目标、学习要求、考核方式,向学生重点介绍实验室操作规范和实验室安全知识等。

(2)所开设实验项目内容与实验进度应与实验教学大纲规定的项目一致。

(3)能够引导学生做到理论与实践相结合,实验前教师引导学生回顾需要验证的概念或科学结论,讨论实验步骤,提出实验注意事项。

(4)能够熟练运用实验教学软件、实验设备,实验项目演示直观、实验讲解清晰,实验步骤准确、实验分析专业,对于学生普遍容易出现的实验操作错误要进行示范。

(5)耐心指导学生完成实验项目,并向学生强调完成实验项目注意事项,准确回答学生问题,纠正学生实验过程中出现的错误。

(6)引导学生进行自主、合作、探究的学习。

(7)能充分结合实验项目内容与特点,选择适合的教学方法,开展基于问题、基于项目、基于案例的互动式、研讨式教学。

（8）能够充分应用网络教学资源，开展线上线下混合式教学。

（9）能够有效管理课堂，适时进行职业素养教育。

8.4.1.3　课后规范

（1）认真批改学生实验报告，所给实验成绩客观。

（2）参与学生对实验结果、实验心得体会等方面的讨论。

（3）要对课程进行总结。

8.4.2　学生实验规范

8.4.2.1　实验准备

（1）实验准备充分，能按教师要求提前做好实验预习、明确实验目的、收集实验数据和准备实验材料等。

（2）能坚持理论联系实际，掌握实验技能，提高分析问题和解决问题的能力。

（3）认真阅读有关实验室安全手册和实验室管理手册。

8.4.2.2　实验过程

（1）按实验项目要求开展实验，认真观察和思考，做到对实验数据客观、及时、准确地记录。

（2）确保实验方法科学、实验步骤准确、实验设备仪器使用合理。

（3）能够及时向教师提出与实验相关的问题，并开展主动思考。

（4）实验室设备仪器不得随意带出。

（5）实验设备技术使用规范，符合安全操作要求。

8.4.2.3　撰写实验报告

(1)每次实验后,学生应撰写实验报告,实验报告主要包括以下内容:实验日期、实验完成人、实验项目名称、实验目的与实验要求、实验原理、实验内容、实验方法、实验设备、实验步骤、实验数据记录、实验结果与分析(实验结果要真实可靠;实验分析要客观科学、逻辑清晰;表述应充分体现专业性)、心得体会或反思(要从感性认知上升为理性认知)。

(2)按教师要求按时提交实验报告。

(3)实验报告必须按教师要求格式填写,排版清晰、美观。

8.5　教学资源条件

8.5.1　实验教师

第一,教师应符合《中华人民共和国教育法》《中华人民共和国教师法》、《中华人民共和国高等教育法》对教师行为规范的基本要求。

第二,实验教师应有一定的金融行业背景、金融实践经验丰富。

第三,能够熟练掌握实验教学软件、实验设备仪器。

第四,实验任务设计与学生能力水平匹配、专业知识匹配。

第五,对实验课堂教学组织能力、应变能力强。

第六,课堂中增加综合性、设计性、研究创新性实验项目数量,减少演示性、验证性实验项目数量。

第七,能熟练应用多媒体技术开展实验教学。

第八,能及时将科研成果转化为实验课程、实验项目。

第九,定期参加实验室安全教育和业务培训,提高安全意识。

第十,尽可能进行小班教学。

8.5.2 实验室

第一,加强专业实验室、虚拟仿真实验室、创业实验室和创新训练中心建设,促进实验教学资源共享。

第二,实验室座位数量充足,单个专业实验室的座位数不得少于 1 个自然班的学生人数。

第三,实验教学软件、仪器设备应符合金融专业实验教学要求,适应金融行业实践的变化与发展,满足人才培养方案实验教学课程目标。实验教学资源及仪器设备使用效益高,运行维护保障充分。

第四,要有一定数量的实验室向学生进行开放。

第五,实验室应当布局合理、整洁有序、通道畅通、通风状况良好;安全防护设施和应急器材齐备;实验室环境、安全、环保应符合国家相关规范要求;实验室文化应充分体现金融文化特色和学校人才培养特色。

8.5.3 资金投入

为保证实验教学的顺利开展,应根据金融类专业实验教学要求投入充足的资金。专业实验室的生均固定资产净值不少于本专业学生学费标准的 50%。

资金主要用于实验教师的培养、实验课程建设、实验项目的开发、实验设备的更新和维护、实验安全建设等。

8.5.4 制度规范

制定《实验教学计划》、《实验课程教学大纲》、《实验教学进度表》等教学管理制度;制定《实验教学管理制度》、《实验室管理制度》、《实验室安全制度》、《学生实验守则》、《实验教师教学规范》、《实验室事故专项应急预案》等实验室相关制度。

第9章　实习教学规范

实习教学是高校促进学生理论联系实际、培养大学生实践能力、创新能力的重要教学环节，它对提高大学人才培养质量有重要意义，是金融类本科专业实践教学活动中的重要组成部分。

所谓实习（Practice Internship，Field Work），即在实践中学习，是学生在社会实践活动中或真实的企业工作场景中开展的一种直接性学习活动。

实习教学是专业人才培养方案中的重要组成部分，是培养学生实践能力的重要教学环节，也是学生接触社会、了解社会的过程。实习是金融学人才培养方案的重要组成部分，对金融类本科专业学生应开展包括认知实习、专业实习、毕业实习等多种不同层次、不同形式的实习，并结合自身条件选择集中实习与分散实习、校内实习与校外实习等不同组织形式进行。（白天楠、张黎莉，2010）

对金融学类专业学生开展实习教学的目的在于：

第一，促使学生将专业知识转化为专业实践能力。学生在实习单位完成实习任务的过程中，不仅可以将所学的专业理论知识、专业技能在实践中进行检验、证明，还可以主动发现问题、思考问题，并应用掌握的专业知识创造性地解决实际问题。

第二，使学生获得职业认知，提升职业能力。学生通过在金融机构的岗位实习,可以直接了解金融行业发展动态、熟悉金融机构的实际工作内容、认知金融职业岗位特征、积累金融行业从业实践经验、提高自身工作能力和职业技能。同时,还能锻炼学生意志品质,树立敬业、创业精神,形成良好的职业道德,培养良好的金融职业行为规范。研究发现有实习经验的学生要比没有实习经验的学生具备更强的职业生涯规划和发展能力。

第三,使学生认识到专业知识的重要性,调动学生主动学习的积极性。学生在实习过程中能了解金融行业发展及职业发展需要的重要能力有哪些,认识到自身知识、能力与社会需求、用人单位需求之间的差距,认识到专业知识的重要性,这种内生激励会促使学生产生主动学习的欲望,实现自我革新。

第四,提高学生的就业能力和就业率。实习作为学生认知社会、走出校园、从学校进入社会的重要步骤,能够使学生在与社会、与人的交往中提升自身的社会适应能力、心理承受能力,同时提前做好职业规划,在实习过程中缩短与实际工作的距离,有效缩短从学生转变为社会人、职业人的时间,毕业后快速进入工作状态,增强自身的就业竞争力。

9.1 重要概念

9.1.1 实习类型

根据实习目的的不同,实习一般分为认知实习、专业实习和毕业实习三种。

9.1.1.1 认知实习

认知实习是学生直接进入社会、金融行业、金融机构或其他相关单位,通过调研、参观、访谈等多种方式了解社会、金融行业现状与发展、金融机构业务活动与流程的一种实践性学习活动。认知实习是一种感性认知过程,旨在拓宽学生知识面,使学生对经济现象与金融活动产生感性认知,培养学生的观察能力和认知能力,激发学生对专业学习的兴趣与专业的热爱。

9.1.1.2　专业实习

专业实习是学生经过较为系统的金融专业理论知识学习后,进入金融机构或与金融相关的单位部门,在其特定工作岗位上开展工作任务体验的一种实践性学习活动。专业实习旨在通过学生在岗位上的直接性学习实践,促进经验知识的迁移与内化,在实习中掌握金融专业知识与技能,提高学生专业知识应用能力。

9.1.1.3　毕业实习

毕业实习,也称毕业顶岗实习,是学生在毕业前以"单位员工"的身份在实习单位的一个或多个工作岗位上进行的一种实践性学习活动。毕业实习属于一种"准工作"状态,要求学生必须完全履行实习岗位的全部职责,旨在巩固学生专业综合知识、提升学生职业素养与职业技能、增强学生就业竞争力,最终实现学生毕业与就业的顺利对接。

9.1.2　实习形式

根据不同的组织方式,实习可以分为分散实习和集中实习两种。

9.1.2.1　分散实习

分散实习,也称作自主实习,是指学生自主选择与专业相关的实习场所或实习单位开展的一种实践学习活动。分散实习比较灵活,一般由学生自己联系,学生自主性强。

认知实习或毕业实习多采用分散实习方式。

9.1.2.2 集中实习

集中实习是指学生在专业教师指导下,依据实习教学目标与实习计划安排,在学校指定的校外实习基地开展的一种专业实践学习。

集中实习比分散实习在教学管理上更严格,具有学校教育属性与社会属性相结合的双重性、内容定向性、社会参与性、目标全面性、主体多元化性等特征。(魏勇、吴江,2018)集中实习更能保证实习效果。

9.1.3 实习基地

实习基地是学生开展实习活动的稳定的实习场所,是学生学以致用进行生产实践、培养实践能力、检验学习成效的重要学习平台。实习基地可按场所和组织部门的不同进行分类。

根据是否在学校,实习基地可以分为校内实习基地与校外实习基地两类。

9.1.3.1 校内实习基地

校内实习基地是指学校应用一定的计算机技术、虚拟仿真技术等在校内搭建的仿真实习(实训)场所,或通过产教融合方式在校内建立的实习场所,将金融机构业务延伸到学校,应用金融机构真实项目开展教学,金融机构派人员进驻学校,指导学生校内实践。建立校内实习基地的重要性在于它能在一定程度上弥补校外实习的不足,一方面企业接受实习会增加成本,同时还要顾及学生的人身安全担责、泄露企业信息等,企业积极性不高,为学生提供的实习岗位数量少,不能满足学校需求。另一方面,实习学生人数众多,企业实习岗位与专业实习内容要求的匹配度也比较低,实习质量难以保证。

校外实习基地是学校依托金融机构、金融行业(协会)、金融科研院所、政府机关、社会团体等合作单位共同建立的学生实习场所,实习场所一般由合作单位提供。

根据承担实习任务的性质、接受学生能力大小的不同,实习基地一般可以分为校级实习基地和学院(系)级实习基地两类。校级实习基地是指由学校与实习单位签订协议,承担至少一个二级学院(系)以上的专业实习任务的实习基地。院(系)级实习基地是指由学院(系)与实习单位签订协议,只承担本学院(系)专业实习任务的实习基地。

9.2　基本原则

9.2.1　内容构建原则

9.2.1.1　系统性

实习教学要形成一定的体系应贯穿于人才培养的全过程,实习教学内容要符合专业培养目标。认知实习、专业实习、毕业实习这三类实习的实习目的有所不同,要合理安排不同类型实习的时间和学时。同时,合理安排实习教学计划,应该结合学生在不同阶段掌握的专业理论知识的程度,尽可能使安排的实习内容与理论教学内容相互匹配,通过实习实践反促学生,进一步深入理解与巩固理论知识。

9.2.1.2　递阶性

实习教学的根本目的是将学生的知识转化为能力,个人的知识积累程度影响了能力水平,设计实习任务时,应按低年级到高年级的由易到难、由简单到综合、按能力递阶式方式循序渐进地设计,分层次达成阶段性学习目标,全面培养学生的实践能力和创新能力。

9.2.2 基地建设原则

9.2.2.1 相关性

学校应根据金融学科专业特点,结合金融专业人才培养目标,有目的、有计划、有步骤地选择能满足实习教学条件的企事业单位,在协商的基础上建立专业对口的实习基地,实习基地提供的实习岗位、实习内容应与金融专业实习教学任务和要求尽量匹配。

9.2.2.2 规模性

实习基地作为实习教学场所,应能够接受一定数量的实习学生完成实习教学任务。

9.2.2.3 互惠性

实习基地建设应遵循校企双方互惠互利原则,双方在人、财、物等资源方面能够进行互补。学校应在人才培训、教育科学研究、信息交流和咨询服务等方面,优先给予实习基地一定支持与帮助。基地应为学校在学生实习、校外指导教师、学生教师调研方面提供一定的支持。

9.2.2.4 稳定性

实习基地要尽量选择在金融行业有一定地位的金融机构或科研院所,要能够保证连续接受学生实习,具有一定的稳定性。

9.2.2.5 安全性

实习基地应该能够满足实习学生在生活、学习、工作等方面的安全条件。

9.3　基本要素

金融实习教学的基本构成要素主要分为以下几类：

第一,教学基础文件类要素,主要包括实习大纲、实习教学计划、实习教案、实习报告、实习指导书、实习考核方式等。

第二,教学过程类要素,主要包括教师教学、学生学习、实习模式等。

第三,条件保障类要素,主要包括教师、实习基地、实习制度保障等。

9.4　教学基础文件

9.4.1　实习课程大纲

实习课程大纲是实习教学方案落地的纲领性文件。

9.4.1.1　实习课程名称

实习课程名称命名要规范,要尽可能通过名称体现出实习内容。

9.4.1.2　课程类型

主要指认知实习、专业实习和毕业实习三类。

9.4.1.3　开设专业

明确在哪些专业开设实习课程。

9.4.1.4　开课学期

通常在 1—8 学期。专业培养方案中应至少包含 1 次专业实习,实习时间不少于 4 周。

9.4.1.5　学分

完成实习课程获得的学分。未实行学分制的学校,应在折算后满足上述学分要求,课堂教学可按照 16—18 学时折算 1 学分,专业类实训、专业类实习和社会实践按照 1—2 周折算 1 学分。

9.4.1.6　学时

不同类型的课程学时不同。

9.4.1.7　先修科目

完成实习需要已经掌握的理论课程。

9.4.1.8　课程目标

突出描述通过实习获得哪些实践能力。

9.4.1.9　课程内容

主要说明实习任务及实习要求。

9.4.1.10　实习方式及组织形式

说明采用集中实习还是分散实习。

9.4.1.11　实习场所

说明采用校内实习基地还是校外实习基地。

9.4.1.12　实习考核

详细说明考核形式与内容、实习鉴定方法、成绩评定方法等。实习教学的考核形式可以多样化,考核主要包括实习任务完成情况、实习过程考核、学生考勤、实习现场操作以及实习报告撰写质量等。

9.4.1.13　实习指导书

实习指导书作为指导学生实习的教材,主要内容包括实习目的要求、实习内容与方法、实习的具体步骤、实习需要的专业知识讲解、实习报告撰写方式等。

9.4.2　实习教学计划

实习计划是按照实习大纲的要求,结合实习基地的基本条件制定的实习教学具体执行程序。其中,集中实习计划需要按照实习教学大纲要求制订统一的实习计划;分散实习计划可由指导教师根据实习单位提供的实习条件,分别制订具体的实习计划。

9.4.2.1　实习专业

专业名称要规范。

9.4.2.2　实习类型

主要指认知实习、专业实习和毕业实习三类。

9.4.2.3　实习内容

实习项目名称、实习任务。

9.4.2.4　实习组织形式

采用集中实习还是分散实习。实习应与专业类实训相结合,既可以采用集中形式由学校统一安排,也可以采用分散形式由学生自主选择。

9.4.2.5　实习基地名称

集中实习需要明确实习基地名称。

9.4.2.6　实习单位地点

实习单位所在地。

9.4.2.7　实习时间

包括实习起止日期,一般以周或天表示。

9.4.2.8　实习组织与安排

包括安排的指导教师、学生人数、实习地点分配等。

9.4.2.9　实习方法

说明实习是围绕一定主题或要求的参观、调查、访问、实操,还是进行定岗实习。

9.4.2.10　实习经费预算

组织实习的经费预算。

9.5　实习教学过程

9.5.1　教师教学规范

9.5.1.1　实习前规范

(1)做好实习准备工作,与实习基地负责人做好沟通,到实习基地进行考察,熟悉实习环境、实习条件、实习岗位性质和内容,并据此制订实习计划、安排实习内容。

(2)应与学生积极沟通,了解学生金融专业知识储备情况,发布实习任务、引导学生做好实习前的预习准备、做好学生实习前答疑工作等。

(3)了解学生的交通、保险、食宿等相关情况,确保学生实习安全。如果是集中实习,需要提前为学生购买实习保险或督促实习基地为学生购买实习保险。

(4)做好实习动员工作。指导教师应向实习学生宣讲实习的目的、要求、实习内容,强调实习纪律,做好实习安全保密教育。

(5)应督促实习单位加强对学生的岗前培训,指导学生熟悉岗位工作流程、提高操作技能,让学生尽快适应实习岗位。

(6)教师提前告知学生考核方式、考核指标与评价标准等。

9.5.1.2　实习过程规范

(1)实习内容与实习进度安排原则上应与实验教学大纲规定实习项目一致。

(2)深入学生实习岗位,做到言传身教,认真指导学生完成实习任务,耐心回答学生提问,及时纠正学生在实习中出现的错误。

(3)在实习中根据现场具体情况,有针对性地安排一定的专业理论讲解,使学生通过理论联系实际加深理解。

(4)严格按要求做好实习学生考勤。

(5)引导学生开展自主式、合作式、探究式的学习。

(6)加强对实习学生的监督与管理,对实习学生做好考勤工作,对违纪学生应该及时进行教育批评,情节严重者停止实习。

(7)与实习单位保持紧密联系,定期与实习单位有关人员了解学生实习情况,实施学生实习跟踪。

(8)加强对实习企业的监督,保证实习学生在劳动强度、工作时间、工作环境、劳动报酬等方面不受侵害。

（9）实习指导教师应填写实习指导教师工作日志。

9.5.1.3　实习后规范

（1）认真评阅学生实习报告，写出评语并签字，客观评定实习成绩。

（2）积极参与学生实习心得体会等方面的讨论。

（3）填写实习工作日志，包括实习年级、实习专业、实习人数、实习时间、实习经费。

（4）针对实习中存在的问题（如实习基地、实习内容、实习安排等）撰写实习教学总结。

（5）结合学生实习实际情况，及时更新实习指导书。

（6）做好学生实习报告的归档工作。

9.5.2　学生实习规范

9.5.2.1　实习准备规范

（1）实习准备充分，认真阅读实习指导书，按指导教师要求提前做好实习预习、明确实习目的、了解实习的相关规定等。

（2）认真学习有关实习安全制度和实习保密制度。

（3）学生在实习前原则上应提交一份实习方案。

9.5.2.2　实习过程规范

（1）按实习要求开展实习活动，要认真观察和思考，填写实习日志，包括实习单位、实习岗位、实习工作内容及实习体会。

（2）能够及时向教师提出与实习任务相关的问题，并开展主动思考。

（4）实习过程要遵守实习单位的相关制度规定。

（5）能与实习基地的工作人员积极沟通，按时按质完成实习任务。

9.5.2.3 实习后规范

(1)实习过程要求有完整的实习记录,学生要在实习后完成一份不少于3000 字的实习报告。其中,实习报告应主要包括实习名称、地点、时间、实习目的要求、实习内容、实习数据记录、实习结果分析、存在的问题以及建议。

(2)按时提交实习报告。

(3)实习报告必须按要求格式填写,排版清晰、美观。

(4)按时交回实习单位回执和实习单位对实习情况的评价表。

9.6 教学资源条件

9.6.1 指导教师

第一,指导教师应符合《中华人民共和国教育法》、《中华人民共和国教师法》、《中华人民共和国高等教育法》对教师行为规范的基本要求。

第二,指导教师应有一定的金融行业背景、金融实践经验丰富,尽可能是"双师"、"双能"型教师。

第三,指导教师应具有较强的沟通协调能力、组织应变能力,定期与实习基地负责人进行主动的沟通交流,建立融洽的合作关系,维持实习基地的稳定性。

第四,指导教师自愿接受实习基地组织安全教育和业务培训。

9.6.2 实习基地

第一,每个金融学类本科专业应建立稳定的校外教学实习基地,原则上至少配设 1 个实习基地,并且实习基地以金融机构为主,以政府部门、企事业单位为辅。

第二,校外实习基地要与基地所在单位签订教学实习基地协议书,合作期限原则上不少于一年,协议书应包括以下内容:(1)目的、意义;(2)协议内容;(3)协议双方的权利和义务;(4)教学实习的安排;(5)协议的有效时间;(6)其他事宜。

第三,实习基地由学校统一进行挂牌,挂"××大学(或××大学××学院)实践教学基地"。

第四,实习基地应按学期编制实习基地使用计划,计划内容应包括使用时间、接受专业名称、接受人数、实习教学内容等。

第五,实习基地应为学生提供一定数量的实习岗位,岗位工作内容与学生专业相关度高。

第六,实习基地金融学科特色突出,拥有培养学生专业技能和实践创新能力的实践课程体系,可以满足学生认知实习、专业实习和毕业实习等不同层次的实习需求。

第七,实习基地应安排一定数量的校外实习指导教师。

第八,实习基地要有一定的经费支持,要购置与开展实习有关的软硬件设备设施。

第九,校外实习基地要确保学生安全,为学生购买学生安全保险。

第十,为满足实习基地专业人才培养目标,要制定《实习基地教学管理规范》及《实习基地建设经费管理办法》。

9.6.3 资金投入

为保证实验教学的顺利开展,相关部门应根据金融专业实验教学投入充足的资金,为实习基地投入一定的经费。资金主要用于实习指导教师的培训、实习课程的开发建设和实习基地的维护等。

9.6.4 制度规范

学校管理部门要加大对实习基地建设管理,要制定以下相关制度或办法:

教务处工作职责:(1)制定学校实习教学指导性文件,检查学院实施细则制定工作和执行情况;(2)检查教师教学资格认定制度实施情况;(3)审核学院实习教学执行计划,编制全校实习教学执行计划,下达实习教学任务;(4)制订实习经费预算执行计划,检查实习经费的使用情况,监管实习经费;(5)检查实习教学工作运行情况,协调解决疑难问题;(6)管理校内外实习基地建设工作;(7)评估全校实习工作,评价教学质量,组织教学研究与经验交流。

二级学院工作职责:(1)建设满足培养方案要求的实习教学团队;(2)组织制定实习教学标准(含考核);(3)制定教师实习教学能力考核办法,认定教师独立承担实习教学的资格;(4)制定教师实习教学规范、教师实习工作考核办法;(5)制定学生实习守则,制定实习安全与保密管理实施细则;(6)组织教学团队制订年度实习教学实施方案;(7)负责校内外实习基地建设和运行管理;(8)检查实习教学准备,检查实习计划执行情况;(9)监控实习教学质量,总结实习工作;(10)考核教学团队负责人年度工作。

第 10 章　毕业论文规范

毕业论文是指高等学校(或某些专业)为对本科学生集中进行科学研究训练而要求学生在毕业前撰写的论文。

毕业论文是实现金融专业人才培养目标的重要教学环节,是全面检验学生综合素质与综合能力的主要手段。在毕业论文撰写阶段,学生在指导教师的指导下,选定具有明确需求和目标的课题,按照金融基本理论及管理的要求,从开题、文献检索、方案设计、论证到具体实践等环节开展工作,完成课题任务及课题资料的建设,并在此基础上撰写论文,毕业论文既可以加深对理论知识的掌握,为将来更高阶段学习奠定基础,也能为今后的工作实践打下扎实的基础。

金融学类专业毕业论文具有以下"三性"特点:

第一,实践性。毕业论文作为实践性教学环节,要求学生通过深入金融行业或金融机构调研,研究存在于社会经济金融中的某一现实问题,它不但能培养学生发现问题、提出问题、分析问题的能力,而且能培养学生运用所学的经济金融专业理论知识和方法解决现实问题的能力,提高独立思考、设计、方案论证、策划、分析的能力,树立理论联系实际的良好作风。

第二,综合性。毕业论文着重培养学生的综合知识、综合技能,是对学生所学金融专业知识、专业技能综合应用的一次检验。同时,它能够培养学生的综合素质能力,为继续深造或就业打好基础。

第三,创新性。撰写毕业论文能使学生受到科学研究工作各个环节的实际锻炼,包括文献检索、数据处理、模型设计等,培养学生利用科学研究的基本方法,创造性地从事科学研究或实际工作的初步能力。同时,撰写毕业论文有利于培养学生实事求是、严肃的科学态度和勇于创新的精神。

10.1 基本原则

毕业论文教学安排应遵循以下基本原则:

第一,立足培养方案,与专业培养目标相一致。人才培养目标是一切教育教学活动的导向,毕业论文作为检验人才培养质量的重要手段之一,无论在形式上还是内容上都应该围绕人才培养目标,与金融专业人才培养目标相吻合。

第二,结合专业特点,强化实际应用。金融学类专业属于应用经济学范畴,因此金融学类专业毕业论文在选题时,应紧密联系现实金融问题,既要有理论价值,也要有现实意义。毕业论文应围绕市场经济中的各类金融活动进行研究,问题导向明确,研究内容要体现科学性和实用性,发挥学生的积极性和创造性。

第三,遵循教育教学规律,实现教学目标。毕业论文是本科生培养的关键环节,在毕业论文学习阶段要有明确的教学目标和学习任务,在此基础上培养学生的创新意识和能力,强化学术道德意识。

第四,立足研究问题,实现毕业论文形式多元化。毕业论文多元化是指不同专业在毕业前所进行的专业综合训练环节形式的多样化,如毕业设计、毕业论文、案例分析、社会调查报告等。每个金融学类专业根据自己的专业特点采用一种或多种论文形式。

10.2　质量要求

毕业论文(设计)应遵循理论联系实际的原则,反映运用专业知识思考、分析和解决实际金融问题的能力。其中:

毕业论文要求达到:主题明确、观点正确、内容充实、材料翔实、论证有力、层次清楚、语句通顺。

毕业设计要求达到:规划方案设计合理,研究方法科学;参数假设合理,计算正确;设计方案风险评估合理,能够有效实现资源配置与平衡;投资工具配置合理,产品推荐思路清晰。构思新颖、设计科学完整、内容充实,有一定的先进性和较强的实用性。

社会调查报告要求达到:调查对象选择恰当,调查内容重点明确,资料收集方法有效;调查资料展示充分翔实,对调查资料能够展开全面深入地分析,能够联系经济学和金融学理论展开讨论;论证充分,结论明确,论证的逻辑性强。

金融案例分析要求达到:案例选择恰当,题目与专业相关性高,现实意义和理论意义较大;研究问题较前沿;论文能表现出学生对实际问题具有分析能力和概括能力,能准确、简洁地阐述案例;能全面、准确、合理地总结相关问题和观点;研究结论与建议具有现实意义,解决问题的方案具有可操作性。

10.3　选题要求

选题恰当是做好毕业论文(设计)的前提,选题时应遵循以下原则:

第一,符合专业培养目标的要求,能达到综合训练的目的。

第二,选题指南要切实做到与科学研究相结合,与生产实际相结合,切实提高研究实际问题的论文比例,在实验、实习、工程实践和社会调查等社会实践中完成的论文选题要达到50%以上。严格审查"虚拟选题",即从网络中下载已经完成的选题,或脱离实际的自命题。

第三,贯彻因材施教的原则,题目难度要合理,分量要适当,题目不宜过大,涉及的知识范围、理论深度要符合学生在校所学基本理论、实践能力和现代科学技术发展水平的实际情况,对优秀学生可适当加大分量和难度,使学生在原有的水平和能力方面有较大的提高,并鼓励学生有所创新。

第四,选题以学生自主选题为主,教师出题为辅。倡导学生自主选题,鼓励学生在社会调查、认知实习、专业实习,以及其他实践环节开展过程中发现的现实金融问题作为毕业论文选题;教师要积极引导学生自主选题,引导学生思考和研究问题,培养学生发现问题、分析解决问题的能力。学生选题要经过指导教师、所在系审核、学院院长批准后方可开题。

第五,选题与就业导向相结合。积极引导学生毕业论文选题与金融企业相结合。

第六,学年论文与毕业论文相结合。将毕业论文工作向前延伸到学年论文阶段,倡导将学年论文深化、细化、规范化后形成毕业论文。

第七,选题不宜过大,要避免贪大求全的选题;选题一般不宜出现涉及全国范围的论题,倡导学生针对具体实际问题进行深入研究;题目的语句要通顺,确保题目没有语法问题。

第八,应结合专业的特点,多反映现实的金融问题。提倡不同专业(学科)互相结合,开阔学生眼界,实现学科之间的互相渗透。

第九,坚持"一人一题"。若需二人以上共同完成,须由指导教师提出并经主管教学主任批准,但大题目的总体设计每个学生都要参加,其余部分应做到分工明确,以保证每个学生都能独立完成相应部分工作。

10.4　工作流程规范

毕业论文(设计)工作必须循序渐进,要符合基本的工作程序和工作流程。其主要程序包括:论文(设计)的选题、文献综述、开题报告、撰写论文、教师指导、指导教师评阅、答辩、成绩评定、工作考核。

10.4.1　选题

第一,各专业的选题一般由各二级学院组织教师提出选题方向;如学生根据自己感兴趣的实际问题提出毕业论文(设计)题目,须经专业负责人、学院院长审批后实施;选题数量(含学生自拟题目)一般要达到本专业应届毕业生数量的两倍左右;各二级学院组织进行审题、汇总,列出毕业论文(设计)选题方向指南,并经过学院院长审批。

第二,经二级学院批准的选题方向指南,由学院向学生公布,组织学生选题。

第三,各二级学院可采取师生双向选择的办法进行选题。对双向选择未能落实选题的学生由学院负责协调落实。

第四,各教研室要认真审查选题,对不符合要求的选题,应及时要求教师、学生重新修改。

第五,二级学院答辩委员会要在教研室审查的基础上,对每一个选题进行复审,提出复审意见。对存在的问题,各二级学院要严格要求教师、学生进一步完善。

第六,学生选题确定后,各二级学院进行选题汇总,经主管教学主任签字后,连同电子文档提交一份给教务处备案。学生不得任意改变题目,确有特殊原因需要改变者,须向指导教师说明理由,经二级学院专业负责人批准后方可改变。

10.4.2 开题

第一,毕业论文(设计)开题时间在第七学期。学生根据选定的题目,征求指导教师的意见,认真完成开题工作。

第二,指导教师根据选题提出毕业论文(设计)的具体要求,指导学生拟定工作进度,列出参考文献目录。由多个学生共同完成的题目,应明确各个学生独立完成的工作内容。

第三,二级学院组织毕业论文(设计)写作动员大会和开题报告会,做好记录并将图片及影像等资料的存档。

第四,指导教师应认真审核《毕业论文(设计)开题报告》,并提出意见及建议。

第五,指导教师应将二级学院审核后的《毕业论文(设计)开题报告》同时另交2份复印件,其中一份留作答辩论文装订,另一份学院存留备查。

第六,字数要求:毕业论文(设计)的字数8000字以上或相当信息量,一般不超过10000字。

10.4.3 撰写毕业论文(设计)

10.4.3.1 资料收集与科学研究

10.4.3.2 拟写提纲和撰写毕业论文(设计)

(1)拟写提纲。提纲要项目齐全,逻辑合理,结构清晰,能初步建立文章的基本轮廓。

(2)撰写初稿。初稿要合乎文体规范,内容尽量丰富,结构合理。论据充分,表达规范。避免采用新闻报道式文体。

10.4.3.3　修改定稿

（1）修改观点：一是订正观点，检查全文的基本观点以及说明它的若干从属论点是否偏颇、片面或表述不准确，确保观点正确，精练简明；二是深化观点，检查自己的观点是否存在浅显、无深度、无新意等问题。

（2）修改材料：通过材料的增、删、改、换等方法修改论文，确保文章支持论据的材料充分、精练、准确。

（3）修改结构：检查文章是否存在中心论点或分论点有较大的变动；层次不够清楚，前后内容重复或未表达完整；段落零碎或粗糙，层次不够清晰；结构不完善，内容组织松散等现象，针对具体问题修改文章结构。

（4）修改语言：包括用词、组句、语法、逻辑等。作为学术性的文章，毕业论文（设计）的语言应具有准确性、学术性和可读性，因此要检查并完善文章的用词、组句、语法和逻辑等方面。

（5）严格按照论文格式的要求进行修改，培养良好的学术规范意识。

10.4.4　答辩

第一，答辩资格审查。各二级学院答辩委员会进行答辩资格审查，对不符合答辩资格的毕业论文要严肃审定。

第二，答辩人数确定。各专业参加现场答辩比例为毕业生数的 50% 以上。答辩比例由学院根据实际情况自行确定，也可根据实际情况要求学生全部参加答辩，倡导各学院全部实现现场答辩。

第三，答辩小组应提前审阅学生的论文，准备好答辩时要提出的问题；对不符合答辩资格的学生，答辩小组有责任向答辩委员会建议取消其答辩资格。

第四，答辩时，学生简要介绍论文的选题依据、基本论点及论文的写作特点和创新之处，回答答辩小组成员的提问。答辩小组要指派专人（记录员）对提出的问题和学生回答问题的内容进行详细记录整理。每个学生作不低于 5

分钟的论文自述报告,每位学生的答辩时间不低于 5 分钟。记录答辩过程的文字材料交答辩小组成员传阅,后由答辩组长签字确认。

第五,学生毕业论文(设计)需要通过学校的抄袭检测,对被认定为抄袭者,将取消其毕业论文(设计)成绩和学士学位资格。

第六,答辩结束后,答辩小组要对答辩的学生写出评语。

10.5　指导教师规范

第一,指导教师由讲师或相当职称以上有经验的教师、工程技术人员担任,助教不能单独指导毕业论文(设计),但可有计划地安排他们协助指导教师工作。安排指导教师须经学院院长批准。

第二,为确保毕业论文(设计)的质量,学院按照每位指导教师的学术与科研情况合理安排其指导的学生人数,原则上不超过 10 人。

第三,指导教师引导学生在综合考虑专业、研究兴趣和擅长领域等因素后,提供研究主题,引导学生做出选择并加以完善。

第四,认真审定学生的开题报告并提出建议,保证学生顺利开题。

第五,指导教师在学生开题前至少指导 2 次,在撰写论文过程中至少当面指导 3 次以上,填写毕业论文(设计)指导情况记录表,由指导教师与学生签字后生效。

第六,指导教师对学生既要在业务上严格要求、认真指导,同时要做好学生的思想教育工作。重点培养学生的独立工作能力和创新能力方面,充分发挥学生的主动性和创造性。

第七,指导教师在学生收集资料和科学实验的过程中,应引导学生掌握各种收集资料和科学实验的方法。

第八,指导教师在学生完成毕业论文(设计)后,按照工作要求和"毕业论文(设计)撰写规范"审阅学生完成任务情况,客观专业地评价毕业论文(设计)是否合格,对学生进行答辩资格预审,指导学生参加论文答辩,完成指导教师评语并评定成绩。

第九,学生在完成毕业论文(设计)后,指导教师收齐学生毕业论文(设计)全部资料,列出清单,交由学校验收。

10.6　学生规范

第一,学生在广泛开展社会调查、收集资料、了解相关问题的研究现状,开展科学研究,获取相关数据等基础上撰写毕业论文(设计),做到理论联系实际,按照规定的格式进行系统地阐述,培养良好的学术规范意识。

第二,必须由学生本人独立完成,不得弄虚作假,不得抄袭他人成果,不得侵犯他人的知识产权。

第三,毕业论文(设计)篇幅正文一般为 8000 字以上(不含图表、程序和计算数字)或相当信息量,最多不超过 15000 字。

第四,毕业论文(设计)应中心突出,内容充实,论据充分,论证有力,语言应具有准确性、学术性和可读性,数据可靠,结构紧凑,层次分明,图表清晰,格式规范,文字流畅,字迹工整,结论正确。

第五,严格遵守纪律,认真完成每个环节的教学目标,在指导教师的指导下,按照时间节点保质保量地完成规定的任务。

第六,认真听取教师和有关技术人员的指导,将毕业论文(设计)成果、资料整理好并及时交给指导教师。

第七,按学校要求对毕业论文(设计)进行装订并做好归档。

10.7　写作规范

第一,毕业论文(设计)由封面、诚信声明、授权声明、中英文内容摘要、中英文关键词、目录、正文、注释(可选)、参考文献、致谢(可选)、附录(可选)等部分组成。

第二,毕业论文(设计)的文字图形一律从左至右横写横排。文字一律通栏编辑。字迹必须清楚,禁用异体字、复合字及一切不规范的简化字。非必要,不使用繁体字。毕业论文(设计)文字、标点必须符合出版要求,要求为全角。

第三,注释、参考文献要求。注释中文部分所采用的标准和规范是中华人民共和国新闻出版署于 1999 年 2 月 1 日试行文本,即《中国学术期刊(光盘版)技术规范》(CAJ-CDB/T1-1998)。英文注释部分建议采用哈佛规则(Harvard System)。根据 GB3469 规定,以单字母方式标识以下各种文献类型:

参考文献类型	专著	论文集	报纸文章	期刊文章	学位论文	报告	标准	专利
文献类型标识	M	C	N	J	D	R	S	P

对于专著、论文集中的析出文献,其文献类型标识建议采用单字母"A";对于其他未说明的文献类型,建议采用单字母"Z"。

注释、参考文献按在正文中出现的先后次序列表于文后;序号左顶格,注释在正文中用①、②、③……表示;参考文献用数字加方括号表示,如[1]、[2]、[3]……以与正文中的指示序号格式一致。参照 ISO690 及 ISO690-2,每一注释条目的最后均以"."结束。

各种注释条目的编排格式及示例如下:

(1)专著、论文集、学位论文、报告

规则:[序号]□(空一格,下同)主要责任者.文献题名[文献类型标识].出版地:出版者,出版年.起止页码.

（2）期刊文章

规则：［序号］□主要责任者.文献题名［文献类型标识］.刊名,年,卷（期）:起止页码.

（3）论文集中的析出文献

规则：［序号］□主要责任者.析出文献题名［A］.原文献主要责任者（任选）.原文献题名［C］.出版地:出版者,出版年.析出文献起止页码.

（4）报纸文章

规则：［序号］□主要责任者.文献题名［N］.报纸名,出版日期（版次）.

（5）国际、国家标准

规则：［序号］□标准编号,标准名称［S］.

（6）专利

规则：［序号］□专利所有者.专利题名［P］.专利国别:专利号,出版日期.

（7）电子文献

规则：［序号］□主要责任者.文献题名.电子文献出处或可获得地址,发表或更新日期/引用日期.

（8）英文注释

英文注释方法建议采用哈佛规则。以下示例仅限于期刊、报纸和书等三种标注注释的规则。

①期刊或报纸

规则：［序号］□主要责任者（注:姓氏在前,名在后只注其名的第一个字母大写）,出版时间（注:以年为单位）,"文献题名",刊名（注:或报纸,斜体）,期（或出版日期）,起止页码.

②著作

规则：［序号］□主要责任者（注:姓氏在前,名在后只注其名的第一个字母大写）,出版时间（注:以年为单位）,文献题名（版次）（注:斜体）,出版者,出版地,起止页码.

10.8　管理规范

10.8.1　组织与管理

毕业论文(设计)工作实行校、学院两级管理,以学院为基础。二级学院院长负责组织领导毕业论文(设计)工作,并及时解决毕业论文(设计)工作中存在的问题。

学院毕业论文工作领导小组由学院领导、学院学术骨干及教学秘书组成,具体负责本学院毕业论文(设计)的组织、管理工作,包括:

第一,制订本学院毕业论文(设计)工作的实施计划。

第二,审定本学院毕业论文(设计)的选题、指导教师的安排等。

第三,对本学院师、生进行毕业论文(设计)工作动员。

第四,组织教师提出、论证毕业论文(设计)选题方向。

第五,协调解决本学院毕业论文(设计)场地、器材设备等问题。

第六,把握毕业论文(设计)工作的进展情况。检查毕业论文(设计)开题报告,检查本学院学生毕业论文(设计)的进度和质量。

第七,组织与审批本学院毕业论文(设计)答辩小组。

第八,组织本学院毕业论文(设计)期中检查和答辩工作。督促教师加强对学生的考勤。

第九,组织成绩评定。评选本学院优秀毕业论文(设计),推选院级优秀论文。

第十,对本学院毕业论文(设计)工作进行总结。

第十一,组织本学院教务人员将毕业论文(设计)及时收集整理归档。

第十二,配合学院对本学院毕业论文(设计)工作进行检查评估。

10.8.2　工作检查

10.8.2.1　前期检查

毕业论文(设计)选题审查,审查的程序是:采用二级学院初审,教务处组织专家评估的程序进行。

10.8.2.2　中期检查

二级学院组织中期检查工作,着重检查毕业论文(设计)的学风、工作进度、教师指导情况及工作中存在的困难和问题,并采取有效措施给予解决;教务处通过不同的方式了解各学院中期检查的情况,并协助解决有关问题。

10.8.2.3　工作总结

为了保证毕业论文(设计)的质量,不断提高毕业论文(设计)水平,每届毕业论文(设计)工作结束后,学院应认真进行总结并报教务处,包括毕业论文(设计)工作中存在的薄弱环节及改进意见或建议。

10.8.2.4　资料保存

统一装订包括毕业论文(设计)成绩评定及评语表原件的毕业论文(设计)一份,送存学校毕业论文(设计)档案库。学生需将毕业论文(设计)电子版终稿提交到学校图书馆管理系统。

参考文献

一、中文著作

1.［美］彼得·圣吉:《第五项修炼》,郭进隆译,中信出版社 2009 年版。

2.［英］查尔斯·爱德华·斯皮尔曼:《人的能力:它们的性质与度量》,袁军译,浙江教育出版社 1999 年版。

3.［英］丹尼斯·麦奎尔:《麦奎尔大众传播理论(第六版)》,徐佳、董璐译,清华大学出版社 2019 年版。

4.［美］F.W.泰罗:《科学管理原理》,胡隆昶译,中国社会科学出版社 1984 年版。

5.傅永刚、王淑娟:《管理教育中的案例教学法》,大连理工大学出版社 2008 年版。

6.顾明远:《教育大辞典》(增订合编本),上海教育科学出版社 1998 年版。

7.［美］H.A.奥图:《人的潜能》,刘君业译,世界图书出版社 1988 年版。

8.黄光雄:《能力本位师范教育》,复文图书出版社 1984 年版。

9.［美］简·杜威:《杜威传》(修订版),单中惠译,安徽教育出版社 2009 年版。

10.教育部高等学校教学指导委员会:《普通高等学校本科专业类教学质量国家标准》,高等教育出版社 2018 年版。

11.赖志奎:《现代教学论》,浙江大学出版社 1998 年版。

12.李庆臻:《科学技术方法大辞典》,科学出版社 1999 年版。

13.［美］洛林·安德森:《布鲁姆教育目标分类学》,蒋小平等译,外语教学与研究出版社 2009 年版。

14.罗竹风:《汉语大词典》,汉语大词典出版社 1998 年版。

15.［德］马克思、恩格斯:《马克思恩格斯全集》第 3 卷,人民出版社 1960 年版。

16.［德］马克思、恩格斯:《马克思恩格斯全集》第 44 卷,人民出版社 2001 年版。

17.彭聃龄:《普通心理学》,北京师范大学出版社 2012 年版。

18.石伟平:《比较职业技术教育》,华东师范大学出版社 2001 年版。

19.[美]斯蒂芬·P.罗宾斯:《组织行为学》(第 12 版),孙健敏、李原译,中国人民大学出版社 2009 年版。

20.[美] 斯腾伯格:《超越 IQ:人类智力的三元理论》,俞晓琳、吴国洪译,华东师范大学出版社 2014 年版。

21.宋军、张宗新:《金融计量学:基于 SAS 的金融实证研究》,北京大学出版社 2009年版。

22.[美]托马斯·库恩:《科学革命的结构》,金吾伦、胡新和译,北京大学出版社2003 年版。

23.王道俊、郭文安:《教育学》(第七版),人民教育出版社 2016 年版。

24.吴立岗:《教学的原理、模式和活动》,广西教育出版社 1998 年版。

25.吴晓义:《"情境—达标"式教学模式》,高等教育出版社 2014 年版。

26.谢幼如:《教学设计原理与方法》,高等教育出版社 2016 年版。

27.[古希腊]亚里士多德:《尼各马可伦理学》,廖申白译注,商务印书馆 2003年版。

28.[美]约翰·杜威:《民主主义与教育》,王承绪译,人民教育出版社 2001 年版。

29.[美]约翰·杜威:《我们怎样思维:经验与教育》(第二版),姜文闵译,人民教育出版社 2005 年版。

30.[美]约翰·杜威:《学校与社会·明日之学校》,赵祥麟、任钟印、吴志宏译,人民教育出版社 2019 年版。

31.张云阁、贺尧夫:《高校思想政治理论课实践教学创新研究》,浙江大学出版社2015 年版。

32.中共中央马克思恩格斯列宁斯大林著作编译局:《马克思恩格斯选集》,人民出版社 2012 年版。

33.中华人民共和国国家质量监督检验检疫总局,国国家标准化管理委员会:《〈标准化工作指南〉第 1 部分:标准化和相关活动的通用术语》,《中华人民共和国国家标准GB/T 20000.1–2014》2014 年版。

二、中文论文

1.艾兴、李苇:《基于具身认知的沉浸式教学:理论架构、本质特征与应用探索》,《远程教育杂志》2021 年第 5 期。

2.白天楠、张黎莉:《工科院校金融学本科实践教学的探讨》,《金融经济》2010 年第 24 期。

3.蔡敏容、阮坚、王小燕:《金融科技人才内涵、特征及能力体系》,《金融科技时代》2020 年第 7 期。

4.蔡跃、陈蕾静、杨静:《德国巴登-符腾堡双元制大学(DHBW)的办学模式研究》,《职业技术教育》2018 年第 10 期。

5.蔡跃、祝孟琪、张建荣:《德国"双元制大学"模式发展现状及趋势研究》,《高等工程教育研究》2019 年第 11 期。

6.蔡则祥、刘海燕:《实践教学理论研究的几个角度》,《中国大学教学》2007 年第 3 期。

7.曹晓丽、彭晨、张王琼:《基于胜任力模型的创新型科技人才评价指标体系研究》,《产业创新研究》2020 年第 3 期。

8.曹中一:《"三性"实验的内涵与特征》,《实验室研究与探索》2003 年第 4 期。

9.柴明:《CBE/DACUM 模块式教学的方法和特点》,《四川师范学院学报(哲学社会科学版)》1997 年第 3 期。

10.柴艳萍:《项目教学法在思政课实践教学中的应用》,《思想理论教育导刊》2015 年第 7 期。

11.陈超、赵可:《国外大学实践教育的理念与实践》,《外国教育研究》2005 年第 11 期。

12.陈柱:《金融专业一体化实践教学体系构建与实施》,《内蒙古财经大学学报》2017 年第 6 期。

13.邓云洲:《案例教学:一种可供教育学教学移植的范例》,《教育发展研究》2001 年第 4 期。

14.邓仲华、李志芳:《科学研究范式的演化——大数据时代的科学研究第四范式》,《情报资料工作》2013 年第 4 期。

15.冯晓霞:《解密金融科技》,《光彩》2018 年第 1 期。

16.高鸿桢:《实验经济学的理论与方法》,《厦门大学学报(哲学社会科学版)》2003 年第 1 期。

17.高笑天:《教学方法与教学模式》,《教育探索》1996 年第 1 期。

18.龚群:《亚里士多德德性伦理的几个问题》,《社会科学辑刊》2016 年第 1 期。

19.《国家中长期教育改革和发展规划纲要(2010—2020 年)》,中华人民共和国教育部网 2010 年 7 月 29 日。

20.郭水兰:《实践教学的内涵与外延》,《广西社会科学》2004 年第 10 期。

21.郭欣、刘元芳:《制度建设是提升大学人才培养质量的基石——学习〈教育部关于全面提高高等教育质量的若干意见〉》,《江苏高教》2012 年第 6 期。

22.韩庆祥、雷鸣:《能力建设与当代中国发展》,《中国社会科学》2005 年第 1 期。

23.何克抗:《建构主义——革新传统教学的理论基础(上)》,《电化教育研究》1997

年第 3 期。

24.何克抗:《现代教育技术与创新人才培养》,《现代远程教育与研究》2003 年第 1 期。

25.何妍慧:《独立院校本科毕业论文(设计)管理工作的改革与实践——以广东财经大学华商学院为例》,《科教文汇(中旬刊)》2015 年第 7 期。

26.洪林:《国外应用型大学实践教学体系与基地建设》,《实验室研究与探索》2006 年第 12 期。

27.胡连奎:《运用 CBE 理论和方法解决我国高等职业教育面临的问题》,《北京青年政治学校学报》2001 年第 3 期。

28.胡永铨:《工商管理学科实验教学方法改革》,《实验室研究与探索》2009 年第 3 期。

29.黄冬梅、张晋轩:《互动式教学在虚拟仿真实验中的运用》,《西部素质教育》2021 年第 15 期。

30.黄福涛:《能力本位教育的历史与比较研究——理念、制度与课程》,《中国高教研究》2012 年第 1 期。

31.黄小龙、黄艾卿:《计算机专业毕业设计实践教学法的研究》,《教育与职业》2009 年第 35 期。

32.季诚钧、何菊芳、卢双坡:《高校教师课堂教学行为分析》,《中国大学教学》2010 年第 5 期。

33.蒋春洋、赵伟:《案例教学法在教育学原理课程教学中的应用》,《沈阳师范大学学报(社会科学版)》2012 年第 6 期。

34.姜大源:《德国"双元制"职业教育再解读》,《中国职业技术教育》2013 年第 33 期。

35.李经兰、水常青、许庆瑞:《对基于"能力"的人力资源管理中的能力研究述评》,《中国地质大学学报(社会科学版)》2005 年第 5 卷第 4 期。

36.李其维、金瑜:《简评一种新的智力理论:PASS 模型》,《华东师范大学学报(教育科学版)》1995 年第 4 期。

37.李瑞、吴孟珊、吴殿廷:《工程技术类高层次创新型科技人才评价指标体系研究》,《科技管理研究》2017 年第 18 期。

38.李时彦:《模型与模型化方法》,《哲学研究》1984 年第 9 期。

39.李伟:《金融科技发展与监管》,《中国金融》2017 年第 8 期。

40.李佑稷、欧阳玉祝、石爱华:《浅谈基础化学实验教学体系的改革》,《实验科学与技术》2011 年第 1 期。

41.刘立新、张凯:《德国〈职业教育法(BBiG)〉——2019 年修订版》,《中国职业技术教育》2020 年第 4 期。

42.刘金平:《智力的 PASS 理论述评》,《河南大学学报(社会科学版)》2002 年第5 期。

43.刘义、高芳:《情境认知学习理论与情境认知教学模式简析》,《教育探索》2010年第 6 期。

44.吕景泉:《德国职业教育中的"关键能力"培养》,《世界教育信息》2007 年第7 期。

45.[美]迈克尔.J.普林斯、理查德.M.菲尔德、王立人:《归纳式教学法的定义、比较与研究基础(下)》,《高等工程教育研究》2009 年第 4 期。

46.米加宁、章昌平、李大宇、林涛:《第四研究范式:大数据驱动的社会科学研究转型》,《学海》2018 年第 2 期。

47.闵维方:《浅谈教育经济学及其逻辑结构和最新发展》,《教育经济评论》2016年第 1 期。

48.倪健、池静、徐祥林:《浅谈案例教学法的应用与实践》,《河北建筑科技学院学报(社会科学版)》2006 年第 1 期。

49.潘海涵、汤智:《大学实践教学体系的再设计》,《中国高教研究》2012 年第 2 期。

50.任晓霏、戴霏、[德]莱因霍尔德·盖尔斯德费尔:《德国双元制大学创新驱动产学研合作之路——巴登-符腾堡州州立双元制大学总校长盖尔斯德费尔教授访谈录》,《高校教育管理》2015 年第 5 期。

51.阮坚、田小丹、王小燕:《翻转课堂在高校经管综合实验中的探索与实践》,《实验室研究与探索》2019 年第 3 期。

52.邵文尧:《生物工程专业毕业论文(设计)培养环节的优化》,《广东化工》2019年第 4 期。

53.沈步珍、罗锐:《马克思主义实践观对高校思政课实践教学模式建构的启示》,《学校党建与思想教育》2021 年第 14 期。

54.盛昭瀚:《计算实验:社会科学研究的新方法》,《光明日报》2012 年 4 月 11 日。

55.时伟:《论大学实践教学体系》,《高等教育研究》2013 年第 7 期。

56.宋红霞:《重现实践教学的"经验"光芒——杜威经验哲学对高校实践教学的启示》,《安阳师范学院学报》2015 年第 4 期。

57.隋秀梅、王军、董晶:《论"项目教学法"在计算机网络技术实践教学中的应用》,《教育与职业》2009 年第 27 期。

58.孙福胜:《马克思恩格斯人的能力理论探析》,《南昌大学学报(人文社会科学版)》2019 年第 2 期。

59.孙康宁、傅水根、梁延德、王仁卿:《浅论工程实践教育中的问题、对策及通识教育属性》,《中国大学教学》2011 年第 9 期。

60.孙康宁、张景德:《关于高校工程实践教学改革的思考》,《教育部高等学校教学指导委员会通讯》2012 第 3 期。

61.孙占学、周林图:《高校特色实践教学体系之构建》,《教育评论》2007 年第 1 期。

62.滕珺:《21 世纪核心素养 外国人怎么说》,《中国教育报》2016 年 3 月 4 日。

63.田海梅、张燕:《基于任务驱动的计算机专业课教学模式》,《实验技术与管理》2011 年第 5 期。

64.汪冬梅、尤显卿、刘宁、凤仪、郑玉春、刘玉:《关于金属材料工程专业开设综合性和设计性实验的探讨》,《合肥工业大学学报(社会科学版)》2007 年第 4 期。

65.王建卫:《项目式教学在信源编码理论实验教学中的应用》,《广东化工》2018 年第 18 期。

66.王铁群:《指向与示范——谈案例教学在教育学课程中的运用》,《绍兴文理学院学报(教育教学研究)》2004 年第 11 期。

67.王巍萍、南潮:《美国"21 世纪技能"评估指标解读及启示》,《湖北师范大学学报(哲学社会科学版)》2017 年第 6 期。

68.汪溪、李建军:《以实验教学改革提高学生创新意识和实践能力》,《农机化研究》2005 年第 2 期。

69.王晓宁:《斯腾伯格智力理论简述》,《吉林化工学院学报》2012 年第 12 期。

70.王小燕、林伟君:《ERP 沙盘模拟实验教学中学生隐性知识显性化探究》,《实验室研究与探索》2013 年第 8 期。

71.王雄:《初中物理实验常用的十种方法》,《物理教学》2021 年第 11 期。

72.王源远、王丽萍:《高校实践教学的理论认识与实践探索》,《实验技术与管理》2013 年第 1 期。

73.魏勇、吴江:《大学生集中实习:内涵特征、比较优势与制度建设》,《西南师范大学学报(自然科学版)》2018 年第 6 期。

74.吴晓求:《"十四五"时期中国金融改革发展监管研究》,《管理世界》2020 年第 7 期。

75.吴岩:《中国特色不必让步于世界标准》,《中国教育报》2016 年 4 月 8 日。

76.吴岩:《建设高等教育智库联盟 推动高等教育改革实践》,《高等教育研究》2017 年第 11 期。

77.吴岩:《一流本科 一流专业 一流人才》,《中国大学教学》2017 年第 11 期。

78.谢宝珍、金盛华:《实践智力、社会智力、情绪智力的概念及其教育价值》,《心理学探新》2001 年第 2 期。

79.谢莉花、唐慧:《德国双元制职业教育专业设置探析——"教育职业"的分类、结构与标准》,《现代教育管理》2018 年第 3 期。

80.谢小芳、何华勤、许卫锋、连玲丽、陶欢、杨佳翰:《探究式教学在生物信息学综合实验中的实践探索》,《生物学杂志》2020 年第 5 期。

81.熊宏齐、戴玉蓉、郑家茂:《教学实验项目类型及其"开放内禀性"》,《实验技术与管理》2008 年第 1 期。

82.熊锐、盛燕萍、邢明亮、关博文、况栋梁、牛冬瑜:《项目化教学模式在本科〈道路工程概论〉教学中的应用探讨》,《教育教学论坛》2017 年第 34 期。

83.许德仰、许明:《欧洲关于大学生一般能力的界定》,《教育评论》2005 年第 2 期。

84.许德仰、许明:《欧洲大学生化学学科特定能力的界定》,《大学教育科学》2005 年第 6 期。

85.闫晓茹:《项目教学法在大学英语课堂教学中的应用研究》,《海外英语(下)》2019 年第 2 期。

86.阳立高:《努力建设高素质金融人才队伍》,《人民日报》2019 年 7 月 9 日。

87.姚梅林:《从认知到情境:学习范式的变革》,《教育研究》2003 年第 2 期。

88.袁广林:《应用型本科职业通用能力培养的价值与方法》,《现代教育管理》2021 年第 8 期。

89.曾小彬:《深化实验实践教学改革 提升应用型人才培养质量》,《实验室研究与探索》2010 年第 2 期。

90.曾小君、李巧云、付任重,柴文、杨捷、杨高文:《构建大学生科技创新团队的探索与实践》,《实验科学与技术》2018 年第 1 期。

91.张家睿、朱雪梅、周祥、江海燕:《基于体验式教学的建筑专业低年级实验教学创新》,《实验技术与管理》2014 年第 2 期。

92.张建伟、孙燕青:《从"做中学"到建构主义——探究学习的理论轨迹》,《教育理论与实践》2006 年第 26 卷第 4 期。

93.张力方:《亚里士多德潜能说对柏拉图阶层划分思想的超越》,《哈尔滨学院学报》2018 年第 8 期。

94.张新平:《论案例教学及其在教育管理学课程中的运用》,《课程·教材·教法》2002 年第 10 期。

95.张瑶、张艳涛:《论马克思的能力观》,《理论与现代化》2018 年第 2 期。

96.张云鹏、甘德清、张爱霞:《规范实践教学过程 提高实践教学效果》,《河北理工大学学报(社会科学版)》2010 年第 4 期。

97.张颖、张继平、宋岩:《基于"任务驱动"教学法的实验教学改革》,《实验室研究与探索》2013 年第 11 期。

98.张英彦:《论实践教学的理论基础》,《教育科学》2006 年第 4 期。

99.张英彦:《论高校实践教学目标》,《教育研究》2006 年第 5 期。

100.张忠福:《建立以能力培养为中心的实践教学体系》,《实验技术与管理》2011 年第 2 期。

101.赵桂龙、缪培仁、丁为民:《研究性教学与传统教学方式的比较》,《高等农业教育》2013 年第 22 卷。

102.赵洪、王芳、柯平:《图书情报学实验研究方法与应用方向探析》,《情报科学》2018 年第 11 期。

103.甄卓铭:《理论教学与实践教学的同构关系》,《现代教育科学》2011 年第 9 期。

104.郑春龙、邵红艳:《以创新实践能力培养为目标的高校实践教学体系的构建与实施》,《中国高教研究》2007 年第 4 期。

105.《证监会明确取消证券公司、基金管理公司外资股比限制时点》,中华人民共和国中央人民政府网,2019 年 10 月 11 日。

106.郑谦、汪伟忠、赵伟峰、胡月英:《应用型高校实践教学质量评价指标体系研究》,《高教探索》2016 年第 12 期。

107.《中国人民银行 2021 年第一季度支付体系运行总体情况》,中国人民银行网,2021 年 6 月 2 日。

108.《中华人民共和国高等教育法》,中华人民共和国教育部网,2016 年 6 月 1 日。

109.钟昱、曹问:《情境学习理论视野下的教学设计》,《中国成人教育》2013 年第 15 期。

110.周传胜、张宝歌、金志民、赵杰:《高校实践教学质量标准的内涵及其构建》,《牡丹江师范学院学报(自然科学版)》2013 年第 1 期。

111.周坚锋:《对标准和标准化工作的一些认识和思考》,《中国标准化》2020 年第 5 期。

112.周建平:《大学实践教学的变革:情境学习理论的视角》,《高教探索》2009 年第 4 期。

113.周金燕:《人力资本内涵的扩展:非认知能力的经济价值和投资》,《北京大学教育评论》2015 年第 1 期。

114.周前程:《人的能力与科学人性观——马克思的人性观再分析》,《辽宁行政学院学报》2011 年第 3 期。

115.周新年、沈嵘枫、周成军:《学术论文写作流程与写作技巧》,《吉林农业科技学院学报》2012 年第 2 期。

116.朱高峰:《工程教育中的几个理念问题》,《高等工程教育研究》2011 年第 1 期。

三、外文著作

1.Lorin W. Anderson and David R. Krathwohl, *A Taxonomy for Learning*, *Teaching*, *and Assessing:A Revision of Bloom's Taxonomy of Educational Objectives*, Allyn and Bacon, 2001.

2.Boyatzis, R.E., *The Competent Manager:A Model for Effective Performance*, John Wiley and Sons, 1982.

3. Bruce Joyce, Marsha Weil, Emily Calhoun., *Models of Teaching*, Allyn and Bacon, 1999.

4. Burke, J., *Outcomes, Learning and the Curriculum: Implications for NVQs, GNVQs and Other Qualifications*, Routledge Falmer, 1995.

5. Das, J.P., Naglieri, J.A., Kirby, J.R., *Assessment of Cognitive Processes: The PASS Theory of Intelligence*, New York: Allyn and Bacon, 1994.

6. Harris, Roger, *Competency–Based Education and Training: between a Rock and a Whirlpool*, Paul & Company, 1995.

7. John Gaillard, *Industrial Standardization: Its Principles and Development*, The H.W. Wilson Company, 1934.

8. Lave, J., *Cognition in Practice*, Cambridge University Press, 1998.

9. Mayer, R.E., *Learning and Instruction*, Merrill Prentice Hall, 2003.

10. Nickse, Ruth., *Competency –Based Education: Beyond Minimum Competency Testing*, Teachers College Press, 1981.

11. Spencer, L. M., Spencer, S. M., *Competence at Work: Models for Superior Performance*, John Wiley&Sons, 1993.

四、外文论文

1. Alexander, W. P., " Intelligence, Concrete and Abstract ", *British Journal of Psychology*, 29(1), 1938.

2. Brown, Collins, Duguid., " Situated Cognition and the Culture of Learning ", *Educational Research*, 18(1), 1989.

3. Burton, R. Clark, " Genetic Entrepreneurialism among American University ", *Higer Education*, (2), 2005.

4. Cash, J.R., Behrmann, M.B., Stadt, R.S., McDaniels, H., " Effectiveness of Cognitive Apprenticeship Instructional Methods in College Automotive Technology Classrooms ", *Journal of Industrial Teacher Education*, 34(2), 1997.

4. Collins, A., Brown, J.S. & Newman, S.E., " Cognitive Apprenticeship: Teaching the Crafts of Reading Writing, and mathematics ", In L.B.Resinck(Ed.), *Knowing Learning and Instruction: Essay in Honor of Robert Glaser*, Hillsdale, Lawrence Erlbaum Association, 1989.

5. Curtis, D. D., " International Perspectives on Generic Skills ", *Generic Skills in Vocational Education and Training*, 2004.

6. D'Amico, Gregory, S., " Internship Programs Offer Students and Employers Great Value ", *Printing News*, 2010-5-22.

7. D'Amico, Gregory, S., "Student Perspectives on Business Internship Programs", *Printing News*, 2010-5-24.

8.Eyong B. Kim, Kijoo Kim, Michael Bzullak, "A Survey of Internship Programs For Management Undergraduates in AACSB-accredited Institutions", *International Journal of Educational Management*, (7), 2012.

9.Falk Armin, James J. Heckman, "Lab Experiments Are a Major Source of Knowledge in the Social Sciences" *Science*, 326(5952), 2009.

10.Halley Dee., "The Core Competency Model Project", *Corrections Today*, 12, 2001.

11.Heckman, J., Stixrud, J., "Urzua S. The Effects of Cognitive and Non-cognitive Abilities on Labor Market Outcomes and Social Behavior", *Journal of Labor Economics*, 24 (3), 2006.

12.Hornby, D., Thomas, R., "Toward a Better Standard of Management", *Personnel Management*, 21(1), 1989.

13.Hunt, J.J., Wallace., "Organizational Change and the Atomization of Modern Management", *Management Development Forum*, 1(1), 1998.

14.Kanungo, R.N., "Managerial Resourcefulness: a Reconceptualization of Management Skills", *Human Relations*, 45(12), 1992.

15.Lebow, G., Wager, W.W., "Authentic Activity as a Model for Appropriate Learning Activity: Implications for Emerging Instructional Technologies", *Canadian Journal of Educational Communication*, 23(3), 1994.

16.Lee, I., Shin, Y.J., "Fintech: Ecosystem, Business Models, Investment Decisions, and Challenges", *Business Horizons*, 61(1), 2018.

17.McClelland, D.C., "Testing for Competency rather than for Intelligence", *American Psychologist*, (28), 1973.

18.Nonaka, I., "A Dynamic Theory of Organizational Knowledge Creation" *Organization Science*, (2), 1995.

19.Nonaka, I., Toyama, R., Konno, N., "SECI, Ba and Leadership: a Unified Model of Dynamic Knowledge Creation", *Long Range Planning*, 33(1), 2000.

20.Onne Janssen., "Job Demands, Perceptions of Effort-reward Fairness and Innovative Work Behaviour", *Journal of Occupational and Organizational Psychology*, 73(3), 2010.

21.Parry, S.R., "The Quest for Competencies", *Training*, (7), 1996.

22."Partnership for 21st Century Skills's., 'P21 Framework Definition'", *21st Century Power Partnership*, 2016-11-28.

23.Sheng Zhaohan, Zhang Wei, "Computational Experimental Method in Management Science Research", *Journal of Management Sciences in China*, (14), 2011.

24.Sternberg Robert.,J.,"A Broad View of Intelligence:The Theory of Successful Intelligence",*Consulting Psychology Journal:Practice and Research*, 55(3),2003.

25.Sternberg Robert.,J.,"Four Alternative Futures for Education in the United States: It's Our Choice",*School Psychology Reviews*,33(1),2004.

26.Swan,R.F.,"In Search of the Superior Professional",*Occupational Health & Safety*, 68(10),1999.

27.Torr,A.,"A Complex View of Professional Competence",Paper Presented at 17th National Vocational Education and Training Research Conference,2008.

28.Wecsler,D.,"Non-intellective Vactors in General Intelligence",*Journal of Abnormal Social Psychology*,(38),1943.

附录1　高校本科金融学类专业实践教学现状问卷

您好！为了促进高校金融学类专业实践教学改革，提高人才培养质量，我们开展高校本科金融学类专业实践教学现状调研。您所提供的信息将起到非常重要的作用。问卷采取匿名形式，仅供学术研究之用，且承诺绝对保护您的个人隐私！请您真实填写问卷。衷心感谢您的支持！

广东省普通高校人文社会科学研究重点项目

"金融人才能力培养中的在线学习资源推荐系统研究"项目组

您是(可多选):A:专任教师　B:专业建设负责人　C:教学部门实践教学负责人　D:教学管理部门实践教学负责人　E:其他。

以下题目请按您对表述的同意程度打√，分为非常不赞同、比较不赞同、一般、比较赞同、非常赞同5个等级，1代表"非常不赞同"，5代表"非常赞同"。

题目	1	2	3	4	5
1. 近五年来,金融学类专业实践课程学分或学时比重有所提升					
2. 能根据金融业对人才的新要求,及时修订人才培养方案,提高人才培养质量					

题目	1	2	3	4	5
3. 设立了产业学院、企业工作室、联合实验室、创新基地或实践基地等实践教学组织					
4. 金融类实践教学有完善的管理制度和运行机制,教务处、就业指导中心、教学机构、实习企业等相关部门权责分明					
5. 有充足的实验室建设、软件采购及软件开发等资金支持					
6. 有充足的实习经费、创新创业经费等资金支持					
7. 有充足的实践教学教师、双师型教师引进和培训资金支持,鼓励教师参与行业调研、学术会议、学术研讨等活动					
8. 实践教学体系完整,有实验、实习、毕业论文(设计)、创新创业等实践教学环节					
9. 在实验教学中,综合性、设计性、创新性实验的比重有明显提高					
10. 实习基地及岗位数量充足,与专业对口,能切实提高学生综合实践能力					
11. 有研究方法、文献检索与导读、学术论文写作等相关课程,毕业论文(设计)能反映学生的综合素养和专业能力					
12. 有丰富的科研科技活动、学科竞赛、创业大赛等创新创业教育教学环节					
13. 在实践教学中较好地运用了翻转课堂及混合教学模式					
14. 在实践教学中较好地应用了探究式、问题导向式、项目式、案例式教学方法					
15. 在实践教学中较好地应用了团队式学习、同伴互学等方法					
16. 有完整、可行的实验教学规范(包括相关概念的界定、教学文件规范、教学方法规范、教学条件规范、教学过程规范、教师规范、学生规范、考核规范等)					
17. 有完整、可行的实习教学规范(包括相关概念的界定、教学文件规范、教学方法规范、教学条件规范、教学过程规范、教师规范、学生规范、考核规范等)					
18. 有完整、可行的毕业论文(设计)规范(包括相关概念的界定、教学文件规范、教学方法规范、教学条件规范、教学过程规范、教师规范、学生规范、考核规范等)					
19. 有完整、可行的创新创业教学规范(包括相关概念的界定、教学文件规范、教学方法规范、教学条件规范、教学过程规范、教师规范、学生规范、考核规范等)					

附录 2　深度访谈提纲

表 1　深度访谈提纲 A——金融业用人单位代表

一、基本信息	对象		访谈日期	
	单位		访谈地点	
	岗位		开始时间	
	技术职称		结束时间	
二、访谈说明	说明一:自我介绍 　　首先代表研究团队对受访者抽出宝贵的时间接受访谈表示感谢,对项目组和自己进行简单介绍。 说明二:访谈目的 　　近年来,随着大数据、移动互联网、人工智能、区块链技术等金融科技的发展,传统的金融生态发生巨大变革。作为一名有多年工作经验的金融行业精英,您一定非常了解行业变革对金融人才需求的影响。今天我们进行访谈的主要目的:一是了解金融行业对人才需求发生了哪些变化,二是用人单位对人才能力有哪些要求。今天我们希望得到一些指导和启发,这对提高高校本科金融学类专业人才培养质量,提升高校服务地方经济发展,具有重要的意义。 说明三:访谈形式及保密说明 　　今天我们进行的是一对一深度访谈。今天您所提供的所有信息资料,只作为科研整体分析素材,不作为个别披露,并向您承诺绝对保密。我们的访谈时长为 70 分钟左右,再次感谢您对我们的支持!			

续表

三、正式访谈	内容一:结合受访者背景、单位及岗位提出相关问题,了解金融行业变革对人才数量、结构和质量有哪些新的要求 2017 年国务院办公厅《关于深化产教融合的若干意见》指出,人才培养供给侧和产业需求侧在结构、质量、水平上还不能完全适应,"两张皮"问题仍然存在。 1. 近年来金融业发生了哪些变革,金融业发展呈现出哪些新的特点? 2. 当前行业对金融人才的数量、结构和质量提出了哪些新的要求? 3. 您认为金融人才供需在数量、结构和质量矛盾中,哪一个矛盾最为突出? 4. 您认为哪几类人才是当前行业最为紧缺的人才? 5. 您认为高校可以通过哪些途径实现人才培养与行业需求有效对接? 内容二:结合受访者背景、单位及岗位提出相关问题,了解用人单位对金融人才的能力要求 以行业能力需求为导向,培养适应金融业发展要求的优质人才,是缓解行业人才供给不足、能力水平不高、能力结构错配等问题的根本途径。用人单位对人才素质能力要求和评价标准,是高校制定明确的人才培养目标、合理的人才培养方案及具体的教学改革行动方案的重要指南。 6. 近年来贵单位主要做了哪些业务调整和制度改革? 7. 近年来贵单位是否对人才规划做了调整?具体体现在哪些方面? 8. 您对当前贵单位金融人才的整体素质能力满意吗? 9. 您认为用人单位对金融人才素质能力要求有哪些?在人才招聘中,您特别关注的是哪些方面的能力? 10. 贵单位对金融人才的能力评价、绩效考核及晋升指标有哪些? 内容三:其他补充性问题 11. 您觉得在专业课程设置中,哪些课程是最重要的? 12. 您对高校金融学类专业建设还有哪些建议呢?
四、访谈结束	告知受访者访谈结束,向受访者致谢、道别。
备注	采访人:　　　　　记录人:　　　　　整理人:

表 2　深度访谈提纲 B——高校教学管理部门或金融学类专业建设负责人

访谈编号:

一、基本信息	对象		访谈日期	
	单位		访谈地点	
	职位		开始时间	
	技术职称		结束时间	

续表

二、访谈说明	说明一:自我介绍 首先代表研究团队对受访者抽出宝贵的时间接受访谈表示感谢,对项目组和自己进行简单介绍。 说明二:访谈目的 随着金融改革的深化和金融科技的发展,金融业呈现出新的发展态势和特征,行业对人才的能力要求和评价标准发生了转变。高校是行业人才输送的主要来源,为社会提供符合行业发展需求的高质量人才,是高校的重要使命。《国家中长期教育改革和发展规划纲要(2010—2020年)》明确提出要提高高等教育质量和人才培养质量,将"提高质量"作为今后一段时期我国高等教育事业发展的核心任务。作为一名有多年金融类教育教学工作经验的专家,您一定对当前高校金融人才培养有独到的见解。今天我们进行这个访谈的主要目的,一是了解近年来金融学类专业学生的基本就业状况,二是贵校对金融学类专业学生的能力要求及评价方法。三是了解近年来高校提升金融学类专业学生综合素质能力的主要措施。 说明三:访谈形式及保密说明 今天我们进行的是一对一深度访谈。今天您所提供的所有信息资料,只作为科研整体分析素材,不作为个别披露,并向您承诺绝对保密。我们的访谈时长为70分钟左右,再次感谢您对我们的支持!
三、正式访谈	内容一:结合受访者背景或岗位提出相关问题,了解近几年来金融学类专业学生就业的基本状况 1. 近年来贵校金融学类专业学生就业率如何? 2. 近几年金融学类专业毕业生的就业质量,例如劳动报酬、发展空间及就业满意度等方面如何? 3. 近年来金融学类专业学生就业有了哪些新的特点? 内容二:结合受访者背景或岗位提出相关问题,了解金融学类专业人才培养方案的制定及修改的流程 4. 在制定人才培养目标前,是否进行了全面的行业人才需求调研? 5. 是否对毕业生职业能力发展有追踪调查? 6. 人才培养方案制定和修改的依据和流程如何? 7. 人才培养方案制定和修改的参与主体有哪些? 其中最重要的是哪一主体? 内容三:了解高校对金融学类专业学生的能力要求及评价方法 教育要面向未来,高校专业建设和人才培养要以行业发展趋势为基础,以行业需求为导向,实现人才供给与需求的有效对接。 8. 近年来金融业的巨大变革对人才的质量提出了新的要求,贵校对金融类人才培养的能力目标有了哪些变化? 9. 您认为在这些能力目标中,最重要的前三位是哪些? 10. 贵校如何评价学生的综合素质能力? 是否有一套学生能力综合测评体系? 内容四:了解高校近年来金融学类专业实践教学现状 实践教学是提升学生综合素质能力的有效途径,尤其是我们金融学类专业,具有更强的综合性和应用性,我们想了解一下贵单位金融学类专业实践教学的现状和近年来实践教学改革所做的具体工作。 11. 在贵校实践教学开展中,主要的参与主体有哪些? 是否有相应的改进措施? 12. 金融学类专业实践课程学分占总学分的比重如何? 当前主要的实践教学课程有哪些,各类实践教学课程的学分分布如何?

三、正式访谈	13. 贵校当前主要的实践教学环节有哪些？您认为这些环节的内容和结构合理吗？ 14. 贵校金融学类专业在课堂实践、实验教学、实习、毕业论文教学开展中,是否有相对应的教学规范？如何考核实践教学的效果？ 15. 近年来贵校金融学类专业在实践教学投入方面有哪些变化？ 16. 贵校当前金融学类专业实践教学组织与管理机制如何？ 17. 金融学类专业实践教学课程设置工作如何开展？流程如何？ 18. 贵校金融学类专业实验教学主要集中在哪些类型？综合性、设计性、研究性实验所占比重如何？ 19. 贵校金融学类专业实验教学软件主要来源有哪些？是否有自主开发的定制类软件？ 20. 贵校金融学类专业实习基地的数量和质量如何？存在哪些问题？ 内容五:了解高校近年来提升学生综合素质能力的措施 21. 您认为当前提高金融学类专业学生素质能力的主要途径有哪些？ 22. 请您介绍一下近年来贵校金融学类专业建设的具体措施。 23. 近年来金融学类专业课程体系是否有所变化？主要做了哪些调整？ 24. 贵校在产教融合、校企合作等方面,有哪些具体的措施？ 内容六:补充性问题 25. 您认为当前提升金融人才培养质量需要解决的首要问题是什么？
四、访谈结束	告知受访者访谈结束,向受访者致谢、道别。
备注	采访人: 　　　记录人: 　　　整理人:

表3　深度访谈提纲C——高校金融学类专业专任教师

访谈编号:

一、基本信息	对象		访谈日期	
	单位		访谈地点	
	职位		开始时间	
	技术职称		结束时间	

二、访谈说明	说明一:自我介绍 首先代表研究团队对受访者抽出宝贵的时间接受访谈表示感谢,对项目组和自己进行简单介绍。 说明二:访谈目的 作为一名金融学类专业专任教师,您一定对金融行业发展及人才培养有独到的见解。今天我们进行这个访谈的主要目的,一是想了解金融业变革对学生就业带来了哪些影响,二是了解金融学类专业学生的素质能力现状及评价标准,三是了解近年来贵校在课程体系、教学方法和管理体制等方面的问题和改革,四是了解贵校近年来金融学类专业实践教学现状。 说明三:访谈形式及保密说明 今天我们进行的是一对一深度访谈。今天您所提供的所有信息资料,只作为科研整体分析素材,不作为个别披露,并向您承诺绝对保密。我们的访谈时长为70分钟左右,再次感谢您对我们的支持!

三、正式访谈	内容一：了解金融业变革对高校金融学类专业学生就业带来了哪些影响？ 1. 您认为近年来金融行业的变革，对学生就业带来的最大挑战是什么？ 2. 据您了解，近几年毕业生对就业的满意度如何？ 内容二：了解金融学类专业学生的素质能力现状及评价标准 3. 您认为金融学类专业学生需要具备哪些素质能力？其中最重要的前三项是什么？ 4. 您认为当前金融学类专业学生最欠缺的是哪些能力？其主要原因是什么？ 5. 金融行业具有突出的交叉性和复合性，您认为培养跨界能力的途径有哪些？ 6. 当前贵校如何对金融学类专业学生的综合能力进行评价？您认为这种评价方法和标准合理吗？ 内容三：了解近年来金融学类专业课程体系及教学方法做了哪些调整 7. 近年来金融学类专业课程体系是否有所变化？主要做了哪些调整？ 8. 您认为当前金融学类专业的课程体系合理吗？还需要做哪些调整？ 9. 近年来在教学方法方面，有哪些尝试和创新？ 内容四：了解高校近年来金融学类专业实践教学现状 10. 你认为贵校学和管理部门、学生和老师对实践教学的重要性认知如何？ 11. 您所任的教学环节是否有相对应的教学规范？这些教学规范能否有效落地实施？ 12. 实践课程对学生的评价，与理论课程是否存在差异？你觉得评价体系是否合理？ 13. 贵校对实践教学教师的评价，与理论课程是否存在差异？您觉得评价体系是否合理？ 14. 您认为当前贵校实践教学投入充足吗？ 15. 贵校当前金融学类专业实践教学组织与管理机制如何？如何改进？ 16. 您认为任课教师在实践教学改革中的作用如何？提出的对策建议是否能落地实施？ 17. 贵校金融学类专业实验教学主要集中在哪些类型？综合性、设计性、研究性实验所占比重如何？ 18. 当前金融学类专业是否有自主开发的定制类实验教学软件？现有的实验教学软件是否能体现学校的办学定位和发展目标？ 19. 当前金融学类专业实习基地的建设情况如何？例如基地的数量、质量和运作效率、组织与管理机制、教师与学生考核等方面的现状。 内容五：补充性问题 20. 您认为当前提升金融人才培养质量需要解决的首要问题是什么？
四、访谈结束	告知受访者访谈结束，向受访者致谢、道别。
备注	采访人：　　　　　　记录人：　　　　　　整理人：

责任编辑:陆丽云

封面设计:汪　莹

图书在版编目(CIP)数据

金融人才能力标准与实践教学规范研究/王小燕,蔡敏容著. —北京:人民
　出版社,2023.4
ISBN 978－7－01－024905－6

Ⅰ.①金…　Ⅱ.①王…②蔡…　Ⅲ.①高等学校-金融-人才培养-研究-
中国　Ⅳ.①F832

中国版本图书馆 CIP 数据核字(2022)第 131696 号

金融人才能力标准与实践教学规范研究

JINRONG RENCAI NENGLI BIAOZHUN YU SHIJIAN JIAOXUE GUIFAN YANJIU

王小燕　蔡敏容　著

人民出版社 出版发行
(100706　北京市东城区隆福寺街 99 号)

北京汇林印务有限公司印刷　新华书店经销

2023 年 4 月第 1 版　2023 年 4 月北京第 1 次印刷
开本:710 毫米×1000 毫米 1/16　印张:17
字数:250 千字

ISBN 978－7－01－024905－6　定价:88.00 元

邮购地址 100706　北京市东城区隆福寺街 99 号
人民东方图书销售中心　电话 (010)65250042　65289539